DIE VERFOLGTEN

THOMAS BÜHRKE

Geniale und geächtete
Wissenschaftler
von Giordano Bruno
bis Alan Turing

KLETT-COTTA

MIX
Papier aus verantwortungsvollen Quellen
FSC® C014496

Klett-Cotta
www.klett-cotta.de

Cover: Rothfos & Gabler, Hamburg
unter Verwendung mehrerer Abbildungen von © akg-images, © ullstein bild
Gesetzt von Dörlemann Satz, Lemförde
Gedruckt und gebunden von GGP Media GmbH, Pößneck
ISBN 978-3-608-98635-8
E-Book ISBN 978-3-608-11936-7

Bibliografische Information der Deutschen Nationalbibliothek
Die Deutsche Nationalbibliothek verzeichnet diese Publikation in der Deutschen Nationalbibliografie; detaillierte bibliografische Daten sind im Internet über http://dnb.d-nb.de abrufbar.

INHALT

Aller dieser Männer muss der Tyrann sich entledigen, wenn seine Herrschaft bestehen soll, bis weder von Feind noch Freund irgend einer übrig ist, der etwas taugt.

PLATON, DER STAAT

VERFOLGTE WISSENSCHAFTLER – GESTERN UND HEUTE

Als im Juli 2016 eine Maschine vom Istanbuler Flughafen Atatürk abhob, überfiel Passagier A. ein großes Gefühl des Glücks und der Erleichterung. Er befand sich auf dem Weg in die Freiheit. Einige Tage zuvor war ein Putschversuch auf Präsident Erdoğan gescheitert, woraufhin man zahlreiche angebliche Unterstützer verfolgt, inhaftiert und aus dem öffentlichen Dienst entlassen hatte. A. war Professor in einem naturwissenschaftlichen Fach. Er hatte sich zwar hin und wieder kritisch zu Erdoğan geäußert, aber weder etwas mit einer Kurdenorganisation noch mit der Gülen-Bewegung zu tun, wie es vielen Verfolgten vorgeworfen wurde. A. war Forscher, kein Regimegegner, doch es gab klare Anzeichen dafür, dass auch seine Existenz bedroht war. Als Schutz vor möglichen Verfolgungen oder Repressalien seiner noch in der Türkei lebenden Familie müssen alle Angaben dieses realen Falles so allgemein und anonym wie möglich bleiben.

Dank guter Kontakte zu Kollegen erhielt A. eine befristete Stelle an einer Universität in Süddeutschland, finanziert vom *Baden-Württemberg Fonds für verfolgte Wissenschaftler*. Dieses aus Stiftungen finanzierte Projekt geht auf eine Initiative von Henry Jarecki zurück, dessen Vater Max wegen seines jüdischen Glaubens vor den Nazis in die USA fliehen musste. Die *Max-Jarecki-Stiftung* finanziert gemeinsam mit der *Baden-Württemberg Stiftung* den *Baden-Württemberg Fonds für verfolgte Wissenschaftler*, mit dessen Hilfe Forschende, die in ihrer Heimat nicht mehr arbeiten können, weil sie bedroht oder verfolgt werden, ihre Arbeit an deutschen Hochschulen und Forschungseinrichtungen fortsetzen können.

Der *Baden-Württemberg Fonds für verfolgte Wissenschaftler* arbeitet mit verwandten Organisationen zusammen, wie der *Philipp Schwartz-Initiative* der *Alexander von Humboldt-Stiftung*. Bis zum Frühjahr 2022 hat diese 328 Wissenschaftlerinnen und Wissenschaftler aus 24 Ländern gefördert, die meisten aus der Türkei (60%) und Syrien (20%). Jüngst ist die Ukraine als neuer Brennpunkt hinzugekommen. Sie arbeiteten in allen Bereichen der Natur-, Geistes- und Ingenieurwissenschaften. Die größte Organisation in diesem Bereich ist der 2002 ebenfalls von Henry Jarecki mitbegründete *Scholar Rescue Fund* des *Institute of International Education* in New York. Seit seiner Gründung hat es an mehr als 900 bedrohte und vertriebene Wissenschaftler aus 60 Ländern Stipendien vergeben und damit lebensrettende Unterstützung gewährt.

Diese Zahlen belegen, dass das Thema »Verfolgte Wissenschaftler« längst nicht auf die bekannten historischen Tiefpunkte, wie die Nazizeit oder die Stalin-Ära, beschränkt ist, im Gegenteil, es ist hochaktuell: »Angesichts der neuen Repressalien und Konflikte weltweit ist der heutige Bedarf an Unterstützung von verfolgten Wissenschaftlerinnen und Wissenschaftlern sehr groß«, sagte Henry Jarecki bei der Einweihung des *Baden-Württemberg Fonds*.

Menschen wurden in der Vergangenheit aus unterschiedlichen Gründen verfolgt. Die in diesem Buch vorgestellten Personen litten unter der Inquisition, dem Großen Terror während der Französischen Revolution, der Nazizeit, der Stalin-Herrschaft, der McCarthy-Ära und der Homophobie.

Die Inquisition der katholischen Kirche diente über Jahrhunderte hinweg der Verfolgung und Hinrichtung von Menschen anderen Glaubens, vermeintlichen Hexen und Häretikern. Die Zahl der Todesopfer wird auf immer ungeklärt bleiben. Schätzungen variieren zwischen einer und zehn Millionen Opfern in Italien, Spanien und Portugal. Die katholische Kirche selbst kam in einer historischen Untersuchung freilich nur auf etwas mehr als 50 000 Todesopfer.

Die Inquisition wird immer wieder mit modernen Unterdrückungsorganisationen verglichen. So sprach der Philosoph und Theologe Walter Nigg 1949, noch unter dem Eindruck des Hitlerterrors, von der mittelalterlichen Gestapo.

1252 etablierte Papst Innozenz IV. die Inquisition. Er erlaubte es ausdrücklich, Geständnisse durch Folter zu erpressen, wovon seine Handlanger, die *Domini Canes*, Hunde des Herrn, reichlich Gebrauch machten. 1542 richtete Papst Paul III. die Zentralstelle in Rom ein, vor allem, um konzentriert gegen den bedrohlichen Lutherismus vorzugehen. Das änderte sich offiziell erst im 19. Jahrhundert, als die Römische Inquisition ihre Exekutivrechte verlor und nur mehr mit der Macht des Wortes verurteilen durfte. Papst Pius X. machte 1908 aus der Römischen Inquisition als Organ des Vatikans die Kongregation für die Glaubenslehre, *Sanctum Officium*.

Papst Johannes Paul II. prangerte 1994 in einem Brief an seine Kardinäle die Schande der katholischen Kirche mit den Worten an: »Wie kann man die vielen Formen von Gewalt verschweigen, die auch im Namen des Glaubens verübt wurden? Die Religionskriege, die Tribunale der Inquisition und andere Formen von Verletzung der Menschenrechte.« Am 12. März 2000 bat er in seinem großen *Mea Culpa* um Vergebung für die Vergehen der Kirche – genau 400 Jahre nach der öffentlichen Verbrennung des wohl berühmtesten Inquisitionsopfers: Giordano Bruno, dem Philosophen der Unendlichkeit des Universums und der beseelten Welten jenseits der Erde.

Die Französische Revolution von 1789 hatte hehre Ziele: Freiheit, Gleichheit, Brüderlichkeit waren die berühmten Leitgedanken. Feudalherrschaft und Leibeigenschaft wurden abgeschafft, die Erklärung der allgemeinen Menschenrechte in der Nationalversammlung gilt zu Recht als Meilenstein der europäischen Geschichte. Die Französische Revolution begann in Paris am 14. Juli 1789 mit dem Sturm auf die Bastille, sie endete am 13. Dezember 1799, als Napoleon Bonaparte die Macht einer provisorischen Regierung übernahm und eine neue Verfassung verkündete.

Das dazwischen liegende Jahrzehnt war geprägt vom Kampf gegen innere und äußere Feinde der Revolution und die vollständige Abschaffung der Monarchie. Blutige Auseinandersetzungen gipfelten in der Schreckensherrschaft der radikalen Jakobiner und ihres Führers Maximilien Robespierre, später als Phase des »Großen Terrors« (Grande Terreur) bezeichnet. Selbst vor Revolutionären der ersten Stunde wie Georges Danton machten Willkür und Gewalt nicht halt. Viele wurden unter fadenscheinigen Anschuldigungen und ohne Gerichtsverfahren abgeurteilt und auf der Guillotine exekutiert. Genaue Zahlen sind nicht bekannt, Historiker schätzen, dass während der Schreckensherrschaft von Juni 1793 bis Ende Juli 1794 etwa 40 000 Menschen getötet wurden – bis Robespierre selbst ein Opfer der Revolution wurde. Auch Wissenschaftler wie der »Vater der modernen Chemie«, Antoine Laurent de Lavoisier, oder der Astronom und Erste Bürgermeister von Paris, Jean-Sylvain Bailly, beendeten ihr Leben auf der Guillotine.

Das 20. Jahrhundert war geprägt von Kriegen, Ermordung, Verfolgung und Vertreibung. Während der Zeit des Nationalsozialismus erreichten diese Vorgänge einen traurigen Höhepunkt. Die gesellschaftlichen und politischen Folgen der NS-Zeit und des Zweiten Weltkrieges sind bis heute spürbar, auch in der Wissenschaft. Zahlreiche Forschende mussten aus Deutschland und Österreich fliehen. Die meisten von ihnen, weil sie jüdischer Abstammung oder jüdisch verheiratet waren. Einigen wurden auch sozialdemokratische oder kommunistische Aktivitäten vorgeworfen, andere wehrten sich gegen kirchenfeindliche Vorhaben des Regimes. Dieser fatale Aderlass in der deutschen Wissenschaft war während der Wiederaufbaujahre der Nachkriegszeit schmerzlich spürbar. Die Soziologin Helge Pross sprach in den 1960er Jahren von einer geistigen Enthauptung Deutschlands.

Lange Zeit gab es kaum genaue Zahlen zur Emigration von Wissenschaftlern. Das vom *Leibniz-Institut für Europäische Geschichte* betriebene Portal »Europäische Geschichte Online« schätzt, dass nach dem im April 1933 erlassenen Gesetz zur Wiederherstellung des Berufsbeamtentums an deutschen Hochschulen etwa 3000 Personen entlassen wurden, das entspricht einem Viertel ihres Lehrkörpers. 90 Prozent waren jüdischer Herkunft oder hatten jüdische Ehepartner. Im November 1938 erfolgte zudem ein absolutes Studienverbot für »Volljuden«, kurze Zeit darauf wurde es auf »Teiljuden« erweitert.

Der amerikanische Historiker Alan D. Beyerchen kommt in seinem Buch *Wissenschaftler unter Hitler* zu dem Schluss, dass die vertriebenen Physiker mit einem Anteil von 25 Prozent an allen Naturwissenschaften einen besonders großen Anteil besaßen. Die von den nationalistisch gesinnten

Physikern Philipp Lenard und Johannes Stark propagierte »Deutsche Physik« trug ihr Übriges zur Verunglimpfung jüdischer Wissenschaftler bei. Auch Mathematiker blieben nicht verschont. Von den über hundert aus Deutschland vertriebenen entkamen mehr als 60 in die USA. Dazu zählten so namhafte Personen wie John von Neumann, Kurt Friedrich Gödel sowie Richard Courant und Emmy Noether.

Frauen waren von der Vertreibungspolitik der Nationalsozialisten prozentual gesehen in weitaus höherem Maße betroffen als Männer. Fast die Hälfte aller Dozentinnen wurde aus den Hochschulen entlassen. Allerdings war die absolute Zahl der Frauen längst nicht so hoch wie die der Männer, weil sie ohnehin stark unterrepräsentiert waren: Die Gleichstellung der Frau lag noch in weiter Zukunft. Und es liegt ja eine besondere Tragik in der Geschichte der Frauen, dass diese sich erst ihren Weg in einer von Männern dominierten Wissenschaft hart erkämpft haben und dann letztendlich doch vor einem Tyrannen fliehen mussten.

Die in diesem Buch vorgestellten außergewöhnlichen Persönlichkeiten Albert Einstein, Lise Meitner und Emmy Noether stehen stellvertretend für die immense Zahl an Verfolgten der Nazizeit. Einsteins Schicksal ist bereits oft dargestellt worden und inzwischen einem großen Publikum weithin bekannt. Weniger bekannt ist jedoch, dass er auch in seinem Zufluchtsland USA wegen angeblicher kommunistischer Umtriebe bespitzelt wurde. Der Ausweisung kam der berühmteste Wissenschaftler seiner Zeit durch seinen Tod zuvor.

Einstein selbst und der Öffentlichkeit blieb verborgen, dass ihn das FBI in den 1950er Jahren im Visier hatte. Dieses Kapitel menschenverachtender politischer Umtriebe, in das Einstein hineingeraten war, ging als McCarthy-Ära in die Geschichte der Vereinigten Staaten ein und war geprägt durch Antikommunismus.

Schon kurz nach Kriegsende wurde aus der verbündeten Sowjetunion der kommunistische Feind. Der heiße Krieg war beendet, der kalte begann. 1947 erließ US-Präsident Harry S. Truman die »Loyalty Order«, in deren Namen Bundesangestellte überprüft und entlassen wurden, weil sie angeblich kommunistischen Organisationen angehört hatten. Nach dem Zünden der ersten sowjetischen Atombombe im Jahr 1949 und dem Beginn des Koreakrieges im darauffolgenden Jahr war das Klima günstig, um die Angst vor dem Kommunismus weiter zu schüren. Das machte sich der junge Republikanische Senator Joe McCarthy zunutze. Im Februar 1950 hielt er eine Rede, in der er behauptete, die Kommunisten unterwanderten die Regierung. Die wahre Zersetzung käme von den »Enemies from Within«, und er besitze eine Liste von 205 Kommunisten im Außenministerium. Diese grandiose Lüge war sein Durchbruch, alle Medien berichteten darüber.

Als 1952 die Republikaner die Wahl gewannen, ernannte der neue Präsident Dwight D. Eisenhower McCarthy zum Vorsitzenden des Ausschusses zur Untersuchung unamerikanischer Umtriebe. Auf die Frage, was er, McCarthy, unter dem neuen Begriff »McCarthyismus« verstehe, antwortete er: »Jemanden einen Kommunisten zu nennen, dem es später nachgewiesen wird.« Oder kurz: Erst schießen, dann fragen. McCarthy verglich die Kommunistenhatz gerne mit der Jagd auf Stinktiere, die er als Junge auf der elterlichen Farm aufspüren und erschlagen musste, weil sie die Hühner rissen.

Als das FBI im Jahr 2001 die Akten über Bertolt Brecht freigab, schrieb Fritz J. Raddatz in der *Zeit:* »Weitgehend unbekannt jedoch ist, mit welch penibler Menschenverachtung – dabei übrigens Stasi-ähnlicher Dummheit – amerikanische Behörden wie FBI und CIA nicht nur antifaschistische Emigranten wie Thomas Mann, Hanns Eisler oder Theodor W. Adorno überwachten, sondern die literarische Elite der eigenen Nation – insgesamt 130 Schriftsteller.« Im Grunde stand jeder halbwegs liberale Autor auf der Schwarzen Liste, darunter Ernest Hemingway, William Faulkner, Pearl S. Buck, Sinclair Lewis und John Dos Passos. Hinzu kamen verdächtige Pazifisten wie Charlie Chaplin, der bereits 1947 vor den Ausschuss zitiert wurde. 1952 verweigerten ihm dann amerikanische Behörden die Wiedereinreise aus Europa. Chaplin, der seine britische Staatsangehörigkeit behalten hatte, kehrte nie in die USA zurück, sondern verbrachte die letzten 25 Jahre seines Lebens in der Schweiz.

Auf der anderen Seite des Eisernen Vorhangs verfolgte Josef Stalin gnadenlos alle, die ihm verdächtig erschienen. Der Zeitraum zwischen September 1936 und Dezember 1938 ging als der »Große Terror« mit seinen berüchtigten Schauprozessen in die Geschichte der Sowjetunion ein. Während dieser Zeit ließ Stalin rund 1,5 Millionen Menschen verhaften, von denen die Hälfte zu Tode gefoltert und erschossen wurde – darunter auch treue Anhänger des Bolschewismus. Jahrzehntelang erfuhren Angehörige nichts über das wahre Schicksal der Inhaftierten, erst nach dem Zerfall der Sowjetunion öffneten sich in den 1990er Jahren die Archive der Stalin-Ära und gaben ihre Geheimnisse preis. Als großer Rückschritt in der Aufarbeitung dieser Zeit ist das Verbot der Menschenrechtsorganisation »Memorial« durch den Obersten Gerichtshof in Moskau Ende Dezember 2021 zu sehen. Memorial war in den letzten Jahren der Sowjetunion gegründet worden, um die Verbrechen der stalinistischen Gewaltherrschaft aufzuklären.

Stalins Verfolgungswahn ist legendär, ihm fielen auch hervorragende Wissenschaftler zum Opfer. Sie verschwanden in den Verliesen des Geheimdienstes, viele kehrten nie zurück. Der russische Physikhistoriker Gennadij Gorelik schätzt, dass während der Zeit des »Großen Terrors« von der Generation der damals etwa dreißigjährigen Physiker nur etwa die Hälfte überlebte. Wer konnte, emigrierte in die USA, wo viele in Los Alamos am Bau der ersten Atombombe mitwirkten. Der brillanteste Theoretiker des Landes, Lew Landau, blieb im Land und überlebte nur wegen des beherzten Einsatzes seines Kollegen Pjotr Kapiza.

»Der Physiker des zwanzigsten Jahrhunderts ist in die Politik verstrickt, ob er will oder nicht«, resümierte Carl Friedrich von Weizsäcker im Alter von 90 Jahren. Das machte die Wissenschaftler natürlich auch anfällig für Verfolgung. Doch es gab nicht nur politische Gründe, auch Homosexualität war lange Zeit gefährlich – und ist es in manchen Ländern noch heute.

Homosexualität existierte in verschiedenen Kulturen schon vor Jahrhunderten. Erste wissenschaftliche Auseinandersetzungen mit diesem Thema traten aber erst um 1830 in Europa auf. Bevor 1868 wohl als Erster der österreichisch-ungarische Schriftsteller Karl Maria Kertbeny den Begriff Homosexualität mitteilte, sprach man von Sodomie. Häufig betrachtete man Homosexualität hauptsächlich als Intellektuellenlaster. Der Dichter Oscar Wilde etwa war 1895 wegen homosexueller Verfehlungen zu zwei Jahren Zuchthaus verurteilt worden und blieb auch nach seiner Haft moralisch verfemt.

Bis zur Mitte des 20. Jahrhunderts war die Lage für Homosexuelle gefährlich. Die Paragraphen sahen im Extremfall eine lebenslängliche Freiheitsstrafe für schwere homosexuelle Delikte vor. In Deutschland forderte der Paragraph 175 des Strafgesetzbuches für homosexuelle Vergehen bis zu zehn Jahre Zuchthaus.

In Großbritannien erfolgte 1957 eine entscheidende Wende. Damals kam ein Ausschuss unter der Leitung von Sir John Wolfenden zu dem Aufsehen erregenden Beschluss, dass der Gesetzgeber Homosexualität unter Männern für straffrei erklären solle, sofern sie im Zivilleben von Leuten über 21 Jahren, auf beiden Seiten freiwillig und hinter verschlossenen Türen ausgeübt werde. Die Homosexualität sei keine Krankheit und beschränke sich keinesfalls auf intellektuelle Kreise.

In der Öffentlichkeit löste der Bericht einen Sturm der Entrüstung aus, aber die anglikanische Kirche und zahlreiche Prominente setzten sich für Wolfenden ein. Es sollte indes bis 1967 dauern, bevor das Parlament einige Forderungen des Wolfenden-Berichts umsetzte. Doch der Prozess der Legalisierung der Homosexualität schritt nur langsam voran und dauerte bis zur Jahrtausendwende.

In Deutschland wurde 1969 Homosexualität ab 21 Jahren, 1973 ab 18 Jahren legalisiert. 1994 vereinheitlichte der Deutsche Bundestag das Schutzalter für Homosexuelle auf 14 Jahre. Heute diskutiert man über die rechtliche Stellung von LGBTI, also lesbischen, schwulen, bisexuellen, transsexuellen/Transgender- und intersexuellen Menschen. Weltweit sind aber nach wie vor in rund einem Drittel aller Staaten einvernehmlich gleichgeschlechtliche sexuelle Handlungen illegal, in einem Dutzend Ländern droht die Todesstrafe.

Im Zuge dieser Entwicklung wurde auch über Konversionstherapien diskutiert, wie sie der in diesem Buch dargestellte Mathematiker Alan Turing über sich ergehen lassen musste. Obwohl der Weltärztebund 2013 Konversionstherapien als Menschenrechtsverletzung und als mit der Ethik ärztlichen Handelns unvereinbar verurteilte, waren sie 2020 nur in Kanada, Spanien, den USA und Deutschland bei Minderjährigen untersagt. Der Bundestag beschloss 2020 ein komplettes Verbot von Konversionsbehandlungen für Homosexuelle bis zum Alter von 18 Jahren. Das Gesundheitsministerium wies darauf hin, dass keine bekannte Studie den Schluss zulässt, die sexuelle Orientierung ließe sich dauerhaft verändern. Wissenschaftlich nachgewiesen seien dagegen schwerwiegende gesundheitliche Schäden in Folge solcher Therapien, wie Depressionen, Angsterkrankungen, Verlust sexueller Gefühle und ein erhöhtes Suizidrisiko. Dies liest sich wie eine Diagnose von Alan Turings letzten Lebensjahren.

DANKSAGUNG

Damit ein Buch das Licht der Verlagswelt erblicken kann, bedarf es nicht nur eines Autors oder einer Autorin. Viele Unterstützer sind hierfür nötig, von denen ich einigen an dieser Stelle danken möchte. Mit Begeisterung und Engagement haben sich Christoph Selzer und Johannes Czaja auf Seiten des Verlages für das Werk stark gemacht und es zum Leben erweckt. Nicht gelungen wäre dies zudem ohne die Unterstützung von Cornelius und Mathias. Und last but not least danke ich Ute. Sie hat sich als Erste auf die Lebenswege der Verfolgten begeben und das Manuskript kritisch unter die Lupe genommen.

GIORDANO BRUNO (1548–1600)

Es gibt unendlich viele Erden
und unzählige Sonnen

Giordano Bruno war ein Freigeist, ein Philosoph, der für das kopernikanische Weltbild eintrat und es sogar noch erweiterte, indem er annahm, das Universum sei unendlich ausgedehnt und umfasse unzählige bewohnte Planeten. Er wurde von der Inquisition zum Tode verurteilt und starb auf dem Scheiterhaufen.

Ich heiße Giordano, stamme aus der Familie der Bruni, meine Vaterstadt ist Nola, 12 Meilen von Neapel … Ich bin ungefähr 44 Jahre alt und, so viel ich von den Meinigen erfahren habe, im Jahre 1548 geboren.«[1] Dieses vage Selbstzeugnis seiner Herkunft legte Giordano Bruno am 29. Mai 1592 vor den Richtern der Inquisition in Venedig ab. Es verdeutlicht, wie wenig wir über die ersten Jahre dieses außerordentlichen Philosophen wissen. Hatte er Geschwister oder Verwandte, die ihn prägten? In seinen Schriften finden sich verstreut Hinweise darauf, dass er keine glückliche Kindheit hatte und keine Kameraden, mit denen er ausgelassenen spielen konnte. Zu Hause überwog die Trauer der Mutter über den häufig abwesenden Vater und die bescheidenen finanziellen Mittel, mit denen die Familie zurechtkommen musste.

Wahrscheinlich kam Giordano im Januar oder Februar 1548 als Sohn des Soldaten Giovanni Bruno zur Welt. Sein Taufname war Filippo, erst später nannte er sich Giordano. Er lebte wohl nicht direkt in der Stadt Nola, sondern in der angrenzenden Ortschaft San Giovanni del Cesco am Fuße des kleinen Berges Monte Cicala. Wenn er an dessen Hängen entlangstromerte, hatte er einen freien Blick auf den Vesuv, jenen mächtigen Vulkan, dessen letzter großer Ausbruch im Jahre 79 n.Chr. Pompeji, Herculaneum und andere antike Stätten unter glühend heißer Asche und Gestein begraben hatte. Der Vesuv könnte geradezu sinnbildlich für das feurige Gemüt des »Nolaners«, wie Bruno sich später selbst nannte, stehen.

Der junge Giordano besuchte private, von Geistlichen geleitete Schulen. Mit 14 schickten ihn die Eltern nach Neapel an die Universität. Drei Jahre später, im Jahr 1565, entschloss er sich, in das Dominikanerkloster »San Domenico Maggiore« einzutreten, eine historische Einrichtung, in der schon Thomas von Aquin gelehrt hatte. Mit diesem Schritt vollzog er auch die Änderung seines Vornamens. Die Hauptinteressen der Dominikaner waren Predigt und Rhetorik, doch Giordano war sehr vielseitig interessiert, er sog alles auf, was die Vorlesungen und vor allem die reich ausgestattete Bibliothek anboten. Leidenschaftlich vertiefte er sich in die philosophischen Abhandlungen der Antike, insbesondere von Aristoteles und Platon, kannte aber auch bald die Schriften der atomistischen Naturphilosophen, beispielsweise des Lukrez. Unter den Theologen beeindruckten ihn vor allem die Schriften des Nikolaus von Kues.

Vermutlich lernte er in »San Domenico« auch das zentrale Werk von Nikolaus Kopernikus kennen: *De revolutionibus orbium coelestium.* In diesem 1543 erschienenen Buch vertritt der Astronom das heliozentrische Weltbild, in dem nicht mehr die Erde im Zentrum des Universums steht, sondern die Sonne. Alle Planeten umkreisen das Zentralgestirn, unter ihnen auch die Erde. Zunächst nahm die Kirche keinen Anstoß an Kopernikus' revolutionärer Kosmologie. Seine Hypothese fand sich versteckt am Ende des voluminösen Bandes. Außerdem hatte ein anonymer Autor dem Werk ohne Kopernikus' Wissen ein Vorwort vorangestellt, in dem er behauptete, Kopernikus' Theorie sei nicht als Beschreibung der Wirklichkeit, sondern lediglich als mathematisch praktisches Konstrukt anzusehen. Diese Interpretation wurde noch hundert Jahre lang propagiert. Erst Johannes Kepler machte später den lutherischen Prediger Andreas Osiander, der den Druck des Werkes überwacht hatte, als Autor des Vorworts publik. Kopernikus konnte gegen diese Herabwürdigung nicht mehr vorgehen, er empfing den Erstdruck auf dem Sterbebett.

Der Wissenschaftshistoriker Owen Gingerich schätzt, dass in den ersten hundert Jahren nach dem Erscheinen von *De revolutionibus orbium coelestium* nur etwa zehn Gelehrte dessen weitreichende Wirkung wirklich verstanden haben, darunter Kepler, Galilei – und Bruno. Es gab aber ganz andere Werke, deren Lektüre die katholische Kirche verboten hatte, zum Beispiel die des niederländischen Humanisten Erasmus von Rotterdam, der sich über den katholischen Klerus lustig machte. Bruno las sie heimlich in seiner Zelle.

Im Juli 1575 legte er sein Doktorexamen ab, eine theologische Karriere war ihm dennoch nicht beschieden. In dieser Zeit bemächtigten sich Bruno starke Zweifel an zahlreichen katholischen Glaubensgrundsätzen, die er mit seinem kritischen Geist nicht in Einklang bringen konnte. Nach seiner eigenen Aussage lehnte er schon mit 18 Jahren den Glauben an die Lehre von der Dreifaltigkeit ab. Die Trinität bezeichnet die Wesenseinheit Gottes in drei Personen: Gott Vater, Sohn Jesus Christus und Heiliger Geist. Auch die Vorstellung, Jesus sei Gottes Sohn, akzeptierte er nicht. Über Reliquien lachte er, Heiligenbilder verschenkte er an Ordensbrüder. Anstatt aber seine Zweifel für sich zu behalten, diskutierte er sie leidenschaftlich mit seinen Mitbrüdern, von denen einer nichts Besseres zu tun hatte, als ihn bei höherer Ordensstelle zu denunzieren.

Bruno befürchtete, verhaftet zu werden. Die Dominikaner waren nicht zimperlich und hatten schon in anderen Fällen dafür gesorgt, dass ein angeblicher Ketzer auf dem Scheiterhaufen hingerichtet wurde. Kurzentschlossen ergriff Bruno daher im Februar 1576 die Flucht aus dem Kloster. Es war der Beginn einer fast zwei Jahrzehnte dauernden Reise durch Europa.

Zunächst gelangte er nach Rom, wo er in einem Dominikanerkonvent Unterschlupf fand. Als er erfuhr, dass man in Neapel einen Prozess gegen ihn anstrebte, legte er sein Ordensgewand ab und floh erneut. Über Genua kam er in den kleinen ligurischen Ort Noli, wo er sein Brot mit Privatunterricht verdiente: Grammatik für Knaben, Astronomie für Edelleute. Doch schon nach vier Monaten zog er weiter. Rastlos ging es nach Savona, Turin, Venedig, Padua, Brescia, Bergamo und Mailand, bevor er im Herbst 1578 – anderthalb Jahre nach seiner Flucht aus dem Kloster – nach Turin zurückkehrte. Wir wissen weder, wie er Geld verdient hat, ob er Unterricht gab, noch, wo er gewohnt hat.

Doch schon bald muss ihm bewusst geworden sein, dass er in Italien keine Zukunft hatte. Er machte sich auf den Weg nach Frankreich, durchquerte zu Fuß oder auf klapprigen Gefährten das Susa-Tal und erreichte das 200 Kilometer entfernte Chambéry. Dort angekommen, streifte er sich die in Neapel wütend abgeworfene Mönchskutte wieder über, um im Dominikanerkonvent Unterschlupf zu finden. Ein Pater machte ihm umgehend deutlich, dass er hier wie auch in ganz Frankreich auf wenig Wohlwollen stoßen werde. Wenigstens bekam er Essen und ein Bett, mochte es auch noch so hart sein. Doch auch hier hielt er es nur wenige Monate aus. Er packte seine überschaubaren Habseligkeiten und machte sich auf den Weg nach Genf, wo er im Frühjahr 1579 eintraf.

Ausgerechnet Genf. Hier hatte sich der französische Reformator Johannes Calvin eingerichtet. Er bot vielen Flüchtlingen aus Italien Schutz an – jedoch nur Protestanten. Gleichzeitig führte er eine strenge Kirchenzucht ein. Kurz vor Brunos Eintreffen in der Stadt hatte er dafür gesorgt, dass ein spanischer Arzt und Philosoph, der die Dreifaltigkeit geleugnet hatte, zum Tod auf dem Scheiterhaufen verurteilt wurde. Was sollte ein katholischer Freidenker wie Bruno in dieser Stadt?

Bruno kam bei Marchese Caracciolo unter, einem Neapolitaner, der zum Protestantismus konvertiert war und auch Bruno empfahl, aus Sicherheitsgründen den calvinistischen Gottesdienst zu besuchen. Ein Unding. So schnell wie möglich verließ er die Stadt und wanderte über Lyon (wo man keine Verwendung für seine Lehrkünste hatte) nach Toulouse. Hier sollte er endlich eine neue akademische Heimat finden – zumindest für gut zwei Jahre.

Toulouse zählte damals zu den reichsten Städten Frankreichs, vor allem wegen der dort heimischen Indigo-Pflanze, aus der der beständige blaue Farbstoff gewonnen wurde. Die Universität zählte mit etwa zehntausend Studenten zu den größten des Landes. Hier fand sich auch ein Platz für Bruno. Zunächst hielt er Vorlesungen über Astronomie und Philosophie. Gleichzeitig erlangte er einen Doktortitel und bewarb sich erfolgreich auf den Lehrstuhl für Philosophie. Endlich schien sich das Blatt zum Guten zu wenden, doch dann brach zwischen Katholiken und Hugenotten ein neuerlicher Religionskrieg aus – neun Jahre nach der berüchtigten »Bartholomäusnacht«, in der zehntausend Hugenotten getötet worden waren. Bruno reiste ab, sein nächstes Ziel sollte Paris sein.

In der Landeshauptstadt machte er schnell von sich

reden. Einer seiner Schüler erinnerte sich später, Bruno »könne auf einem Fuß stehend gleichzeitig denken und diktieren, so schnell nur die Feder zu folgen vermag, so raschen Geistes und so schneller Denkkraft ist er«.[2] In privaten Vorträgen faszinierte er seine Zuhörer mit einer Lehre der Erinnerungskunst. Schon seit der Antike wurden Techniken erarbeitet, mit denen man bei Reden das Gedächtnis effizient einsetzen kann. So wurde beispielsweise empfohlen, bestimmte Begriffe mit Gegenständen in einem Haus zu verbinden, was die Erinnerung an sie vereinfachte.

Bruno war insbesondere von der Mnemolehre des Raimundus Lullus aus dem 14. Jahrhundert beeinflusst. Er entwickelte eine eigene Technik, die auf der Assoziation von Buchstaben, Silben und Wörtern mit Bildern beruhte. Damit war er so erfolgreich, dass sich nach einiger Zeit sogar König Heinrich III. dafür interessierte und Bruno an seinen Hof einlud. Kurze Zeit später widmete dieser dem Monarchen ein Buch mit dem Titel *Über die Schatten der Ideen*. Gleichermaßen beeindruckt und geschmeichelt, bot der König Bruno eine Dozentenstelle am »Collège de Cambrai« an. Damit hätte Bruno sein Wanderdasein beenden können, doch er lehnte ab. Mit der Position verbunden war nämlich die Verpflichtung, regelmäßig die katholische Messe zu besuchen und das religiöse Brauchtum zu praktizieren. Das war nichts für einen Freigeist wie ihn. Bruno wird sich auch daran erinnert haben, dass König Heinrich ein katholischer Scharfmacher ersten Ranges war, der die »Bartholomäusnacht« mit initiiert hatte. Mit Vorträgen über seine Mnemotechnik sollte Bruno auch in den kommenden Jahren Geld verdienen.

In seinem ersten philosophischen Buch *Über die Schat-*

ten der Ideen verknüpfte Bruno Naturforschung und Magie mit Anleihen aus der Kabbalistik, der Alchemie und anderen mystischen Traditionen. Er fasste Philosophie auch als Poesie auf, die ihn zur göttlichen Weisheit führen sollte: »Denken war für Bruno, Bilder der Einbildungskraft zu entwerfen, exakte Begriffsbestimmungen dürfen deswegen bei ihm nicht erwartet werden«[3], urteilte der Philosoph Walter Nigg 1949. Das erleichtert nicht gerade das Studium seiner Schriften und gab stets Anlass zu unterschiedlichen Interpretationen.

Nach kaum drei Jahren verließ der Wanderphilosoph Paris und reiste nach London, wo er sich mit Empfehlungsschreiben Heinrichs III. dem französischen Gesandten Michel de Castelnau vorstellte. Brunos Englandaufenthalt ab 1583 sollte wieder nur eine zweieinhalb Jahre andauernde Etappe in seinem unsteten Leben werden, aber eine äußerst produktive. Hier schuf er drei große Werke, in denen er vor allem auch sein kosmologisches Weltbild ausarbeitete und detailliert darlegte. Seine persönliche Situation war indes wie gewohnt chaotisch und von Konfrontationen geprägt.

Sein Versuch, an der Universität Oxford eine Lehrstelle zu erhalten, schlug kläglich fehl. In einem Vortrag vertrat er vehement das Kopernikanische Weltbild, stieß damit aber auf geballten Widerstand der anwesenden Philosophen und Theologen. Wütend beschimpfte er die Professoren als Pedanten und bezichtigte die Universität als Witwe wahrer Wissenschaft, deren Lehrinhalte zurückgeblieben seien. Es blieb ihm nichts anderes übrig, als bei seinem Freund und Gönner Michel de Castelnau zu wohnen, der ihn in die hohen Kreise der Gesellschaft einführte – bis hin zu Königin Elisabeth persönlich.

London war allerdings zur damaligen Zeit nach Aussagen mehrerer Zeitgenossen ein raues Pflaster, vor allem für Ausländer. So schildert Bruno in Gestalt des Filoteo in der Schrift *Aschermittwochsmahl* einen Zusammenstoß mit »sechs Ehrenmännern«, die ihn und zwei Freunde angriffen. Wenn dieser Bericht der Realität entspricht, wurde Bruno am Abend des Aschermittwoch 1584 ordentlich verprügelt. Filoteo erzählt: »Ich sah, wie ein anderer dem Nolaner einen doppelten Stoß versetzte ... Darauf erhielt er noch einen Stoß, der ihn gegen die Mauer schleuderte.«[4] Filoteo nennt Bruno in allen Dialogen den »Nolaner«.

Trotz dieser unerfreulichen Umstände lebte Bruno von seinen Vorträgen vor der hohen Gesellschaft offenbar recht gut, und es blieb ihm sogar noch Zeit, um seine zentralen Werke über seine Naturphilosophie und sein kosmisches Weltbild zu verfassen: *Von der Ursache, dem Prinzip und dem Einen* sowie *Vom Unendlichen, dem All und den Welten*. Sie zählen zusammen mit dem *Aschermittwochsmahl* und zwei weiteren Schriften zu seinen italienischen Dialogen. Eine irritierende Bezeichnung, denn sie erschienen allesamt in London. Bruno gab jedoch als Druckort Venedig an, vermutlich, weil diese Stadt in der Wissenschaft europaweit einen guten Ruf genoss.

Bruno hat seine Schriften in Form von Dialogen angelegt, wie es schon Platon getan hatte. Auf diese Weise kann eine Person Brunos Hypothesen im Wettstreit mit Kritikern und ungläubig Fragenden entwickeln. Die Dialoge sind ausschweifend, durchsetzt mit bildhaften Vergleichen, und es fehlt nicht an zynischen Seitenhieben auf seine Gegner. Seine Vorrede *Vom Unendlichen, dem All und den Welten* beginnt er mit einer wüsten Anklage und zeigt seinen Frust: »Weil ich das Feld der Natur vermesse, besorgt bin für die Weide der Seele, bemüht um die Pflege des Geistes und ein

Dädalus in der Technik der Vernunft, siehe, da muss ich dulden, dass mancher mich nur zu sehen braucht, um mir zu drohen, mich nur zu erblicken braucht, um sich auf mich zu stürzen.«[5] Und woher kommen die Widersacher? »Von der Universität, die mir missfällt, vom Pöbel, den ich hasse, von der Menge, die mir nicht imponiert.« Bruno hatte nie ein Problem damit, sich Feinde zu schaffen. Mit seiner revolutionären Kosmologie eines unendlich großen Universums, das unendlich viele Sonnen und Planeten beinhaltet, gelang ihm das besonders gut.

Diese Vorstellung des unendlich ausgedehnten Raumes überfiel ihn wie ein Erkenntnisblitz beim Studium des Kopernikanischen Weltmodells. Darin ruht die Sonne im Zentrum des Universums, und die damals sechs bekannten Planeten umkreisen sie. Die Erde war damit dem Mittelpunkt entrückt und nahm – begleitet vom Mond – einen gewöhnlichen, durch nichts hervorgehobenen Platz im planetaren Reigen ein. Umgeben war dieses Sonnensystem von einer Sphäre, auf der die Sterne fixiert waren. Diese äußerste Kugelschale begrenzte damit das mit Himmelskörpern erfüllte All. Bruno entwickelte sich schon früh zum glühenden Kopernikaner und lehrte dessen Weltmodell. Nur in einem entscheidenden Punkt widersprach er seinem Vorbild: Das Universum konnte nicht endlich sein.

In dem Dialog *Vom Unendlichen, dem All und den Welten* erklärt Filoteo: »Es ist in Wahrheit unmöglich, mit irgendwelchem Sinne und Phantasie, … sich ernsthafterweise eine Oberfläche, eine Begrenzung, einen Rand vorzustellen, außerhalb dessen weder ein Körper noch leerer Raum wäre, auch wenn die Gottheit dort wäre. Denn die Gottheit ist doch nicht dazu da, das Leere auszufüllen.«[6] Das All kann demnach keine Grenze besitzen. Diese Vorstellung verband

Bruno mit seinem Gottesbegriff: »Wie kannst Du wollen«, fragt Filoteo, »dass Gott beschränkt sei und nur als Begrenzer einer äußeren Kugeloberfläche anzusehen sei, anstatt vielmehr sozusagen als der unendliche Allumfasser eines grenzenlosen Seins.«[7]

Dann vollzieht Bruno den letzten logischen Schritt von der Unendlichkeit des Alls zur unendlichen Zahl von Sternen und Planeten: »So nur rühmen die Himmel die Herrlichkeit Gottes, so nur offenbart sich die Größe seines Reiches. Nicht auf *einem*, auf unzähligen Thronen strahlt seine Majestät, nicht auf *einer* Erde, auf *einer* Welt, auf zehnmal hunderttausenden, auf unzähligen.«[8] Außer Frage schien es ihm zu stehen, dass diese Welten bewohnt sind: »Es ist geradezu albern zu glauben, es gäbe keine anderen Lebewesen, keine anderen Sinne, keine anderen Denkvermögen als gerade jene, die sich unseren Sinnen darbieten.«[9] Eine unerhörte Behauptung.

Bruno schloss auch nicht aus, dass es in unserem Sonnensystem weitere, möglicherweise bewohnte Planeten gibt, welche die Astronomen wegen der großen Entfernungen oder der geringen Größe der Planeten bis dahin nicht entdecken konnten: »Widerspricht es doch nicht der Vernunft, dass selbst um diese unsere Sonne noch andere Planeten kreisen«[10], lässt Bruno Filoteo erklären. Erst zweihundert Jahre später, genauer am 13. März 1781, entdeckte Friedrich Wilhelm Herschel den ersten Planeten jenseits der Bahn des Saturn. Es war der Uranus. 1846 folgte die erste Sichtung des Neptun und 1930 die von Pluto, der allerdings seit 2006 offiziell nicht mehr als Planet gilt.

Doch weiter: Ein unendlicher Raum ist zwar, wie auch Bruno zugibt, nicht vorstellbar und mit unseren Alltagsbegriffen nicht fassbar, klar ist aber, dass er kein Zentrum besitzt, kein Oben und Unten, Rechts oder Links, »weder Schwere noch Leichtigkeit … Und wenn wir dann in einem solchen Raum zahllose Körper annehmen, wie diese Erde oder irgendeine andere Erde, diese Sonne oder irgendeine andere Sonne, so vollenden alle diese Weltkörper ihre Umläufe durch endliche und begrenzte Raumteile und ihre eigenen besonderen Zentren«.[11] Jeder könne von seinem Himmelskörper behaupten, er befinde sich im Mittelpunkt der Welt, so wie auch Mondbewohner glauben könnten, die Erde umkreise sie und nicht umgekehrt. Im Grunde hätte jeder Recht und zugleich Unrecht – es ist nur eine Frage, wo man den Ursprung eines Koordinatensystems setzt. »So ist die Erde im Verhältnis zum All nicht mehr und nicht weniger Mittelpunkt, als jeder beliebige Weltkörper … Sie befindet sich nicht absolut im Mittelpunkte des Weltraumes, sondern nur von ihrem Standpunkt aus mit Hinsicht auf diese unsere Umgebung.«

Jeder Körper bildet für sich, in einem eng begrenzten Gebiet, ein Zentrum, auf das andere Körper (Teile) zufallen: »Ihre Teile heißen leicht, wenn sie sich von ihnen entfernen oder sich ausdehnen, und schwer, wenn sie zu ihnen zurückkehren, wie man denn von den Teilen des Erdkörpers und von irdischen Stoffen, wenn solche sich dem umfassenden Äther nähern, sagt, dass sie emporsteigen, und wenn sie wieder zum Erdkörper zurückkehren, dass sie fallen.«[12] Damit stand er im Gegensatz zur Aristotelischen Bewegungslehre und befand sich eher in der Nähe von Newtons Theorie der Schwerkraft.

Auch die von Aristoteles gelehrte Trennung der irdischen von der himmlischen Sphäre überwand Bruno mit Leichtigkeit. In Gedanken entfernte er sich immer weiter von der Erde und dem Mond, bis die beiden Körper so klein erschienen, dass keine Kontinente und Meere mehr erkennbar waren. »Danach können wir annehmen, dass unter den unzähligen Sternen ebensoviele Monde, ebensoviele Erdkugeln, ebensoviele diesem ähnliche Weltkörper sind, für die es ebenso den Anschein hat, als ob diese Erde sich um sie bewege, wie jene um diese Erde sich zu drehen und zu kreisen scheinen. Warum also sollen wir behaupten, dass ein wesentlicher Unterschied zwischen diesem und jenen Körpern bestehe, wenn wir überall nur Analogie wahrnehmen?«[13] Alle Körper im unendlichen All sind sich ähnlich, bestehen aus derselben Materie – moderner geht es nicht.

Hatte Kopernikus die Erde aus dem Zentrum des Universums gestoßen, so eliminierte Bruno jegliches Zentrum. Bei Bruno verschmolzen Kosmologie, Philosophie und Theologie zu einer all-umfassenden Weltsicht und zu einem Gottesbegriff, der nichts mit dem damaligen katholischen Gott gemein hatte. Bruno hatte einen weit größeren Gott erfahren, der eins war mit der Natur. »Es war nicht der persönliche Gott, den er verkündete, sondern eine ausgesprochen pantheistische Gottesauffassung«, wie Walter Nigg resümierte.[14] Brunos Gottesbegriff sollte später vor der Inquisition noch zur Sprache kommen.

In *Vom Unendlichen, dem All und den Welten* erklärt Filoteo, das Unendliche und Unermessliche sei ein lebendiges Sein. Es besäße keine bestimmte Gestalt, sondern habe die ganze Seele in sich und umfasse alles Beseelte. Es sei eben das All. Ja, er spricht dem Universum sogar eine allgemeine Vorsehung zu, »kraft derer jedes Wesen lebt, sich erhält, sich bewegt und zu seiner Vollendung gelangt«. Die Vorsehung ist allgegenwärtig als Seele, er nennt sie »Natur, Schatten und Spur der Gottheit«.[15] Die Beseeltheit sieht er aber nicht ausschließlich im unendlichen All. Im *Aschermittwochsmahl* erklärt er, dass die Erde und all die anderen Himmelskörper Leben in sich haben: »So bewegen sich auch die Erde und die anderen Gestirne … aus dem inneren Prinzip, welches ihre eigene Seele ist.«[16] Das gilt ihm letztlich für die Bewegungen aller Dinge, ebenso wie beispielsweise die des Eisens hin zum Magneten.

Als Brunos Gönner Michel de Castelnau nach Paris zurückbeordert wurde, verließ Bruno mit ihm zusammen England. Damit nahm er sein Wanderleben wieder auf. Nach kurzen erfolglosen Stippvisiten in Paris zog er durch Deutschland und wurde schließlich in Wittenberg sesshaft. Martin Luther war zwei Jahre vor Brunos Eintreffen gestorben, sein Gefolgsmann Philipp Melanchthon hatte dessen Lehrstuhl übernommen. Dort erlangte Bruno an der großen und weithin bekannten Universität sogar eine Professur, während der er erstaunlicherweise ohne lautstarke Proteste und Tumulte lehren konnte. Ausdrücklich lobte er das Interesse der Studenten und pries Luthers Weisheit. Dies ist insofern erstaunlich, als sich Luther über Kopernikus und dessen heliozentrisches Weltbild lustig gemacht hatte.

Über zwei Jahre wirkte Bruno in Wittenberg, wo er gastfreundschaftlich aufgenommen wurde und ihn endlich niemand nach seiner Glaubensüberzeugung fragte. Doch schließlich endete auch diese Phase, und er zog weiter, über Prag nach Zürich und einige Stationen in Deutschland, bis er schließlich in Frankfurt am Main ankam, damals schon die Stadt der Buchmesse und des Buchdrucks. Hier gab er den Druck einiger seiner Werke in Auftrag. Im Sommer 1591 lernte er den venezianischen Adligen Giovanni Mocenigo kennen – eine verhängnisvolle Begegnung, wie sich später noch herausstellen sollte. Vermutlich war dieser durch den

Buchhändler Giovanni Battista Ciotto auf Brunos bemerkenswerte Schriften, die mittlerweile in Europa bekannt waren, aufmerksam geworden.

Mocenigo lud Bruno in sein Haus nach Venedig ein, um bei ihm Unterricht in Gedächtniskunst zu nehmen. Obwohl Bruno klar gewesen sein muss, dass er sich in Italien womöglich der Verfolgung durch die katholische Kirche aussetzte, sagte er zu. Über die Motive wurde viel gerätselt: Hatte er Heimweh? Oder spekulierte er auf einen Lehrstuhl an der Universität Padua? Bevor er nach Venedig ging, ließ er sich nämlich für drei Monate dort nieder. Die Professur blieb jedoch ein Traum. Die erhielt kurze Zeit darauf Galileo Galilei.

Im März 1592 begab Bruno sich nach Venedig. Dort nahm er sich zunächst ein Zimmer, doch schließlich folgte er Mocenigos Einladung und zog in dessen Haus. In Venedig war Bruno kein Unbekannter. Seine Bücher lagen in mehreren Buchhandlungen aus, und der Buchhändler Ciotto empfahl Freunden, den originellen Philosophen zu Vorträgen und Diskussionen einzuladen. Alles schien bestens zu laufen, bis zum 23. Mai 1592. Um drei Uhr nachts drang ein Hauptmann mit Gefolge in sein Zimmer ein und nahm Bruno auf Befehl des Heiligen Tribunals gefangen.

Wie Bruno selbst in seiner ersten Vernehmung schilderte, hatte er Mocenigo nach allen Regeln der Kunst unterrichtet und seiner Pflicht Genüge getan. Deswegen wollte er nach Frankfurt abreisen, um dort die Drucklegung seiner Schriften zu beaufsichtigen. Mocenigo aber sah die Sache anders. Er behauptete, Bruno habe ihn nicht alles gelehrt, was er versprochen hatte, und wolle stattdessen andere Kunden aufsuchen. Bruno blieb jedoch bei seinem Entschluss abzureisen. In der folgenden Nacht drang Mocenigo, begleitet von mehreren Männern, in Brunos Zimmer ein, ergriff ihn und sperrte ihn in eine Bodenkammer. Am darauffolgenden Tag verschleppte man ihn zunächst in einen Kellerraum des Hauses, bevor ihn ein Hauptmann ins Gefängnis brachte.

Rund ein halbes Jahr hielt man den armen Philosophen in einer Kerkerzelle von »San Domenico di Castello« gefangen. Zu allem Übel musste er den Raum mit mehreren Mitgefangenen teilen, von denen einige an Missgunst kaum zu überbieten waren. Sie denunzierten Bruno später.

Das Tribunal unter dem Vorsitz des Pater Inquisitor Giovanni Gabrielli da Saluzzo unterzog ihn einem eindringlichen Verhör. Die Protokolle zeichnen ein detailliertes Bild dieser Wochen und Monate, in denen sich der »kleine magere Mann mit schwachem dunklem Bart«[17] den Fragen des Tribunals stellen musste.

Zunächst legten die Buchhändler Ciotto und Bertano ein gutes Zeugnis ab und fanden keinerlei Anzeichen dafür, dass Bruno kein guter Christ sei. Mocenigo hingegen legte sich ordentlich ins Zeug, um – wie er sagte – Bruno aus Gewissenszwang und auf Geheiß seines Beichtvaters zu denunzieren. Demnach habe ihm Bruno gesagt, er hielte es für eine Torheit der Katholiken, zu behaupten, das Brot verwandele sich in Fleisch. Außerdem sei er ein Feind der Messe, Christus sei ein Betrüger und Magier gewesen, der nur Scheinwunder vollbracht habe. Die Jungfrau Maria habe nicht gebären können, und es gebe nicht mehrere unterschiedliche Personen in Gott. Und vor allem habe er behauptet, es gebe unzählige Welten. Im Laufe der kommenden Tage fielen Mocenigo weitere Anschuldigungen ein, die er dem Tribunal eifrig vortrug: So seien die Frauen Brunos größtes Vergnügen, die Mönche von heute seien Esel und so weiter.

Daraufhin wollte das Tribunal von Bruno wissen, ob er jemals Sätze gelehrt habe, die dem katholischen Glauben entgegengesetzt waren. Unmittelbar habe er dies nie getan, antwortete Bruno, höchstens mittelbar. Zunächst erklärte er seine philosophischen Ansichten: So halte er es der göttlichen Allmacht für unwürdig, eine endliche Welt erschaffen zu haben. Außerdem gäbe es unzählige Welten ähnlich der Erde, wobei er auf Pythagoras verwies, der eine ähnliche These vertreten habe. Und er schrieb dem Universum eine allgemeine Vorsehung zu, eine Weltseele, kraft derer jedes Wesen lebt, sich bewegt und zu seiner Vollendung gelangt. Gott vereine in sich die drei Eigenschaften Geist, Vernunft und Liebe.

Besonders kritisch hinterfragte das Tribunal Brunos Einstellung zur Trinität, der Dreifaltigkeit von Vater, Sohn und Heiligem Geist. Bruno gab zu, seit seinem achtzehnten Lebensjahr Probleme mit dieser Vorstellung zu haben. Er zweifle daran, dass der Sohn Gottes Fleisch geworden sein soll. Bruno bestritt aber, jemals etwas gegen Christus' göttliche Wunder oder die Transsubstantiation, die Verwandlung von Brot und Wein in Christi Leib und Blut im heiligen Abendmahl, oder die heilige Empfängnis gelehrt zu haben. »Ich halte in Bezug auf Christus alles für wahr, was die heilige Kirche lehrt!«[18], gestand er.

Doch das Tribunal nahm ihm diese katholische Gesinnung nicht ab. Es warf ihm vor, in vielen Städten mit Ketzern die gegenteiligen Thesen vertreten und die Buße als für das Seelenheil überflüssig beschrieben zu haben. Aber das Tribunal könne ihn mit Liebe behandeln, wenn er alle seine Irrtümer und Ketzereien bekennen und eine Beichte über sein gesamtes Leben ablegen würde. Bruno ging darauf ein. Am 30. Juli sank er vor dem Tribunal auf die Knie, bereute alle Ketzereien und Zweifel an der katholischen Lehre, die er jemals geäußert haben soll, und bat um Vergebung. Das Tribunal möge ihn wieder in den Schoß der heiligen Kirche aufnehmen. Eine größere Demütigung kann es für ihn wohl kaum gegeben haben.

Damit schien der Kelch der Inquisition an Bruno vorübergegangen zu sein. Doch der Fall des berühmten Philosophen hatte sich herumgesprochen. Im Dezember meldete sich der päpstliche Nuntius in Venedig mit der Bitte um Auslieferung an die römische Inquisition. Der Nuntius berief sich auf Brunos ketzerische Bücher. Alles in allem sei er »in seinem öffentlichen Auftreten ein Haupt der Ketzer … Wenn dieser Bruno auch ein einfacher Bruder sei, so wolle ihn der Papst doch in Rom haben«[19], heißt es in den Prozessakten. Die venezianische Behörde prüfte das Auslieferungsersinnen und fand sich schließlich gerne bereit, Seiner Heiligkeit in dieser Bitte zu willfahren.

Bruno wurde nach Rom überstellt und dort 1593 in der Engelsburg eingekerkert. Mit den Vernehmungen ließ sich der Inquisitor viel Zeit, ein Jahr lang passierte erst einmal nichts. Im Sommer des Jahres schickte Brunos ehemaliger Mithäftling in Venedig, Bruder Celestino da Verona, eine böse Anzeige an die Inquisition, in der er Bruno schwerster ketzerischer Behauptungen bezichtigte. Wenn er hiermit seine eigene Haut retten wollte, so ist ihm dies misslungen: Im September 1599 wurde er als unverbesserlicher Häretiker auf dem Scheiterhaufen verbrannt. Auch Mocenigo meldete sich erneut zu Wort, um Bruno mit weiteren Vorwürfen zu denunzieren. Alsdann wurden Brunos Werke herbeigeschafft und eingehend studiert. Das dauerte.

Im Gegensatz zum venezianischen Verfahren sind die Akten des römischen weitgehend verloren gegangen, wahrscheinlich bei der Verschleppung des vatikanischen Geheimarchivs nach Paris durch Napoleon im Jahr 1810. Es ist deswegen auch weitgehend unbekannt, wie es Bruno in den ersten sechs Jahren seiner Kerkerhaft erging. Passiert ist in dieser Zeit wohl nicht viel, man ließ den Delinquenten schmoren. Aus einer Aktennotiz geht zumindest hervor, dass man ihn im März 1597 ermahnte, sich von der Wahnidee verschiedener Welten zu verabschieden.

Schwung kam in die Causa Bruno erst wieder, als der Kardinal und päpstliche Berater Roberto Bellarmino sich ihrer annahm. (Dieser dienstbeflissene Gottesdiener, mit dem wenige Jahre später Galilei noch zu tun haben sollte, wurde 1923 selig- und 1930 heiliggesprochen.) Er fasste die Anklageschrift auf acht Punkte zusammen. Wir kennen sie nicht, aber sie werden sich an die Themen des venezianischen Verfahrens angelehnt haben. Wir wissen auch nicht, ob Bruno die Folter nur angedroht oder ob sie tatsächlich vollzogen wurde.

Am 18. Januar 1599 legte man ihm die acht häretischen Thesen vor, mit der Aufforderung, innerhalb von sechs Tagen dazu Stellung zu nehmen. Offenbar ging Bruno auf das Angebot ein und schwor seinen Behauptungen ab. Dennoch schickte er eine Verteidigungsrede nach, deren Inhalt unbekannt ist. Am 5. April reichte Bruno ein weiteres unauffindbares Schriftstück nach. Fünf Monate später wurde abschließend über Bruno diskutiert und der Gefangene vorgeführt. Hier nun stellte er die acht Thesen, denen er mutmaßlich bereits abgeschworen hatte, neuerlich zur Diskussion. Die erzürnten Inquisitoren gaben Bruno weitere 40 Tage Zeit, zu bereuen. Am 21. Dezember führte man ihn dem Tribunal vor, doch Bruno blieb standhaft: Er könne nichts bereuen und wisse auch nicht, was er zu bereuen habe. Wurde er gefoltert, um ein letztes Mal über seine Fehler nachzudenken und seinen Thesen abzuschwören? Wir wissen es nicht.

Brunos fester Glaube an die Wahrheit bedeutete sein Todesurteil. Papst Clemens VIII. beendete das Verfahren. Nach siebenjähriger Gefangenschaft brachte man Bruno am 8. Februar 1600 zum Haus des Kardinals Ludovico Madruzzi, wo er vor neun Kardinälen, darunter Bellarmino, und Beisitzern sein Urteil auf Knien empfangen sollte. Sie verkündeten im Namen von Jesus Christus, dass er aus der katholischen Gemeinde ausgestoßen würde. All seine Bücher wurden verboten, sämtliche Exemplare, derer sie habhaft werden konnten, öffentlich verbrannt. Außerdem verfügten sie, dass er der weltlichen Gerichtsbarkeit des Gouverneurs von Rom übergeben werden sollte. Sie baten, »dass er die Härte des Gesetzes … mildern möge, damit du nicht in die Gefahr des Todes oder der Verletzung des Leibes geratest«.[20] Eine besonders zynische Bitte, denn allen Anwesenden war klar, dass für einen unbelehrbaren Ketzer wie Bruno nur der Scheiterhaufen in Frage kam. Die Kardinäle wollten sich wohl lediglich der Verantwortung entziehen, indem sie das Strafmaß dem Gouverneur von Rom überließen – der indes dem Befehl des Papstes unterstand.

Kaum hatte Madruzzi das Urteil gesprochen, sprang der unbeugsame Bruno auf und rief: »Ihr verhängt das Urteil vielleicht mit größerer Furcht, als ich es empfange!«[21] Das historische Wort eines Unbeugsamen.

Es war dem Bischof von Sidon deswegen wohl eine besondere Freude, den Verurteilten aus dem Ordensstand zu verbannen. Dabei kratzte er ihm auch die Fingerkuppen des Daumens und Zeigefingers ab, die bei Brunos Ordination geweiht worden waren. Dann führte man ihn dem Gouverneur von Rom vor. Der verurteilte ihn zum Tod durch das Feuer.

Der Papst hatte das Jahr 1600 zum Jubeljahr ausgerufen, viele Reisende strömten in die Stadt am Tiber. Da machte sich die öffentliche Verbrennung eines europaweit bekannten Ketzers besonders gut. Am 12. Februar hofften die Einwohner, einer »feierlichen Hinrichtung« beiwohnen zu können, wie die *Römische Zeitung* verkündete. Doch das mit Spannung erwartete Spektakel wurde verschoben. Vier weitere Tage durfte Bruno darüber nachdenken, ob er nicht doch noch seiner Irrlehre abschwören wolle. Doch der »beharrte bis zum Ende immer in seiner verdammten Widerspenstigkeit und verdrehte sich das Gehirn und den Verstand mit tausend Irrtümern«[22].

Am frühen Morgen des 17. Februar holten die Brüder der Erzbruderschaft des »San Giovanni Decollato« den Todgeweihten aus der Zelle und geleiteten ihn in einer düsteren, beklemmenden Prozession unter dem Gesang von Litaneien zum Scheiterhaufen auf den Campo dei Fiori – den Blumenplatz! Man entkleidete ihn und band ihn am Brandpfahl fest. Ein Augenzeuge, der zum Katholizismus konvertierte Caspar Schoppe, berichtete in einem Brief an seinen ehemaligen Professor Conrad Rittershausen von der Hinrichtung: »Als hier dem schon Sterbenden das heilige Kruzifix vorgehalten wurde, wandte er mit verachtender Miene sein Haupt und ist so geröstet elendiglich eingegangen, ich glaube wohl, um in jenen anderen, von ihm erdichteten Welten zu berichten, wie mit lästerlichen und unfrommen Menschen von uns Römern verfahren zu werden pflegt.«[23] Ja, so ging man mit solchen »Ungeheuern« um.

Damit hatte die katholische Kirche sich endlich des verhassten Ketzers entledigt. Doch gleichzeitig hatte sie ihn damit unsterblich gemacht. Aus heutiger naturwissenschaftlicher Sicht bleibt von ihm sein unerschütterliches Eintreten für das heliozentrische Weltbild des Kopernikus, das er um eine entscheidende neue Erkenntnis erweiterte: Das All ist unendlich ausgedehnt und enthält unendlich viele Sonnen und Planeten, die ebenso bewohnt sein können wie die Erde. Diese Behauptungen lassen Bruno als großen Visionär erscheinen.

Bruno sah sich stets als Philosoph, Dichter und Mystiker, nicht als Naturwissenschaftler. Das unterschied ihn von Galileo Galilei, dem Mathematiker und Astronomen. Galilei war davon überzeugt, mit Mathematik die Naturvorgänge beschreiben zu können. Um theologische Deutungen ging es ihm nie. Mit Brunos Spekulationen über ein beseeltes, unendliches Universum konnte Galilei nichts anfangen, schon allein deswegen nicht, weil es sich mit astronomischen Beobachtungen weder unterstützen noch widerlegen ließ. Das wurde erst mehr als vier Jahrhunderte später möglich. Erst recht interessierte sich Galilei nicht für die theologischen Fragen der Trinität oder Transsubstantiation. Er strebte eine strenge Trennung von Religion und Wissenschaft an.

Bruno warf Kopernikus im *Aschermittwochsmahl* vor, der sei mehr auf die Mathematik als auf die Natur bedacht gewesen und habe sich nicht von den falschen Voraussetzungen gelöst. »Deshalb konnte er nicht so in die Tiefe dringen … Der Nolaner [also Bruno] hat den menschlichen Geist und die Erkenntnis befreit.«[24] Nach Brunos Ansicht verstellt die Mathematik den Blick auf die wahre Natur, die er selbst geschaut hat.

Die Geschichte der Astronomie in den vergangenen vier Jahrhunderten hat uns etwas anderes gelehrt: Ohne Mathematik gäbe es keine exakte Beschreibung der Natur und der in ihr wirkenden Kräfte, keine Quantenphysik und keine Relativitätstheorie.

Auch mit dem anderen großen Astronomen seiner Zeit, Johannes Kepler, hatte Bruno so gut wie keine Gemeinsamkeiten. Kepler, wie Galilei ein Mann der Mathematik, beschäftigte sich mit den Umlaufbahnen der Planeten um die Sonne und entdeckte drei noch heute bedeutende Gesetze. Aber sowohl für ihn wie auch für Galilei stand es außer Frage, dass die Sonne im Zentrum des endlichen Universums steht, das durch die äußerste Fixsternsphäre begrenzt war.

Kepler galt die Sonne als Herz der Welt, das Licht und Wärme spendet, als Königin und Bewegerin aller Bewegungen, wie er am Ende seines Werkes *Weltharmonik* schrieb. Die Unendlichkeit, und damit das Fehlen eines Zentrums, flößte ihm Angst ein. »Die Vorstellung vom Unermesslichen versetzt das menschliche Bewusstsein in einen Schockzustand«[25], stellt der Lyriker und Essayist Jochen Winter ganz richtig fest. Kepler benötigte die Sonne als Nabe, um die sich die Planeten und Sterne bewegen. In gewissen Regelmäßigkeiten der Bewegungen meinte er eine göttliche, musikalische Harmonik zu erkennen, die Sphärenharmonie, deren Quelle die Sonne war. Lediglich bei der Spekulation über ein Leben außerhalb der Erde war er mit Bruno einer Meinung: »Sollte der [Gott] seine ganze Kunst und seine ganze Güte für die Erdkugel erschöpft haben, so dass er die übrigen Kugeln nicht mit dazu passenden Geschöpfen ausstatten konnte und wollte?«[26] Im Jahr 1609 schilderte er in seiner Traumerzählung *Somnia* sogar eine Reise zum Mond und entwarf ein Leben der Bewohner auf dem Erdbegleiter.

Vier Jahrhunderte nach Brunos Hinrichtung erklärte

Papst Johannes Paul II., dass diese Tat aus kirchlicher Sicht als Unrecht zu betrachten sei. In der Mitte des Campo dei Fiori erinnert heute eine Statue an den großen Philosophen und Vordenker der Unendlichkeit.

JEAN-SYLVAIN BAILLY (1736–1793)

Ich zittere nur, weil mich friert

Jean-Sylvain Bailly war ein einflussreicher Astronom, bevor er sich in die Politik begab und Bürgermeister von Paris wurde. Während der Französischen Revolution starb er als »Königsfreund und gewalttätiger Unterdrücker des Volkes« auf dem Schafott.

Baillys Vorfahren waren seit Generationen Maler und Aufseher der königlichen Gemäldesammlung. Diese Stelle übernahm Jean-Sylvain von seinem Vater und hatte sie bis 1785 inne. Die Familie wohnte im Louvre, der damaligen Residenz der französischen Könige, wo Jean-Sylvain am 15. September 1736 zur Welt kam. Er war ein stiller, zurückgezogen lebender Junge, der die Maltradition der Baillys fortsetzen sollte. Man unterrichtete ihn im Zeichnen, doch letztlich mochte er sich zur Malerei nicht durchringen. Er beschäftigte sich aber gerne mit Gemälden und erwarb sich bald den Ruf eines kompetenten Kritikers.

Auch zur Schriftstellerei fühlte sich der jugendliche Bailly hingezogen, er verfasste in den 1750er Jahren Gedichte und mindestens zwei Tragödien, allerdings von ziemlich fragwürdiger Qualität. Sie gelangten nie zur Aufführung. Er verfolgte daher nicht die Laufbahn eines Schriftstellers, aber der Hang zum geschriebenen Wort blieb bestehen und sollte später noch Blüten treiben. Bedeutend für den etwa 20-Jährigen wurde vor allem der Freund der Familie und Astronom Nicolas-Louis de Lacaille, der Jean-Sylvain Privatunterricht gab.

Lacaille führte seinen Schüler in die Mysterien der höheren Mathematik und Himmelsmechanik ein, die mit den Gesetzen der Newtonschen Physik einen enormen Aufschwung erfahren hatten. In seinen ersten eigenen Versuchen griff Bailly ein aktuelles Thema auf: die Rückkehr des Halleyschen Kometen in Erdnähe. Edmond Halley hatte herausgefunden, dass die Kometenerscheinungen der Jahre 1531, 1607 und 1682 auf ein und denselben Himmelskörper zurückgingen. Er berechnete dessen Bahn um die Sonne und sagte im Jahr 1705 die Wiederkehr für den Jahreswechsel 1758/59 voraus. Unmittelbar nach der ersten Sichtung des Kometen machten sich mehrere Astronomen daran, dessen Wanderung am Himmel genau zu beobachten und die Ankunft in Erdnähe zu berechnen. Die Wiederkehr war zur damaligen Zeit ein Aufsehen erregendes Ereignis, nicht nur, weil es ein Himmelsspektakel versprach, sondern weil sich an ihm die Newtonsche Mechanik beweisen musste.

Bailly stützte seine Berechnungen auf Lacailles Beobachtungsdaten. Er ermittelte den Zeitpunkt der größten Annäherung an die Sonne und die Neigung der Umlaufbahn gegen die der Erde. Seine Ergebnisse trug er vor der Akademie der Wissenschaften vor, was ihm große Hochachtung einbrachte, befand er sich damit doch auf einer Stufe mit bedeutenden Mathematikern seiner Zeit, wie Leonard Euler und Jean-Baptiste le Rond d' Alembert. Der Halleysche Komet erreichte am 13. März 1759 seinen sonnennächsten Punkt, drei Wochen früher als die beste Berechnung vorhergesagt hatte. Dennoch schwärmte Bailly: »Das ist der Gipfel des Ruhmes menschlichen Geistes, … der überzeugendste Beweis für Newtons Theorie.«[1]

Elektrisiert von diesem Erfolg kaufte sich Bailly ein eigenes Teleskop. Von seinem Zimmer im Louvre aus hatte er einen Blick über die Seine nach Süden. Bauliche Gegebenheiten schränkten ihn jedoch stark ein, sodass er nur verhältnismäßig kleine Fernrohre aufstellen und diese auch nur auf einen begrenzten Himmelsausschnitt ausrichten konnte. Schon 1760 beobachtete er damit einen weiteren Kometen, der unerwartet am Himmel auftauchte, und berechnete erfolgreich dessen Bahn. Das nachfolgende Jahr hielt eine neue Sensation bereit, die auch wieder mit Halley zu tun hatte: einen Venustransit.

Venustransits sind sehr seltene Himmelsereignisse, die auf folgende Weise zustande kommen: Die innerhalb der Erdbahn um die Sonne laufende Venus benötigt für eine Umrundung 225 Tage, die Erde 365 Tage. Dadurch überholt die Venus unseren Planeten auf der Innenbahn alle 584 Tage. Würden die Bahnen beider Planeten in einer Ebene liegen, könnte man alle 584 Tage die Venus vor der Sonne vorbeiziehen sehen. Da die Bahnebenen aber zueinander geneigt sind, wandert die Venus meistens unbemerkt ober- oder unterhalb unseres Tagesgestirns vorbei. Nur wenn die drei Himmelskörper auf einer Linie liegen, ereignet sich ein Transit. Dann sieht man die Venus als schwarzes Scheibchen vor der Sonne vorbeilaufen. Venustransits haben einen eigenartigen Rhythmus. Es ereignen sich zwei Transits im Abstand von acht Jahren, danach muss man 122 Jahre bis zu den nächsten beiden Ereignissen warten.

Venustransits sind nicht nur seltene Himmelsspektakel, sondern sie besaßen damals für Astronomen einen besonderen Wert. Edmond Halley hatte 1716 eine Methode entwickelt, wie sich aus Beobachtungen eines Venustransits von verschiedenen Orten auf der Erde der Abstand der Sonne von der Erde ermitteln ließe. Diese Größe, auch »Astronomische Einheit« genannt, spielt in der Planetenforschung eine zentrale Rolle: Mit ihrer Kenntnis lassen sich aus den leicht messbaren Umlaufzeiten der Planeten um die Sonne unmittelbar alle Abstände und damit die Größe des gesamten Sonnensystems berechnen. Außerdem ergibt sich aus dem Durchmesser einer Umlaufbahn und der Umlaufdauer die Masse der Sonne.

Halley erlebte den Triumph seiner Methode nicht mehr. Er starb vor den nächsten Venustransits in den Jahren 1761 und 1769. Aber die Astronomen erwarteten sehnlichst diese beiden Ereignisse. Mit einem bis dahin beispiellosen Einsatz richteten sie zahlreiche Expeditionen bis in die entlegensten Winkel der Erde aus, um am 6. Juni 1761 die schwarze Scheibe der Venus vor der Sonne vorbeiziehen zu sehen. In Paris begann Joseph-Nicolas Delisle schon ab 1750 mit den Vorbereitungen für die Expeditionen, ihn unterstützten bald auch Lalande und Lacaille. Insgesamt nahmen schließlich 120 Astronomen an 62 Orten in aller Welt an der Beobachtungskampagne teil. Es war die erste große wissenschaftliche Gemeinschaftsleistung in der Geschichte.

Am 6. Juni beobachteten Bailly und Lacaille, dessen Observatorium im Collège Mazarin sich gegenüber dem Louvre, auf der anderen Seite der Seine, befand, den Venustransit. Glücklicherweise war der Himmel in den entscheidenden Momenten klar, sodass die beiden Astronomen das Ereignis gut verfolgen konnten. Ihre Messwerte wurden zusammen mit denen der anderen Astronomen ausgewertet. Das Ergebnis war indes nicht besonders genau. Die Größe der Astronomischen Einheit ergab sich zu 124 bis 150 Millionen Kilometer. Die mit noch größerem Aufwand betriebene Kampagne des nachfolgenden Venustransits vom 3. Juni 1769, zu der Bailly mit Beobachtungen in Passy beitrug, erbrachte einen genaueren Wert von 151,6 Millionen Kilometern. Heute ist diese Fundamentalgröße unseres Sonnensystems bis auf drei Meter genau bekannt, sie beträgt 149,6 Millionen Kilometer.

Kurz nach dem ersten Venustransit vermeldete ein holländischer Astronom die Entdeckung eines neuen Kometen. Die Nachricht verbreitete sich in Windeseile, und auch Bailly suchte den äußerst schwachen Schemen dieses Nebels am Himmel. Er beklagte sich über die ungünstigen Beobachtungsbedingungen von seinem Zimmer im Louvre aus, schaffte aber doch im Juni 1762 einige brauchbare Positionsbestimmungen, aus denen er die Bahn des Schweifsterns berechnete. Sein Ergebnis referierte er vor der Akademie der Wissenschaften, was ihm das uneingeschränkte Lob der Kollegen und 1763 sogar die Aufnahme in die hochangesehene Akademie einbrachte.

Innerhalb von nur drei Jahren hatte Bailly drei für damalige Verhältnisse spektakuläre Himmelsereignisse erlebt und an deren Beobachtung teilgenommen, was die Leidenschaft des mittlerweile 26-Jährigen immer mehr steigerte. Baillys Talent bestand aber überwiegend in der mathematischen Behandlung astronomischer Vorgänge im Sonnensystem, die Beobachtungen spielten eine eher untergeordnete Rolle. Für seine Berechnungen griff er eher auf die veröffentlichten Ergebnisse der Kollegen zurück.

In seiner bedeutendsten Arbeit setzte er sich mit der Bewegung der vier von Galileo Galilei entdeckten Monde des Planeten Jupiter auseinander. Galilei hatte sie 1609 bei seinen ersten Beobachtungen mit dem Fernrohr gesichtet. Sie offenbaren sich als vier lichtschwache Pünktchen, die sich mal links, mal rechts von Jupiter aufhalten und manchmal gar nicht zu sehen sind. Ursache ist ihre Bewegung um den Planeten. Sie benötigen zwischen knapp zwei und siebzehn Tagen für eine Umrundung, was sich über mehrere Nächte hinweg bequem verfolgen lässt.

Ende 1761 begann Bailly schließlich mit eigenen Beobachtungen. Auch er stellte, wie schon einige seiner Kollegen vor ihm, Abweichungen der beobachteten Bewegungen von der berechneten fest. Hier stand nicht nur ein neuerlicher Test der Newtonschen Physik an, sondern diese Problematik besaß auch einen praktischen Hintergrund. Es war seit jeher ein Problem, auf See die geografische Länge zu bestimmen. Hierfür benötigten die Navigatoren die genaue Uhrzeit. Die damaligen Uhren gingen jedoch unter den rauen Bedingungen auf einem Schiff zu ungenau. Um dieses Übel ein für alle Mal zu beheben, hatte das englische Parlament 1714 einen Preis ausgelobt für jeden, der eine brauchbare Methode für die mobile Zeitmessung entwickelt. Das Preisgeld von 20 000 Pfund hätte heute einen Wert von mehreren Millionen Euro, was die Dringlichkeit bekräftigte, für das Problem eine Lösung zu finden.

Es kam damals zu einem Wettstreit zwischen zwei möglichen Methoden: dem Bau einer robusten und genau gehenden Uhr auf der einen und einer zuverlässigen astronomischen Methode auf der anderen Seite. Letztere hatte schon Galilei vorgeschlagen. Sie bestand darin, die Umläufe der Jupitermonde so genau vorauszuberechnen und in Tabellenwerken festzuhalten, dass deren Beobachtung auf See die genaue Uhrzeit liefert.

Zu Baillys Zeiten war dieser Wettstreit schon fast entschieden – und zwar zu Ungunsten der von Galilei entwickelten Methode. Zwischen 1735 und 1759 hatte der Uhrmacher John Harrison vier Chronometer gebaut, die seetauglich waren. Doch erst der letzte erfüllte die Anforderungen des Preises, wie 1764 auf zwei Reisen bewiesen werden konnte – zwei Jahre nach Baillys erster Arbeit über die Jupitermonde. Allerdings hatte Harrison zu dieser Zeit nur ein einziges Exemplar dieses Chronometers gebaut. Er musste also noch den Beweis liefern, dass sich von seinem Uhrentyp beliebig viele Kopien anfertigen ließen. Insofern konnte die astronomische Methode noch nicht ganz verworfen werden.

Abgesehen von dieser praktischen Anwendung der Jupitermond-Beobachtungen wollten die Astronomen natürlich erneut die Leistungsfähigkeit der Newtonschen Physik unter Beweis stellen. Das war in diesem Fall allerdings schwierig. Wenn sich nur zwei Himmelskörper gegenseitig umkreisen, ist deren Bahnberechnung einfach. Doch sobald ein dritter Körper ins Spiel kommt, wird es sehr kompliziert, weil sich die Körper mit ihrer Schwerkraft, abhängig von ihren zeitlich variierenden Abständen, gegenseitig beeinflussen. Es gibt für deren Bahnberechnung keine einfache Formel mehr, sondern man muss mit Näherungsverfahren arbeiten. Bei Jupiter und seinen vier Monden lag nun sogar ein Fünf-Körper-Problem vor. Bailly bezog zudem die Einflüsse der Sonne und von Jupiters Nachbarplaneten Saturn mit ein, sodass er mit sieben interagierenden Körpern rechnen musste.

Mit seinen ersten Ergebnissen in den Jahren 1762 und 1763 hatte er den Kampf mit den besten Astronomen seiner Zeit aufgenommen, der mit zwei Veröffentlichungen in den Jahren 1765 und 1766 sowie dem Buch *Essai sur la théorie des satellites de Jupiter* seinen Höhepunkt erreichte. Darin beschrieb und berechnete er die unterschiedlichen Effekte, die auf die Bewegung der Monde einwirkten, und stellte damit die Leistungsfähigkeit der Physik Newtons unter Beweis. Fast ein Jahrhundert später würdigte der Astronom François Arago Baillys Berechnungen der Jupitermond-Bahnen als dessen bedeutendsten wissenschaftlichen Beitrag.

Nach Jahren harter Arbeit an der Theorie der Jupitermonde vollzog sich in Baillys akademischer Laufbahn eine

Wendung: Er widmete sich wieder stärker seinem Hang zur Literatur. Dem vorausgegangen war eine Veränderung, die in der Akademie der Wissenschaften anstand. Deren Sekretär war verstorben, und man suchte einen Nachfolger. Der Mathematiker d' Alembert brachte Bailly ins Gespräch und riet diesem, als Vorbereitung auf dieses Amt einige Lobreden zu schreiben. Bailly sagte sofort zu und verfasste innerhalb von nur zwei Jahren fünf Elogen auf Karl V., Gottfried Wilhelm Leibniz, Pierre Corneille, Molière und seinen Lehrer Lacaille. Die Lobrede auf Lacaille gelang ihm besonders gut, kannte er doch sowohl die Person als auch deren Metier, die Astronomie, am besten. In der Lacaille-Biografie beschrieb er die Eigenschaften eines Astronomen als »Interpret der Natur und Hohepriester der kosmischen Kräfte. Sein Noviziat ist lang und akribisch, seine Gedanken verlangen nach Einsamkeit und harter Disziplin; aber die Befriedigung zur Erweiterung des Wissens beigetragen zu haben, übersteigt die gebrachten Opfer«.[2] Mit diesen Worten huldigte nicht nur der Schüler seinem Lehrer, aus ihnen sprach auch der leidenschaftliche Himmelskundler.

Bailly entfernte sich immer weiter von der Naturwissenschaft. Befördert wurde dieser Trend durch einen Umzug in das Pariser Viertel Chaillot, das Künstler und Literaten anzog. Bald wurde er ein gern gesehener Gast in dem Salon der Dichterin Fanny de Beauharnais, wo er auch seine spätere Frau Jeanne Gaye kennenlernte. Zu seinem neuen Bekanntenkreis zählte Antoine Court de Gébelin, der für das Königshaus arbeitete. Der gelernte Hugenottenpastor übte dieses Amt nie aus, sondern beschäftigte sich mit antiken Kulturen und Sprachen. Er war davon überzeugt, dass alle Sprachen auf eine Ursprache zurückgingen. Darüber hinaus war er Sekretär der Freimaurerloge der »Neun Schwestern«

und esoterischem Gedankengut nicht abgeneigt. In seinem neun Bände umfassenden Hauptwerk *Monde primitif* beschrieb er die Mythen alter Völker.

Court de Gébelin brachte Bailly dazu, sich mit Inbrunst der Kulturgeschichte zu widmen. De Gébelins Grundgedanke war, dass nichts aus der Vergangenheit verschwunden ist, sondern die Vergangenheit in der Gegenwart weiterlebt. Bailly folgerte daraus: »Die Erforschung des Wissens unserer Vorfahren ist der erste Schritt eines Volkes, das auf das Licht zumarschiert.«[3]

Bailly war zunehmend davon überzeugt, dass es vor langer Zeit ein Volk gegeben haben muss, das bereits über ein größeres Wissen verfügte als das heutige. Auf der Suche nach diesem Urvolk beschäftigte er sich intensiv mit der indischen Kultur. Hierbei profitierte er auch von dem Missgeschick eines Astronomen, der an einer jener abenteuerlichen Venustransit-Expeditionen teilgenommen hatte: Guillaume Joseph Le Gentil. Er hatte 1760 den Hafen von Brest verlassen und rechtzeitig vor dem Transit den Ort Pondicherry in Indien erreicht, wo er das Himmelsereignis am 6. Juni 1761 beobachten wollte. Unglücklicherweise hatten im Zuge des Siebenjährigen Krieges britische Truppen den Ort erobert, die nun dem französischen Astronomen das Betreten der Stadt verboten. Le Gentil beobachtete den Venustransit zwar bei gutem Wetter, aber auf schwankendem Schiff. Seine Messdaten waren unbrauchbar.

Einmal in der Gegend, beschloss Le Gentil, sich die Zeit mit Studien auf Madagaskar und Mauritius zu vertreiben und auf den acht Jahre später erfolgenden Transit zu warten. Erneut machte er sich hierfür auf den Weg nach Pondicherry, das mittlerweile wieder in französischer Hand war. Alles lief gut, doch dieses Mal war der Himmel bewölkt.

Es war wie verhext. »Über 10 000 Meilen war ich gereist; es schien, als hätte ich die Meere nur darum durchkreuzt, hätte mich nur darum ins Exil begeben, um zuzusehen, wie sich eine verhängnisvolle Wolke just im Moment meiner Beobachtung vor die Sonne schiebt. Mehr als zwei Wochen lang war ich am Boden zerstört und hätte es beinahe nicht über mich gebracht, den Stift aufzunehmen und mein Tagebuch fortzuführen«, notierte er. Auf der Rückreise erlitt der Pechvogel noch zwei Schiffbrüche, bevor er elf Jahre nach seiner Abreise in die Heimat zurückkehrte. Dort hatte ihn seine Familie währenddessen für tot erklärt und seinen Besitz aufgeteilt. Le Gentil heiratete aber eine reiche Erbin und führte doch noch ein zufriedenes Leben.

Während seines langjährigen Aufenthalts hatte sich Le Gentil intensiv mit der indischen Geschichte befasst, wovon er Bailly ausführlich berichtete. Bailly sog nicht nur Le Gentils Erkenntnisse über astronomische Beobachtungen der Inder auf, sondern sammelte alle erdenklichen Zeugnisse anderer alter Völker, wie der Ägypter, Chaldäer und Perser. Die ältesten Dokumente datierte er auf 3000 v.Chr., folgerte aber darüber hinaus, dass bereits anderthalb Jahrtausende zuvor ein anderes Volk einen höheren Wissensstand besaß, der sich zum Teil erhalten hatte. Er führte hierfür diverse Argumente an. So meinte er, dass Tartaren und Inder bereits Details auf dem Mond beschrieben hätten, die man ohne Fernrohr nicht sehen könne, und dass die Milchstraße eine Ansammlung unzähliger Sterne sei – alles Erkenntnisse, die erst Galilei gewonnen hatte. Bailly sah also in der antiken Astronomie aus der Zeit 3000 v.Chr. die Renaissance eines astronomischen Wissens, das bereits 1500 Jahre zuvor bestanden hatte. Es stellte sich nun die spannende Frage: Wo lebte dieses Urvolk einst?

Nachdem er aus vielen Büchern Indizien zusammengetragen hatte, kam Bailly schließlich zu der Überzeugung, dass die Wiege der Zivilisation im nördlichen Zentralasien liegen müsse. Dabei bezog er sich auch auf Behauptungen Court de Gébelins, der dort ebenfalls ein Urvolk vermutete, und auf Carl von Linné, der festgestellt hatte, dass viele gezüchtete Getreide- und Gemüsesorten in Sibirien wild wachsen und möglicherweise von dort ihren Weg nach Westeuropa gefunden haben.

Mit der gewagten Hypothese eines verschwundenen Volkes machte sich Bailly nicht nur Freunde. D'Alembert kritisierte sie ebenso wie der Mathematiker Marquis de Condorcet. Sein berühmtester Widersacher aber war Voltaire, der berühmte Dichter und Philosoph der Aufklärung. Auf dessen kritische Briefe reagierte Bailly mit einem 250 Seiten starken Buch, in dem er auf Voltaires Briefe ausführlich antwortete. »In der Geschichte der Astronomie der Alten, die im vergangenen Jahre herauskam, redete ich von einem untergegangenen und vergessenen Volk, durch welches die aller ältesten der bekannten Völker aufgeklärt wurden«, beginnt er sein Werk. »Diese neuen Ideen, die sich auf die stärksten Wahrscheinlichkeiten gründen, haben Beyfall und Gegner gefunden … Es ist angenehm, sich mit einem großen Manne [Voltaire] zu unterhalten.«[4]

Als Bailly sich auf dem Feld zwischen Mythen und Wissenschaft abmühte, hatte er die Astronomie bereits aufgegeben. Seine letzte dokumentierte Beobachtung betraf die totale Mondfinsternis vom 30. Juli 1776. Die Beschäftigung mit der Historie stellte alles andere in den Schatten. In den folgenden Jahren verfasste er mehrere Werke zur Geschichte der Astronomie, die zum Teil auch in deutscher Übersetzung erschienen. Und er setzte sich mit Platons Atlantis auseinander. Für ihn war diese mystische Insel eine historische Realität, die er irgendwo im Nordatlantik vermutete und in Zusammenhang mit seinem Urvolk brachte. Am wahrscheinlichsten schien ihm die im Nordpolarmeer gelegene »Nowaja Semlja« das sagenumwobene Atlantis gewesen zu sein – eine weitere, vor allem ungewöhnliche Variante unter vielen anderen Spekulationen.

Gesellschaftlich ging es bei ihm beständig bergauf. Er entwickelte sich zu einem Salonlöwen und machte eine Reihe bedeutender Bekanntschaften. Hierzu zählte zum Beispiel Benjamin Franklin, der 1776 als Gesandter nach Paris gekommen war, um Frankreich um Unterstützung bei den amerikanischen Unabhängigkeitskämpfen zu bitten. Franklin war in Paris ungemein beliebt, wurde überall mit Begeisterung empfangen und war ein begehrter Gast in den Salons. Angeblich trugen die Damen braune Perücken, um Franklins Nerzkappe nachzuahmen. In Amerika erlitten unterdessen englische Truppen vernichtende Niederlagen, sodass die Unabhängigkeit der Vereinigten Staaten von Amerika schließlich unabwendbar war. Am 3. September 1783 beendete der Friedensvertrag von Paris formal den amerikanischen Unabhängigkeitskrieg. Franklin hatte mit seinen unablässigen diplomatischen Bemühungen zu diesem Vertrag entscheidend beigetragen. Auch an der Unabhängigkeitserklärung und dem Freundschaftsvertrag hatte er maßgeblichen Anteil.

Schon 1777 hatte Bailly Franklin kennengelernt, als dieser in seine Nachbarschaft gezogen war, einige Jahre später kam es zu einer wichtigen Zusammenarbeit. In Frankreich grassierte der »Mesmerismus«. Der aus Wien stammende Arzt Franz Anton Mesmer behauptete, es gäbe ein unsichtbares Fluidum, das in allen Körpern der belebten und unbelebten Natur existiere. Das ermöglichte es ihm angeblich, Menschen mit Magnetkraft zu heilen. 1778 kam Mesmer nach Paris und erfuhr mehr und mehr Zuspruch. Über einen befreundeten Arzt namens Charles Deslon erlangte er sogar Zugang zum königlichen Hof. Das wurde dem König langsam unheimlich, und er beauftragte eine Kommission damit, die behaupteten therapeutischen Wirkungen wissenschaftlich zu untersuchen. Damit dies so umfassend wie möglich vonstattenginge, befanden sich Wissenschaftler aller Couleur in der Kommission, darunter auch Bailly. Sie trafen sich in Franklins Haus, um das Vorgehen zu besprechen, und untersuchten schließlich rund vierzig Personen. Das Ergebnis war vernichtend: Das magnetische Fluidum existiert nicht, und jede mögliche Heilung durch magnetische Kräfte beruht auf Einbildung oder, wie wir heute sagen, dem »Placebo-Effekt«. Nach der Veröffentlichung dieser Studie verschwand der Mesmerismus fast gänzlich aus Paris, konnte sich aber in ländlichen Gebieten weiterhin halten.

Bailly kletterte auf der Karriereleiter immer weiter nach oben. Nach der Veröffentlichung einer Lobrede auf den verstorbenen d'Alembert zählte er in der *Académie Française* zu dem erlauchten Kreis der *40 Immortelles* (40 Unsterblichen). Im folgenden Jahr wurde er zudem Mitglied der *Académie des Inscriptions*. Für Bailly hatte sich damit sein Herzenswunsch erfüllt, nämlich die beiden Welten der Literatur und der Wissenschaft zu vereinen.

Seine Liebe zur Literatur äußerte sich in zwei weiteren Lobreden, die er auf Captain Cook und den Dichter Jean-Baptiste Louis Gresset verfasste. Beide Arbeiten wären nicht weiter erwähnenswert, hätte nicht in einer Kommission, die über einen Preis für die Gresset-Biografie zu entscheiden hatte, ein bedeutender Mann gesessen: Maximilien

Robespierre, jener »Anwalt der Armen«, der Bailly Jahre später aufs Schafott schicken sollte. Davon konnte der Astronom zu diesem Zeitpunkt noch nichts ahnen, ganz im Gegenteil: Im Dezember 1785 begann seine verheißungsvolle Karriere im Staatsdienst.

In den Jahren vor der Revolution änderten sich die gesellschaftlichen Verhältnisse in Frankreich. Das Volk wurde immer unzufriedener und lehnte sich zunehmend gegen den feudal-absolutistischen Ständestaat und die Herrschaft Ludwig XVI. auf. Der Staat war hochverschuldet, den Bauern ging es schlecht. Bürger und Gelehrte waren zunehmend von den Ideen der Aufklärung geprägt, die Menschen wollten mehr »Freiheit, Gleichheit und Brüderlichkeit«.

Der König spürte das Brodeln in der Gesellschaft und wagte zögerlich Reformen. Im Dezember 1785 wurde eine Kommission damit beauftragt, das größte Krankenhaus in Paris, das »Hôtel-Dieu«, neu zu planen. Zwar gab es etwa zwanzig Krankenhäuser in der Stadt, aber nur das »Hôtel-Dieu« war groß genug, um viele Menschen aufnehmen und behandeln zu können. Sein Ruf war himmelschreiend. Es war notorisch überbelegt, und die hygienischen Zustände waren katastrophal. Nur die Ärmsten der Armen ließen sich dort behandeln. Damit sollte nun Schluss sein. Die Kommission wurde beauftragt, nach einem besseren Standort zu suchen und einen Neubau zu planen. Die Besetzung mit namhaften Wissenschaftlern, wie Pierre Simon Laplace, einem der bedeutendsten Mathematiker seiner Zeit, und dem Begründer der Elektrostatik, Charles Augustin de Coulomb, zeigte, dass der König es mit dem Projekt ernst meinte. In dieser Kommission traf Bailly auch auf seinen späteren Leidensgenossen Antoine de Lavoisier. Nach zwei Jahren intensiver Arbeit entstanden drei Berichte aus Baillys Feder, und die Kommission empfahl den Bau von vier Hospitälern mit jeweils 1200 Betten am Stadtrand von Paris.

Der Bericht sorgte für großes Aufsehen und wurde vom König akzeptiert, doch der Staat befand sich in großen finanziellen Nöten. Schließlich gelang es der Kommission, eine große Summe an Spendengeldern zu sammeln, doch dann nahm die Revolution ihren Lauf, und der Plan geriet in Vergessenheit. Baillys Name aber war nun am Hofe wohlbekannt, weswegen man ihn im Januar 1789 erneut mit einem Projekt beauftragte. Dieses Mal ging es darum, das Pariser Schlachthaus an einem anderen Ort neu zu konzipieren. Schon wenige Monate später lieferte Bailly einen Plan ab, der genauso in den Wirren der Revolution unterging wie sein vorheriger für ein Hospital.

Die Revolution kündigte sich an. Die Staatsverschuldung hatte inzwischen beängstigende Ausmaße angenommen. Finanzminister Calonne schlug dem König vor, alle Untertanen, unabhängig von Privilegien und Adelstiteln, nach ihrem Einkommen zu besteuern. Der König erwartete starken Protest und beraumte die »Notabelnversammlung« an, ein vergessen geglaubtes Gremium, dessen Mitglieder der König selbst ernannte und das 1627 zum letzten Mal einberufen worden war. Die Notabeln lehnten die Steuerpläne ab. Minister Calonne wurde gestürzt, und der König musste die Generalstände einberufen, eine Versammlung von Vertretern der drei Stände Klerus, Adel und Dritter Stand (Bauern und Bürger).

Bailly war kein Revolutionär, sah aber grundsätzliche Veränderungen als unausweichlich an. Beständig schwankte er zwischen Volkswillen und Königstreue. Im Dezember 1788 hatte er zusammen mit etwa hundert weiteren Akademikern eine Petition unterschrieben, in der eine freie

Wahl der Delegierten der Generalversammlung gefordert wurde – mit ungeahnten Folgen: Bailly selbst wurde am 26. April 1789 als Vertreter des Stadtteils Chaillot in die Generalstände gewählt. Die Abgeordneten des Dritten Standes kamen überwiegend aus dem Bürgertum, darunter waren etwa Kaufleute und Juristen. Zu ihnen zählte auch der erwähnte Robespierre.

Unter den drei Ständen kam es zu Streitigkeiten über das weitere Vorgehen. Am 17. Juni 1789 beschlossen Vertreter des Klerus, sich dem Dritten Stand anzuschließen. Anschließend erklärte sich das gesamte Gremium zur selbsternannten Nationalversammlung mit Bailly als deren Präsidenten. Drei Tage später verkündete der König, er müsse den Sitzungssaal der Versammlung wegen anderer Verpflichtungen schließen. Daraufhin besetzten die Deputierten die nahegelegene Ballsporthalle und gelobten, sich nicht zu trennen, bis der Staat eine Verfassung habe. Mit diesem legendären »Ballhausschwur« erklärte sich die Nationalversammlung zugleich zur Verfassunggebenden Versammlung.

Am 23. Juni beschloss der König, die Versammlung aufzulösen, doch Bailly verweigerte dem Zeremonienmeister den Gehorsam. Vier Tage später gab der König nach und billigte das neue Gremium, das sich formell am 9. Juli zur Verfassunggebenden Nationalversammlung konstituierte.

Bailly versicherte, dieses Vorgehen sei ausschließlich gegen die Minister des Königs gerichtet, nicht jedoch gegen den König selbst. »Die Versammlung war in Herz und Geist mit dem König vereint«, schrieb er später in seinen Memoiren.[5] Mit diesen Schritten hin zu einer demokratischen Regierungsform sah Bailly wesentliche Ziele der Revolution erreicht und erklärte am 2. Juli seinen Rücktritt. Beendet war seine politische Karriere damit aber noch lange nicht.

Überall im Land regte sich massiver Widerstand gegen den König, es kam zu zahlreichen Aufständen. Der König beorderte seine Truppen nach Paris, um notfalls mit Gewalt für Ruhe zu sorgen, doch es half nichts. Am 14. Juli 1789 stürmte das wütende Volk die Bastille. Dieses Ereignis gilt als Beginn der Französischen Revolution. Die Nationalversammlung benannte eine Delegation, der Bailly angehörte. Diese überbrachte dem Volk die gute Nachricht, dass der König einlenken und die Nationalversammlung anerkennen würde. In den Tuilerien empfingen die Menschen die Delegierten als »Friedensengel«, und Bailly wurde zum Bürgermeister von Paris erklärt – ein problematisches Amt, wie er schnell erkennen musste. Das Volk litt unter Armut und horrenden Lebensmittelpreisen, es kam zu Verfolgungen und Lynchmorden. In dieser aufgewühlten Zeit rettete Bailly seinen Kollegen Lavoisier vor dem wütenden Mob.

Als Bürgermeister sah er sich mit einer unübersehbaren Flut von Aufgaben konfrontiert: Er musste eine handlungsfähige Verwaltung aufbauen, die Hungersnot lindern und für mehr Arbeit sorgen, er musste die Welle an Kriminalität und Gesetzlosigkeit in den Griff bekommen, die Situation in den Gefängnissen und in den Krankenhäusern war verheerend. Doch was entstand, war eine schwergängige bürokratische Maschinerie, die Baillys Arbeit lähmte. Als er den Versuch unternahm, die Spielhallen zu schließen und die Prostitution einzudämmen, handelte er sich den Vorwurf des Puritaners ein. Zeitweilig schloss er sich den Jakobinern an, doch angesichts der zunehmenden Gewalt und Gesetzlosigkeit zog er sich später von ihnen zurück, was ihm den Ruf des Konterrevolutionärs eintrug. Stattdessen trat er in den neu gegründeten Klub *Die Gesellschaft 1789*, einer Abspaltung der Jakobiner, ein. Die Monarchisten hatten

Bailly schon zuvor als Verräter eingestuft, sodass er sich bald zwischen allen Stühlen wiederfand. Innerhalb kurzer Zeit wurde der »Held des Ballhauses« zur Zielscheibe patriotischer Journalisten wie Jean Paul Marat. Und dann beging er einen folgenschweren Fehler.

Ende Juni 1791 war der König nach Varennes geflohen. Mitte Juli veröffentlichten die Jakobiner eine Petition, den König abzusetzen und eine Republik zu installieren. Man beschloss, den Aufruf am 17. Juli im Rahmen einer Massenkundgebung auf dem Champ de Mars zu unterzeichnen. Die Nationalversammlung rief Bailly und den Kommandanten der Nationalgarde Marquis de Lafayette dazu auf, bei dieser Versammlung für Ruhe und Ordnung zu sorgen. Beide führten die Truppen an. Es kam zu Unruhen, das Militär wurde mit Steinen beworfen und vermutlich auch beschossen. Daraufhin schossen die Soldaten zurück, wobei rund ein Dutzend Menschen ums Leben kamen. Als Bailly am darauffolgenden Tag vor der Nationalversammlung seinen Bericht vortrug, wurde er für sein resolutes Vorgehen gelobt. Selbst seine Kritiker Marat und Danton, die bei der Kundgebung anwesend waren, verurteilten seine Entscheidung nicht. Vergessen war die Angelegenheit aber nicht.

Bailly sah sich nicht mehr länger als Vertreter der Revolution und reichte drei Monate nach diesem Zwischenfall seinen Rücktritt ein. Er zog sich gänzlich ins Privatleben zurück und begann mit dem Verfassen seiner Memoiren. Im Sommer 1792 verkaufte er sein Haus in Chaillot und zog nach Nantes. Währenddessen trat die Revolution in eine neue Phase ein. Am 10. August kam es zum Sturm auf die Tuilerien, die Königsresidenz, in dessen Verlauf Ludwig XVI. und seine Familie gefangen genommen wurden. Am 21. September wurde die Republik ausgerufen – die »Erste Französische Republik« war geboren. Die Nationalversammlung löste sich auf, der Nationalkonvent wurde gegründet.

Plötzlich als gefährlicher Reaktionär eingestuft, musste sich Bailly wöchentlich bei den Behörden von Nantes melden. Seine Wohnung im Louvre wurde konfisziert und er wegen Missbrauchs öffentlicher Gelder zu einer hohen Geldstrafe verurteilt. Obwohl er um sein Leben fürchten musste, weigerte sich Bailly, Frankreich zu verlassen. Doch die Schlinge zog sich immer enger. Im Juli 1793 verließ er Nantes und bat Laplace um Unterschlupf. Er wurde dort unter Hausarrest gestellt, doch im September holte man ihn ab und warf ihn ins Gefängnis.

Bereits am 21. Januar 1793 hatte man Ludwig XVI. nach einem Schauprozess öffentlich hingerichtet, im Oktober folgte das Verfahren gegen Marie Antoinette. Bailly sollte gegen sie aussagen, weigerte sich jedoch. Nach kurzem Prozess starb die Königin am 16. Oktober auf der heutigen Place de la Concorde unter der Guillotine. »Die berühmten Opfer folgten ohne Aufhören nacheinander«, vermerkte der Scharfrichter Charles Henri Sanson in seinem Tagebuch.[6]

Baillys Verhandlung fand am 11. November statt. Man warf ihm zum einen vor, die damalige Flucht der Königsfamilie unterstützt zu haben. Zum anderen machte man ihn für das Gemetzel auf dem Champ de Mars verantwortlich. Das Tribunal lud viele Zeugen vor, die den Angeklagten belasteten. Doch spielte hier wohl auch persönlicher Hass gegen die Oberen eine große Rolle. Am Ende der zweitägigen Verhandlung war das Urteil klar: Bailly wurde als Königsfreund, gewalttätiger Unterdrücker des Volkes und vor allem als Verantwortlicher des Massakers auf dem Champ de Mars zum Tode verurteilt. Er bewahrte seine Haltung, nach einem Augenzeugenbericht soll er sogar auf dem Weg zurück in die Zelle seinen Neffen um eine Partie »Pikett«, ein Kartenspiel, gebeten haben.

Die auf den folgenden Tag angesetzte Hinrichtung verlief ganz besonders perfide. Vom Wachpersonal rüde behandelt, trieb man den Gefesselten auf einen Karren, an dem hinten eine rote Fahne befestigt war. Sie sollte kurz vor der Hinrichtung vom Henker verbrannt werden. »Die Jakobiner tanzten im größten Dreck um den Schinderkarren und sangen unter tausend Schmähungen Freiheitslieder«[7], heißt es in einer Revolutionschronik. Auf den Champs-Elysées musste der Karren unvorhergesehen anhalten. Zimmerleute luden zwei Holzbohlen auf, die offenbar im Boden der Guillotine fehlten. Bailly musste absteigen, und das Volk nutzte die Gelegenheit, um ihn zu bedrängen. Doch noch schützten ihn die Wachleute. Bailly bestieg das Gefährt, aber die Bretter behinderten ihn so sehr, dass ihm der Henker empfahl, zu Fuß weiterzugehen. Nun war er noch angreifbarer als zuvor, und das Volk sah sich dazu ermuntert, ihn zu bedrängen. Das Geschrei steigerte sich zu tosendem Lärm, was die Menge weiter zur Raserei aufstachelte. Ein junger Mann sprang vor und riss Bailly den Mantel derart rüde von der Schulter, dass dieser rücklings stürzte. Nur mit Mühe gelang es den Gendarmen, den Mob abzudrängen, bis Bailly den Karren wieder bestiegen hatte. Nun zog der Tross zügig weiter und erreichte um halb zwei das Champ de Mars.

Drei- bis viertausend Menschen drängten sich um das Schafott, in dessen Boden zunächst die beiden fehlenden Bretter eingebaut werden mussten. Immer dichter schloss sich der Kreis der kreischenden Menge um Bailly und seinen Henker. Die wenigen Gendarmen sahen sich einer Übermacht gegenüber, die schließlich Bailly mit sich fortriss. Nun gab es kein Halten mehr. Die Menschen schubsten und schlugen ihn, zerrissen seine Kleider. Nur mit großer Mühe gelang es, den Gepeinigten wieder in Sicherheit zu bringen. Doch das Volk ließ sich nicht beruhigen. Schließlich traten einige Rädelsführer vor und verlangten, dass dieser mit dem Blut der Märtyrer getränkte Ort nicht mit dem Blut des für ihren Tod verantwortlichen Bailly vermischt werden dürfe. Der Mörder müsse an anderer Stelle hingerichtet werden. Der Henker hielt ihnen entgegen, er befolge nur seine Befehle, doch einer der aufgebrachten Anführer schrie zurück, nur das souveräne Volk habe das Recht, ihm Befehle zu erteilen. Dem Henker blieb schließlich nichts weiter übrig, als sich zu fügen. In der Zwischenzeit bauten einige Männer die Guillotine ab, verluden sie auf zwei Karren und schafften sie fort. Nach heftigen Diskussionen einigten sich die Rädelsführer darauf, die Guillotine in einem Graben neu zu errichten, der das Champ de Mars umgab.

Ein feiner, kalter Herbstregen durchnässte die Menschen. Bailly trug nur noch ein zerfetztes Hemd, Blut rann aus mehreren Wunden. Ein Mann rief ihm höhnisch zu: »Du zitterst, Bailly!« Doch der bewahrte Haltung und entgegnete ihm: »Mein Freund, ich zittere nur, weil mich friert.« Bailly war erschöpft, man musste ihn stützen, auf den paar Stufen zum Schafott hinauf. Er bat den Henker um ein schnelles Ende. Doch zuvor musste die rote Fahne verbrannt werden. Wegen der Nässe fing der Stoff nur zögerlich Feuer, das Ritual zog sich in die Länge, bis ihn der Scharfrichter endlich auf das Brett binden und das Fallbeil lösen konnte.

Nur drei Jahre nach der Exekution wurde Bailly rehabilitiert. Seiner Frau Jeanne, die nach dem Tod ihres Mannes bettelarm war, wurde eine Pension zugesprochen.

ANTOINE LAURENT DE LAVOISIER (1743–1794)

Ich werde gleichmütig sterben

Antoine Laurent de Lavoisier gilt als Begründer der modernen Chemie. Unter Ludwig XVI. übernahm er politische Ämter und wurde kurz vor Ende des »Großen Terrors« als Volksverräter hingerichtet.

Lavoisier stammte aus gutem Hause. Sein Vater war Anwalt, seine Mutter Tochter eines vermögenden Advokaten, der eine stattliche Erbschaft hinterließ. Von ihr sollte Lavoisier später noch profitieren.

Mit elf Jahren kam Antoine an das vornehme »Collège Mazarin«, 1760 schrieb er sich an der Universität Paris für das Jura-Studium ein und erwarb im Alter von 21 Jahren seinen Doktortitel. Daraufhin ließ er sich zwar in die Liste der Anwälte des Pariser Parlaments eintragen, übte diesen Beruf aber nie aus. Seine Leidenschaft galt vielmehr den Naturwissenschaften. Zusammen mit einem Freund der Familie, dem Forscher Jean-Étienne Guettard, beschäftigte er sich mit Mineralogie, Paläontologie und Biologie, im Jardin du Roi hörte er Vorlesungen, auch über Chemie. Er bewegte sich also in vielen Bereichen der Naturwissenschaften, die damals ein hohes Ansehen genossen. Offenbar übertrieb er es mit seinen Studien ein wenig. Ein Arzt, der gerufen wurde, weil Lavoisier sehr blass war und kränkelte, diagnostizierte schlicht zu wenig Aufenthalt an der frischen Luft, eine für Wissenschaftler typische Krankheit, wie der Arzt meinte. Er riet ihm daher zu Vorsicht bei den Studien, denn »ein Jahr auf der Erde ist mehr wert, als hundert Jahre im Gedächtnis der Menschheit«.[1]

Unter Guettards Aufsicht verfasste Lavoisier seine erste Abhandlung, in der es um die Löslichkeit von Gips ging –

nichts Weltbewegendes, aber Anlass genug, die Veröffentlichung mit einem großen Souper im Kreise von Freunden zu begehen. Kurze Zeit später nahm Lavoisier an einem Wettbewerb teil, in dem Pläne für die optimale Beleuchtung von Großstädten erarbeitet werden sollten. Er gewann ihn zwar nicht, wurde jedoch mit einer Medaille ausgezeichnet. Obwohl Lavoisier bis dahin nur eine Veröffentlichung vorzuweisen hatte, wurde er mit nur 26 Jahren in die *Akademie der Wissenschaften* gewählt. Der Astronom Lalande begründete die Aufnahme mit dem Argument, Lavoisier sei ein Jüngling mit Talent, Aktivität und großem Wissen. Was zählte, war eine hoffnungsvolle Aussicht, nicht eine ruhmreiche Vergangenheit.

Das war alles schön und gut, aber die Familie bestand darauf, dass sich Antoine eine Arbeit suchen solle, die ihn ernähren könne. Aus finanzieller Sicht hätte er es gar nicht nötig gehabt, nahm aber dennoch 1768 eine Stelle bei der *Ferme Générale*, der Organisation der königlichen Hauptzollpächter, an. Ein unabsehbar folgenschwerer Fehler.

Die *Ferme* war eine Organisation, die fast die Hälfte der Staatseinnahmen generierte. Zur damaligen Zeit zog der Staat die Steuern und Abgaben nicht selbst ein, sondern beauftragte damit Steuerpächter (*fermiers*). Diese pachteten vom Staat gegen eine feste, im Voraus bezahlte Summe alle Zölle, Abgaben und indirekten Steuern. Für das vorgestreckte Kapital hatte der *Fermier* Anrecht auf ein jährliches Honorar sowie eine prozentuale Beteiligung an den Einnahmen – ein ebenso lukratives wie vielen Menschen verhasstes Gewerbe, hatten doch die Zöllner beispielsweise das Recht, jedermanns Haus und Gut zu inspizieren. Außerdem lebten manche Zöllner in pompösem Luxus. »Wie gerne möchte ich diese mächtige Höllenorganisation, die die Bürger würgt und ihr Blut saugt, zerschlagen«, schrieb der Dichter Louis-Sébastien Mercier. 1791 wurde diese Organisation vom Sturm der Revolution hinweggefegt.

Lavoisiers Karriere begann als Sekretär der *Ferme*. Und sein Stern stieg weiter. 1775 wurde er zum Direktor der neu gegründeten staatlichen Pulververwaltung ernannt, die er nicht nur gewinnbringend leitete, sondern in der er auch Neuerungen für die Herstellung von Schießpulver einführte. Ein Jahr später berief man ihn auf den Direktorenposten einer neu gegründeten Bank. Er kaufte zwei große Güter auf dem Lande und erbte 1778 nach dem Tod seines Vaters ein drittes hinzu. Geldsorgen kannte Lavoisier nicht.

Die Wissenschaftler mögen die Nase gerümpft haben über Lavoisiers Ämter, insbesondere in der *Ferme*, aber sie genossen gerne die üppigen Empfänge im Hause Lavoisiers in angenehmer Atmosphäre. Dort trat alsbald auch eine Madame Lavoisier auf. Zum Zeitpunkt ihrer Vermählung mit Antoine war die Tochter seines Chefs in der *Ferme* noch keine 14 Jahre alt. Dennoch soll die Ehe glücklich gewesen sein. Marie Anne war eine intelligente Frau, die ihren Mann später bei dessen chemischen Experimenten unterstützte. Sie fertigte die Zeichnungen für die Veröffentlichungen an, war fremdsprachenbegabt und übersetzte beispielsweise englische Fachartikel. Die Lavoisiers liebten die Forschung, und sie liebten die Öffentlichkeit. Stets luden sie Freunde und Bekannte ins Labor in der Rue des Bons-Enfants ein, um ihnen die Hintergründe ihrer Experimente zu erklären. Außerdem waren sie an Kunst interessiert und besuchten gerne die Oper. Kurzum: Die Lavoisiers waren in der Pariser Gesellschaft *en vogue*.

Es ist erstaunlich, dass Lavoisier neben seinen gut bezahlten Ämtern noch Zeit für die Forschung fand. Oder muss man besser sagen: erstaunlich, dass er neben der Forschung noch Zeit für die Ämter fand? Geld für die Laboreinrichtung war jedenfalls reichlich vorhanden. Das wussten auch die Anlagenbauer, die Lavoisier gerne zu überteuerten Geräten und Instrumenten rieten. Ab 1775 machte er dann seine bahnbrechenden Entdeckungen, für die er später als Vater der modernen Chemie in die Geschichte einging.

Lavoisier war Anhänger der induktiven Methode: »So müssen für denjenigen, der die Physik zu studieren anfängt, die Vorstellungen nur eine Konsequenz, eine unmittelbare Folge einer Erfahrung oder einer Beobachtung sein«, schrieb er in der Einleitung zu seinem Hauptwerk über das *System der antiphlogistischen Chemie*. Sein Credo lautete, »nur vom Bekannten zum Unbekannten« fortschreiten zu können.[2] Er war zudem von der Notwendigkeit einer interdisziplinären Zusammenarbeit der Forscher überzeugt: »Oft müssen Vertreter verschiedener Wissenschaften bei der Lösung eines Problems mitwirken, um entsprechende Ergebnisse zu erzielen.«[3]

Seine chemischen Experimente und die bedeutendsten Schlussfolgerungen machte er innerhalb von nur 17 Jahren. Auf dem verschlungenen Weg zu den richtigen Deutungen der beobachteten Vorgänge unterlagen Lavoisier und seine Kollegen zahlreichen Fehlschlüssen. All diese Irrungen und Wirrungen im Einzelnen nachzuvollziehen ist müßig und verwickelt. Es empfiehlt sich, die Geschichte etwas abzukürzen.

Der rote Faden in dieser Geschichte ist das »Phlogiston«, ein hypothetischer Stoff, der bei Verbrennungsvorgängen mitwirken sollte. Eingeführt hatte ihn um 1700 der Jenaer Wissenschaftler Georg Ernst Stahl, der behauptet hatte, Phlogiston würde bei der Verbrennung aus dem Material entweichen. Besitzt ein Stoff, wie Holz, viel Phlogiston, so brennt er leicht, verfügt er über keinerlei Phlogiston, wie Gestein, dann brennt er gar nicht. Die mysteriöse Substanz kann jedoch nicht alleine existieren, sondern benötigt einen Träger, zum Beispiel Luft. Sie konnte auch auf andere Materialien übergehen, womit Stahl die Metallerzeugung in Hochöfen erklären wollte: Dort wird Metalloxid (damals »Metallkalk« genannt) zusammen mit Kohle beim Verbrennen zu Metall. Stahl nahm an, dass sich während dieses Vorgangs die Metallkalke mit dem Holz vereinigen und dessen Phlogiston aufnehmen, wodurch sie zu Metallen werden. Auch die Herstellung von Schwefelsäure durch Verbrennen von Schwefel erklärte man sich dadurch, dass Phlogiston aus dem Schwefel entweicht.

Wenn bei diesen Vorgängen also tatsächlich Phlogiston den Körper verlässt, müsste dieser leichter werden. Auf Holz traf das zu. Der Chemiker Louis Bernard Guyton de Morveau fand jedoch heraus, dass glühende Metalle schwerer werden. Als Lavoisier hiervon las, wurde er hellhörig und ging dieser Frage mit eigenen Experimenten nach. Am 20. November 1772 hinterlegte er bei der *Akademie der Wissenschaften* eine kurze, verschlossene Notiz, in der er mitteilte, dass auch Schwefel und Phosphor bei der Verbrennung nicht leichter, sondern schwerer werden. Außerdem nahmen sie von außen Luft auf. Er fand dies heraus, indem er die Verbrennung in einem geschlossenen Gefäß vornahm. Anschließend öffnete er einen Verschluss und ließ aus einem anderen Gefäß Luft in das nun unter Unterdruck stehende Verbrennungsgefäß hineinströmen. Ein genaues Wiegen der Behälter war hier das A und O der Experimente. Lavoisier schloss daraus, dass ein Körper beim Verbrennen nicht Phlogiston abgibt, sondern Luft aufnimmt.

Diese Notiz wurde erst ein halbes Jahr später geöffnet und veröffentlicht. Lavoisier war sich anfänglich der Ergebnisse seiner Experimente wohl noch nicht ganz sicher, wollte sich aber im Falle ihrer Richtigkeit die Priorität sichern. Schließlich hielt er seine Entdeckung für die interessanteste seit Stahls Arbeiten. Lavoisier war damit der Wahrheit auf der Spur, aber dass Luft als Ganzes in den Körper übergeht, stimmte nicht. Joseph Black und Henry Cavendish hatten in Großbritannien bereits »fixe Luft« (Kohlendioxid) und »brennbare Luft« (Wasserstoff) als Bestandteile der Luft identifiziert. Deren Landsmann Joseph Priestley veröffentlichte im August 1774 die Entdeckung von »dephlogistisierter Luft«, die also arm an Phlogiston ist. Lavoisier ging dem nach und nannte diesen »gesündesten« Anteil der Luft »Oxygen«, Sauerstoff. So benannt, weil die Oxidation von Nichtmetallen Säuren ergab. Lavoisier hatte damit die erste wissenschaftlich begründete Theorie von Säuren aufgestellt.

Vor allem mit Priestley entspann sich von da an ein harter Wettkampf um Prioritäten und die Deutungshoheit der experimentellen Ergebnisse, wobei Priestley bis zu seinem Tod im Jahr 1804 hartnäckig an der Phlogiston-Theorie festhielt. Lavoisier setzte bei der Verbreitung seiner Ideen auch auf öffentlichkeitswirksame Vorführungen. So stellte er eine fast zwei Meter große Linse auf und verbrannte in deren Fokus einen Diamanten, wobei »fixe Luft« frei wurde.

Seit Aristoteles gehörte Luft zusammen mit Wasser, Erde und Feuer zu den vier unteilbaren Grundstoffen der Natur. Dass die Luft tatsächlich aus vielen Bestandteilen zusammengesetzt ist, war Lavoisier und seinen Kollegen mittlerweile klar geworden. Doch wie stand es um das Wasser?

In dieser Frage hatten Priestley und Cavendish zwar die richtigen Versuche angestellt, aber falsch interpretiert. Priestley hatte 1781 mit Funken »brennbare Luft« (Wasserstoff) entzündet. Nachdem er Cavendish davon erzählte hatte, wiederholte dieser das Experiment und fand – schon etwas genauer – heraus, dass bei dieser »Knallgasreaktion« von Wasserstoff mit Sauerstoff brennbare und dephlogistisierte Luft (Sauerstoff) vollständig verpufften, wenn das Mengenverhältnis 2:1 betrug. Ein befreundeter britischer Chemiker namens Blagden erzählte während eines Paris-Aufenthaltes Lavoisier von diesem Experiment, der es umgehend wiederholte. Anders als seine beiden Vorgänger wog er die beiden Gase vor und das Wasser nach der Reaktion mit dem Resultat: Ausgangsstoff und Resultat waren gleich schwer. Lavoisier zog daraus den einzig richtigen Schluss: Wasser ist kein aristotelisches Urelement, sondern besteht aus Wasserstoff und Sauerstoff.

Im Umkehrschluss wollte er nun beweisen, dass man Wasser in seine beiden Bestandteile zersetzen kann. Dafür leitete er Wasserdampf durch eine glühende Eisenröhre. Der entstehende Wasserstoff wurde am Ende der Röhre aufgefangen, während der Sauerstoff im Eisen gebunden wurde.

In seiner Veröffentlichung über die Knallgasreaktion aus dem Jahre 1784 würdigte Lavoisier seine Vorgänger Priestley und Cavendish keineswegs, sondern formulierte die Vorgeschichte so, dass ihm allein die Priorität gebührte, woraufhin Blagden sich für Cavendish einsetzte. Dieser veröffentlichte seine Ergebnisse allerdings erst zwei Monate nach Lavoisier und behauptete, der Versuch würde die Phlogiston-Theorie bestätigen. Lavoisier hingegen bestritt die Existenz dieser hypothetischen Substanz mit immer deutlicheren Worten. Um alle chemischen Experimente im Rahmen der Phlogiston-Theorie erklären zu können, mussten die Befürworter dieser Substanz immer wieder neue, sich teilweise widersprechende Eigenschaften zubilligen. In einigen Fällen musste das Phlogiston sogar ein negatives Gewicht haben.

Die Situation erinnert an diejenige um 1900. Damals nahmen Physiker die Existenz des Äthers an. Er sollte den gesamten Raum durchziehen, weil es unvorstellbar erschien, dass elektromagnetische Wellen (Radiowellen, Licht etc.) sich im Vakuum ausbreiten können. Auch der Äther war – wie das Phlogiston – nicht direkt nachweisbar und sollte teils unmögliche, sich widersprechende Eigenschaften besitzen. Diese Debatte beendete Albert Einstein 1905, als er den Äther schlicht für überflüssig und nicht existent erklärte.

Lavoisier war kein Genie wie Einstein, aber er hatte den Mut, gegen die allgemein akzeptierte Lehrmeinung aufzubegehren – und das auf der Grundlage exakter quantitativer Messergebnisse. Alle neuen Erkenntnisse fasste er 1789 in seinem Hauptwerk *Traité élémentaire de chimie* zusammen, das auf Deutsch bezeichnenderweise unter dem Titel *System der antiphlogistischen Chemie* erschien. Darin begründete er auch eine neue Nomenklatur. Während Substanzen bis dahin nach ihrer Herkunft, ihrem Entdecker oder ihren äußeren Eigenschaften benannt worden waren, führte Lavoisier eine systematische Namensgebung entsprechend ihrer chemischen Zusammensetzung ein. Eine weitere Unterteilung in Gattungen und Klassen entlehnte er Carl von Linnés Benennung von Pflanzen. Lavoisier gehört damit zu den Begründern der modernen Chemie.

Lavoisier feierte das neue Werk und den Tod des Phlogistons während einer Abendgesellschaft mit einem sarkastischen Theaterstück, in dem das von einem Kollegen als greiser Mann verkörperte Phlogiston sich vor Gericht verantworten musste. Das Urteil war klar: Es wurde symbolisch zum Tod durch das Feuer verurteilt. Madame Lavoisier vollstreckte – als Priesterin verkleidet – das Urteil, indem sie das Buch von Stahl verbrannte. Nicht alle Anwesenden fanden dieses makabre Schauspiel komisch.

Lavoisier war auf dem Gipfel des Ruhms angelangt. Er war vermögend, wissenschaftlich erfolgreich, und eine liebende Frau begleitete ihn auf seinem Weg. Es schien für ihn nicht besser laufen zu können. Aber die große Revolution kündigte sich schon an, und das Volk nahm den Erneuerer der Chemie mit ganz anderen Augen wahr als seine Kollegen in der Akademie. Mehrere ungeschickte oder missverständliche Entscheidungen, die er traf, leiteten eine Wende ein, die schließlich auf dem Schafott enden sollte.

Die *Ferme Générale* bezog auch Steuereinnahmen aus dem Tabakgeschäft. Dieses geriet zunehmend außer Kontrolle, als Händler damit begannen, den Schnupftabak mit verbotenen Mitteln zu strecken, was gesundheitsschädliche Folgen für die Bürger hatte. Irgendwann kam das Gerücht auf, die *Ferme* selbst würde den Tabak verdünnen. Das ließ sich zwar nicht beweisen, schürte aber die Abneigung des Volkes gegen diese ohnehin verhasste Institution. Am schwersten wog indes eine Maßnahme Lavoisiers, die ihm das Volk nie verzeihen sollte.

An der Stadtgrenze von Paris wurden viele Waren geschmuggelt, um Zollabgaben zu umgehen, sehr zu Lasten der *Ferme*. 1783 schlug Lavoisier vor, Paris mit einer Mauer zu umgeben und dem illegalen Treiben so ein Ende zu setzen. Nach langen Diskussionen wurde das Vorhaben fünf Jahre später in die Tat umgesetzt. Dabei waren Enteignungen von Häusern und Grundstücken, die dem Mauerbau im Wege waren, unumgänglich. Die Bewohner waren entsetzt. Sie sahen den Festungsgürtel als Instrument der Unterdrückung ihrer Freiheit, das Paris in ein Gefängnis verwandelte. Bald wusste auch jeder, wer für dieses Bauwerk verantwortlich war: Lavoisier. Quer durch alle Bevölkerungsschichten schlug ihm blanker Hass entgegen. »Den Strang verdient, wer die Mauer erfunden hat!«[4], wetterte der Marschall von Frankreich.

Doch damit nicht genug: Lavoisier geriet in den Turbulenzen der Revolution auch noch in die Sprengpulver-Affäre. Am 12. Juli 1789 kam es zu Unruhen in Paris. Die Pulververwaltung erhielt den Befehl, die Pulvervorräte per Schiff aus der Stadt zu schaffen. Es gab ein längeres Hin und Her, bis die Bürgerwehr Wind von der Aktion bekam und den Gemeinderat beauftragte, die Verschiffung zu stoppen. Tags darauf stürmte das Volk die Bastille, drei Tage später kam es erneut zu Auseinandersetzungen über die Verschiffung von Sprengpulver. Das Volk protestierte, man wolle ihm das Pulver rauben. Lavoisier suchte die aufgebrachte Menge zu beruhigen. Vergebliche Mühe. Die Menschen packten ihn und schleppten ihn zum Rathaus, wo er Rede und Antwort stehen sollte. Die Sache wurde bedrohlich. Erst wenige Tage zuvor hatte der Mob in einer ähnlichen Situation einen missliebigen Staatsdiener kurzerhand auf dem Weg zum Rathaus an einer Laterne erhängt.

Lavoisier flüchtete sich ins Rathaus, aber die draußen tobende Meute forderte seinen Kopf. Nicht einmal der Kommandant der Nationalgarde, Marquis de Lafayette, konnte sie beruhigen. Erst am späten Abend nahte Rettung, und zwar in Form seines Akademiefreundes und Bürgermeisters Jean-Sylvain Bailly. Unter militärischem Schutz ließ er Lavoisier zu einem Freund bringen, der ihm Unterschlupf gewährte. Seine Unbeliebtheit bekam Lavoisier erneut zu spüren, als das Volk forderte, ein Gemälde von ihm und seiner Frau aus der alljährlich stattfindenden Kunstausstellung zu entfernen – was auch erfolgte.

Doch die Wogen glätteten sich schon bald wieder, schließlich gab es genügend andere Probleme im revolutionären Frankreich. Lavoisier wurde sogar in den Gemeinderat eines Pariser Bezirks gewählt. Außerdem wurde er Mitglied in der *Gesellschaft 1789*, einer Abspaltung der Jakobiner, der auch Bailly und Lafayette angehörten, und man berief ihn in eine Kommission, die in Frankreich das metrische System einführen sollte. Später beschloss der Konvent unter Robespierre, nur noch Männer in der Kommission zu dulden, die ihre republikanischen Tugenden unmissverständlich unter Beweis gestellt hatten. Dazu zählte nach Ansicht des Konvents Lavoisier ebenso wenig wie seine berühmten Kollegen Coulomb und Laplace.

Bald ging es Schlag auf Schlag. 1791 wurde die *Ferme* aufgelöst, zwei Jahre später ereilte die *Akademie der Wissenschaften* dasselbe Schicksal. An deren Ende hatte ein berühmter Revolutionär erheblichen Anteil: Jean-Paul Marat, der auch Bailly heftig attackierte. Marat hasste Lavoisier noch aus einem ganz persönlichen Grund. Schon 1780 hatte der damals als Arzt arbeitende Marat eine *Physikalische Untersuchung über das Feuer* bei der *Akademie* zur Beurteilung eingereicht. Das Werk enthielt allerlei unsinnige Behauptungen und wurde rundweg abgelehnt. Die Absage formulierte: Lavoisier. Zehn Jahre später ließ der nun als Journalist arbeitende Marat keine Möglichkeit aus, um die *Akademie* als Ganzes und speziell deren Direktor anzugreifen.

Es braute sich von allen Seiten etwas zusammen, bis das Unheil für Lavoisier schließlich im November 1793 seinen Lauf nahm. Zwei Jahre nach ihrer Schließung war die *Ferme* noch längst nicht abgewickelt. Abgeordnete warfen ihr vor, dem Staat mehrere Hundert Millionen Livres zu schulden, und forderten wütend, diese »Schinder und Egel des Volkes« endlich zur Rechenschaft zu ziehen. Im September wurde Lavoisiers Wohnung nach Schriftstücken der verhassten Steuerbehörde untersucht. Man fand zwar nichts Verdächtiges, aber der Brand schwelte weiter. Im November beschloss der Konvent, alle ehemaligen Mitarbeiter der *Ferme* in Haft zu setzen, damit sie dort endlich die Abrechnung fertigstellen konnten. Als Lavoisier davon erfuhr, floh er zu einem Freund und versteckte sich bei ihm. Nach vier Tagen gab er jedoch auf und stellte sich am 18. November den Behörden.

Zunächst sperrte man die *Fermiers* in einem ehemaligen Kloster ein, später verbrachte man sie ins Gebäude der *Ferme*, das so zum Gefängnis für deren einstige Mitarbeiter wurde. Einige Freunde setzten sich für Lavoisiers Befreiung ein, gaben an, er sei unersetzlich in der Kommission zur Einführung des metrischen Systems. Der namhafteste Fürsprecher, Laplace, musste wenig später selbst um sein Leben fürchten, als er wegen des Verdachts der Illoyalität der Revolution gegenüber verhaftet wurde. Nur dem entschiedenen Eintreten von Freunden verdankte der Mathematiker seine umgehende Freilassung.

Die Atmosphäre war mittlerweile so aufgeheizt, der Zorn auf die *Ferme* so groß, dass die Gefangenen mit dem Schlimmsten rechnen mussten. Ein Mitgefangener hatte Gift ins Gefängnis geschmuggelt und bot Lavoisier an, gemeinsam den Freitod zu wählen. Doch dieser entschied sich vehement gegen diesen Ausweg und bezeichnete Selbstmord als Schwäche. »Uns selbst zu töten würde bedeuten, den Wütenden die Lösung zu einfach zu machen«[5], antwortet er dem Freund. Dennoch dürfte auch Lavoisier nicht frei von Angst gewesen sein angesichts des ihm drohenden Ganges zum Schafott, den sein Akademiefreund und einstiger Befreier im Pariser Rathaus, Bailly, wenige Tage vor Lavoisiers Inhaftierung schon beschritten hatte. Ergreifend ist Lavoisiers Abschiedsbrief an seine Frau, in dem er bescheiden dafür dankt, dass sein Leben lange und glücklich verlaufen sei und die nahende Verurteilung ihm die Unannehmlichkeiten des Alterns ersparen werde. Er beklagte, dass seine wissenschaftlichen Erfolge ihn nicht davor schützen können, als Verbrecher sterben zu müssen. »Ich werde gleichmütig sterben, und wenn ich dabei schlechte Gefühle habe, so nur deshalb, weil ich nicht alles Nötige für meine Familie tun konnte«, heißt es in dem Schreiben, das mit den Worten endet: »Ich schreibe dir heute, weil es morgen vielleicht schon unmöglich ist, und weil es mir Freude macht, an die zu denken, die ich liebe.«[6]

Am 8. Mai 1794 begann die Verhandlung. Die Angeklagten durften nur mit »Ja« oder »Nein« antworten, einen Verteidiger bekamen Volksverräter nicht. Es war ein kurzer Prozess, in dem Lavoisier und den anderen ehemaligen *Fermiers* vorgeworfen wurde, den Staat um Einnahmen betrogen zu haben. Außerdem wurde die Schnupftabakaffäre wieder angeführt und behauptet, die *Ferme* selbst habe den Tabak gesetzeswidrig und gesundheitsgefährdend gestreckt. Das Tribunal entschied einstimmig und verurteilte ihn zum Tod auf der Guillotine. Lavoisier erbat von dem Vorsitzenden Jean-Baptiste Coffinhal einen Aufschub von zwei Wochen, um ein wichtiges Experiment, das für die Nation von Nutzen sei, zu Ende bringen zu können. Doch Coffinhal antwortet nur: »Das Volk braucht keine Chemie und bekümmert sich nicht um Deine Entdeckung.«[7] Die Hinrichtung wurde noch am selben Tag vollzogen, ohne dass Lavoisier und die Mitverurteilten Gelegenheit erhielten, sich von ihren Verwandten zu verabschieden.

Die Enthauptungen hatten mittlerweile ihren Reiz verloren. In diesen letzten Wochen des Terrors hatte es das Tribunal auf bis zu 348 Exekutionen pro Tag gebracht. Ein trauriger Rekord, auf den das Volk mit zunehmender Gleichgültigkeit diesem Spektakels gegenüber reagierte. An jenem 8. Mai war die Place de la Concorde ziemlich leer, selbst das Restaurant, auf dessen Speisekarte täglich die aktuelle Liste der Verurteilten einzusehen war, blieb weitgehend unbesucht. Lavoisier folgte gefasst seinem ehemaligen Chef der *Ferme* und Schwiegervater auf die Guillotine. Unter der kleinen Gruppe von Zuschauern befand sich der Mathematiker Joseph-Louis de Lagrange, der die Szene mit den Worten kommentierte: »Eine Sekunde brauchten sie nur, um seinen Kopfe zu nehmen, vielleicht werden hundert Jahre nötig sein, bis ein ähnlicher wieder wächst.«[8]

Nach der Hinrichtung Robespierres und seines letzten treuen Kumpans Louis Antoine de Saint-Just am 28. Juli 1794 und dem Ende des »Großen Terrors« gelangte die junge französische Republik wieder in gemäßigtere Fahrwasser. Madame Lavoisiers Vermögen und ihre Rente waren konfisziert, sie selbst zeitweilig sogar inhaftiert worden. Letztlich wurden aber die Prozesse gegen die *Ferme* revidiert, die Hingerichteten rehabilitiert und Madame Lavoisier ihr Vermögen zurückerstattet. Im August 1796 fand sogar eine Veranstaltung zu Ehren Lavoisiers statt, an der Napoleon Bonaparte teilnahm.

LEW LANDAU (1908–1968)

Ich habe keine Angst mehr vor ihm

Der geniale Physiker und Nobelpreisträger entgeht während Stalins Terror nur knapp dem Tod.

Zu Beginn des 20. Jahrhunderts war das am Kaspischen Meer gelegene Baku eine aufstrebende Stadt. Erdölfunde hatten einen Boom ausgelöst, der die überwiegend aus Aserbaidschanern, Russen und Armeniern bestehende Bevölkerung in rekordverdächtigem Maße anwachsen ließ. Rund die Hälfte des weltweit verbrauchten Öls kam aus Baku. Ölbarone residierten in protzigen Palästen, während gleichzeitig die Kriminalität um sich griff. Der russische Gouverneur erklärte Baku 1914 zum gefährlichsten Ort Russlands.

In der Hafengegend wucherte ein schmutziges Industrieviertel, von den Einheimischen »Schwarze Stadt« genannt. Daran angrenzend lag die »Weiße Stadt«. In ihr kam am 22. August 1908 Lew Landau als Sohn einer Ärztin und – natürlich – eines Erdölingenieurs zur Welt. Die Familie gehörte einer jüdischen Minderheit an, die in Russland immer wieder unter Repressalien bis hin zu Pogromen litt.

Lew war ein außerordentlich begabter Junge, der sich lieber mathematischen Knobeleien hingab, als mit Freunden zu spielen oder gar zu raufen. Seine Mutter war eine starke Persönlichkeit, die sich von einer Hebammenausbildung über ein Physiologiestudium bis zur Krankenhausärztin hochgearbeitet hatte. Von ihr hatte der Junge vielleicht die Eigenart angenommen, mit allen Schwierigkeiten selbst fertig zu werden und Probleme auf eigene Art zu lösen. Wie er später erzählte, entwickelte er dabei eine Strategie, mit der er Aufgaben klassifizierte, bevor er sie anging. Landau wies es stets von sich, ein Wunderkind gewesen zu sein, aber wer kann schon wie er mit zwölf Jahren differenzieren und mit dreizehn integrieren? Von Werner Heisenberg ist bekannt, dass er sich in diesem Alter mit Infinitesimalrechnung beschäftigte, um die Physik seiner Spielsachen zu verstehen – und der war ein Genie.

Als Lew zehn Jahre alt war, eroberten die Bolschewiken Baku. Zwar wurde die Stadt kurze Zeit später von Zarentruppen zurückerobert, doch im April 1920 fiel sie endgültig in die Hände der Roten Armee und wurde Hauptstadt der Sowjetischen Unionsrepublik Aserbaidschan. Lew hegte durchaus Sympathien für die Revolutionäre, doch das sollte sich bald ändern.

Im Alter von 13 Jahren hatte er seine Schulausbildung beendet, nun strebte er ein Mathematikstudium an der Universität seiner Heimatstadt an. Sein Vater wünschte sich jedoch einen praktischeren Beruf für ihn und meldete ihn in der Wirtschaftsoberschule an. Das war überhaupt nicht sein Ding. Lew protestierte so lange, bis die Eltern ein Einsehen hatten und ihn ein Jahr später doch an die Universität gehen ließen, wo er sich für Mathematik und Physik sowie Chemie einschrieb. Zwei Jahre später war er mit dem Stoff durch. Was nun?

Wenn er in der Physik weiterkommen wollte, gab es in Russland nur eine Adresse: die Universität in St. Petersburg, das im Jahr seiner Ankunft 1924 in Leningrad umbenannt wurde. Dort forschte und lehrte der Vater der sowjetischen Physik, Abram Joffe, ein Schüler Conrad Röntgens. Er gründete mehrere Institute und gilt als Lehrer einer jungen Generation von Physikern, von denen fünf den Nobelpreis bekommen sollten – darunter auch Lew Landau.

In den 1920er Jahren erlebte die Physik einen gewaltigen Umbruch. Albert Einstein hatte 1905 und 1915 mit seinen Relativitätstheorien die Vorstellung von Raum, Zeit und Schwerkraft revolutioniert. Niels Bohr und junge Theoretiker wie Werner Heisenberg, Erwin Schrödinger oder Wolfgang Pauli begannen mit der Entwicklung der Quantenphysik, der modernen Theorie der Materie mit all ihren verrückten Gesetzen.

Das faszinierte den jungen, wissbegierigen Landau natürlich sehr. Allerdings lehrten und forschten an seiner Universität zwar exzellente Experimentalphysiker, aber die moderne Theorie war im Grunde nicht existent. Deswegen beschäftigte er sich neben den Vorlesungen viel selbst mit Fachliteratur, bis er »bald nachts von Formeln träumte«[1], wie er später erzählte. Sein mathematisches Talent und sein offener, unvoreingenommener Geist ermöglichten es ihm, den aktuellen Entwicklungen zu folgen – und sogar eigene Beiträge beizusteuern. 1928 veröffentlichte er seine erste wissenschaftliche Arbeit auf dem Gebiet der Quantenphysik, ein Jahr später – zwei Tage vor seinem 19. Geburtstag – schloss er sein Studium ab. Anschließend ging er an Joffes Physikalisch-Technologisches Institut.

Das Leben in Leningrad darf man sich als frei und ungebunden vorstellen. Landau hatte zwar nicht viel Geld, wohnte aber bei seiner Tante und musste nicht Hunger leiden. Das konnte man nicht von all seinen Kommilitonen behaupten. Viele von ihnen lebten äußerst spartanisch, konnten sich nicht mit dicken, wärmenden Mänteln vor der Eiseskälte im Winter schützen und waren auf Gelegenheitsjobs angewiesen.

In den Leningrader Jahren scharte Landau eine Gruppe junger Physiker um sich, die ebenso wissbegierig und hungrig auf die neue Physik waren wie er selbst. Zusammen mit dem späteren Nobelpreisträger George Gamow und mit Dmitri Iwanenko, einem Theoretiker und späteren Professor an der Lomonossow-Universität in Moskau, gründete er die »Drei Musketiere«. Zu ihnen gesellte sich – wie in Dumas' Roman – ein vierter Musketier namens Matwei Bronstein. Iwanenko verpasste Landau den Spitznamen »Dau«, mit dem ihn auch später seine Kollegen und Freunde rufen sollten. Die Musketiere waren das Zentrum der »Jazzband«, einer nicht musikalisch, sondern physikalisch talentierten Vereinigung von freigeistigen Physikstudenten der Leningrader Universität.

Der größte Wunsch der jungen Physiker war ein Forschungsaufenthalt an einem der führenden Institute in Europa. Für Gamow erfüllte sich dieser Traum 1928, als er ein Stipendium für einen Aufenthalt an der Universität Göttingen, dem Mekka der Quantenphysik, erhielt. Dort beschäftigte er sich bei Max Born mit der Theorie von Atomkernen. Dau blieb enttäuscht zurück, doch schon ein Jahr später durfte er seinem Freund folgen, nachdem sein wissenschaftlicher Vorgesetzter Jakow Frenkel ihn mit den Worten angepriesen hatte: »Tatsächlich bin ich noch nie einem jungen Mann seines Alters mit solch großer Begabung und solcher Tiefe der Gedanken begegnet.«[2] Mit finanzieller Unterstützung vom Staat und der *Rockefeller Foundation* machte er sich auf den Weg.

Als Landau im Oktober 1929 in Göttingen eintraf, empfahl man ihm als Erstes eine unter »Physikpilgern« beliebte Pension sowie ein Geschäft, in dem er sich neu einkleiden sollte. Nach anregenden Wochen bei Max Born fuhr Landau nach Leipzig, wo Werner Heisenberg im Alter von 26 Jahren Professor geworden war. Anschließend begab er sich nach

Kopenhagen in die heiligen Hallen von Niels Bohr. Der hatte 1922 den Physik-Nobelpreis erhalten und dachte nun intensiv darüber nach, wie sich die Resultate der Quantenphysik erkenntnistheoretisch interpretieren ließen. Die alte Idee des Determinismus war nicht mehr haltbar, der Zufall beherrscht die Vorgänge der Atome und Moleküle, die ehemals klare Unterscheidung zwischen einem Teilchen und einer Welle war nicht mehr möglich, ein Atom besitzt gewissermaßen alle ihm möglichen Eigenschaften gleichzeitig und entscheidet sich für eine, wenn es mit einem Messgerät in Berührung kommt.

Alles war neu und aufregend. Landau entpuppte sich für Bohr als hartnäckiger und scharf denkender Diskussionspartner und machte sich schnell als aktiver, redefreudiger Teilnehmer in den Seminaren einen Namen. In ihren persönlichen Ansichten unterschieden sich die beiden indes ganz erheblich: Bohr war gläubig und politisch konservativ, Landau Atheist und Marxist. Aber Bohr war von Landaus tiefgreifender Denkweise stark beeindruckt.

Nach zwei ereignisreichen Monaten reiste Landau weiter nach Cambridge, wo er auf den ebenso genialen wie verschrobenen Theoretiker Paul Dirac stieß. Entscheidend war jedoch das Zusammentreffen mit Pjotr Kapiza, einem 14 Jahre älteren Physiker, der ebenfalls am Leningrader Physikinstitut gearbeitet hatte, aber schon 1921 nach Cambridge gegangen war.

Danach fuhr er nach Zürich, wo der für seine scharfzüngigen Kommentare berüchtigte Wolfgang Pauli sich mit den Eigenschaften von Atomen beschäftigte. Die beiden Querköpfe dürften öfter intensiv miteinander diskutiert haben. Einmal soll Pauli auf Landaus Frage, ob er denn Unsinniges behauptet habe, geantwortet haben: »Was Sie gerade sagten, war so konfus, dass ich nicht sagen könnte, ob es richtig oder falsch ist.«[3]

In Zürich verfasste Landau zusammen mit seinem Kollegen und Freund Rudolf Peierls zwei Arbeiten. In einer davon beschäftigten sie sich mit der Frage, welche quantenphysikalischen Effekte für Teilchen zu erwarten waren, die sich mit nahezu Lichtgeschwindigkeit bewegen. Für diese Forschung war die mathematisch anspruchsvolle Zusammenführung von Quanten- und Spezieller Relativitätstheorie nötig. Das war auch ein Spezialthema von Paul Dirac. Der war bei seinen mathematisch-abstrakten Untersuchungen auf etwas gestoßen, was physikalisch unmöglich zu sein schien: Teilchen, die wie Löcher wirken. Landau äußerte sich zu diesem Befund in einem Telegramm an Bohr mit nur einem Wort (in Deutsch): »Quatsch.«[4] Nicht akzeptable Theorien wie diese nannte Landau gerne pathologisch. In diesem Fall war es jedoch überhaupt kein Quatsch. Diracs Löcher erwiesen sich als Antimaterie-Teilchen, von denen die ersten Vertreter schon im August 1932 nachgewiesen wurden. Ein Jahr darauf erhielt Dirac zusammen mit Erwin Schrödinger den Physik-Nobelpreis. Jetzt war auch Landau von Diracs pathologischer Theorie überzeugt.

Wie ein neu entdeckter Kontinent war die Quantenphysik aus dem Ozean aufgetaucht, und Heerscharen junger, entdeckungsfreudiger Forscher machten sich auf den Weg, ihn zu erkunden. Innerhalb kurzer Zeit entdeckten sie bis dahin unvorstellbare Eigenschaften der Elementarteilchen und Atome, sodass die *Königlich Schwedische Akademie der Wissenschaften* in Stockholm mit der Vergabe der Nobelpreise kaum nachkam. Landau bemerkte zu dieser stürmischen Entwicklung Ende 1929 einem Freund gegenüber, mit der modernen Physik sei es wie mit schönen Mädchen, sie seien allesamt verheiratet. Ebenso seien in der Physik »alle schönen Aufgaben bereits gelöst. Unter den übrig gebliebenen dürfte ich kaum noch Wertvolles finden«.[5] Darin irrte er jedoch.

Im Frühjahr 1931 ging Landau das Geld aus, und er musste – wie sein Freund Gamow – nach Leningrad zurückkehren. Doch in der Sowjetunion hatten sich die politischen Verhältnisse unter Stalin und damit auch die Ansprüche an die Wissenschaftler inzwischen grundlegend verändert.

Nach Lenins Tod im Jahre 1924 war ein Machtkampf um die Herrschaft in der Sowjetunion ausgebrochen, aus dem Stalin siegreich hervorgegangen war. Dabei hatte er einstige Weggefährten, wie Lew Kamenew und Grigori Sinowjew und vor allem Leo Trotzki, aus dem Weg geräumt. Ab 1927 war Stalin der unumschränkte Herrscher. Im Jahr 1928 beschloss die Kommunistische Partei unter seiner Führung den ersten Fünfjahresplan. Danach sollte das Land rasch industrialisiert und die Wirtschaft angekurbelt werden. Es wurde ein Programm auf den Weg gebracht, worin rund 60 Millionen Bauern gezwungen wurden, den Kollektivwirtschaften beizutreten. Dies führte zu blutigen Kämpfen mit den Bauern, viele von ihnen wurden getötet oder in Arbeitslager verschleppt. In einer nachfolgenden schweren Hungersnot kamen bis 1933 schätzungsweise sechs bis acht Millionen Menschen ums Leben, allein die Hälfte in der Ukraine.[6]

Stalin war ein brutaler Alleinherrscher, treu unterstützt von seinem nicht minder skrupellosen Geheimdienst. Bis Ende der 1920er Jahre blieben die Wissenschaftler von Stalins Unterdrückung verschont, doch das änderte sich sehr schnell. Zunehmend wurde von ihnen erwartet, dass sie den

Sowjetstaat politisch und ideologisch unterstützen. Reisen ins westliche Ausland wurden immer schwieriger.

Stalin erwartete von seinen Wissenschaftlern zudem, dass ihre Erkenntnisse der Philosophie des dialektischen Materialismus zum Sieg verhelfen würden. Gerade die neuen aufregenden Erkenntnisse der Quantenphysik und der Relativitätstheorie wurden als idealistisch und als Auswüchse einer bourgeoisen Wissenschaft disqualifiziert.

Das gedankliche Fundament war Lenins Werk *Materialismus und Empiriokritizismus* aus dem Jahr 1908, in dem er die aus seiner Sicht »reaktionäre Philosophie« des Idealismus bekämpft und die des Materialismus als einzig wahre verteidigt. Nach ihm existieren die Objekte in der Natur an sich und besitzen die ihnen innewohnenden Eigenschaften auch außerhalb des Geistes, also unserer Wahrnehmung. Nach dem Idealismus existieren Objekte nicht außerhalb des Geistes, sondern sind Verbindungen von Empfindungen. In diesem Zusammenhang sah Lenin zum Beispiel die zunehmende Mathematisierung der Naturwissenschaften als eine Ursache eines aufkeimenden Idealismus. Dies habe dazu geführt, dass Physiker »anstelle realer, objektiver Gegebenheiten nur mehr abstrakte Begriffe und formale Relationen zwischen abstrakten Begriffen betrachteten«.[7]

Vor diesem ideologisch-philosophischen Hintergrund wurden nun Einsteins Relativitätstheorien und die Quantentheorie heftig diskutiert. Im günstigen Fall akzeptierten Wissenschaftler und Philosophen die neue Physik und versuchten, die daraus sich ergebenden Erkenntnisse im Rahmen des dialektischen Materialismus zu interpretieren. Im schlechtesten Fall lehnten sie diese ab, weil sie ihrer Meinung nach dem dialektischen Materialismus widersprachen und eine idealistisch-bourgeoise Fehlentwicklung waren.

Auf die Relativitätstheorie traf auf jeden Fall Lenins Kritik der Mathematisierung zu. Zudem hatte Einstein 1905 herausgefunden, dass gemäß seiner berühmten Formel $E=mc^2$ Materie vollständig in Energie umgewandelt werden kann. Dies widersprach einer Voraussetzung des Materialismus, wonach Materie ewig ist und weder erschaffen noch zerstört werden kann. In der Allgemeinen Relativitätstheorie erklärte Einstein die Schwerkraft (Gravitation) als eine Eigenschaft der Geometrie von Raum und Zeit – eine Vorstellung, die von vielen als eine dem Materialismus widersprechende Irrlehre abgetan wurde. Dies zeigte sich insbesondere in den 1920er Jahren, als der Leningrader Mathematiker Alexander Friedmann mit Hilfe der Allgemeinen Relativitätstheorie auf die Möglichkeiten stieß, dass das Universum expandieren oder kontrahieren könne – eine Vorstellung, die in der Sowjetunion weithin als spekulative Konstruktion und dekadent-idealistisch angeprangert wurde.

Nicht weniger Angriffsfläche bot die Quantenphysik. Deren Pioniere diskutierten heiß über die neuen Erkenntnisse. Es war klar geworden, dass der klassische Begriff des Teilchens nicht mehr haltbar war. In der Mikrowelt verhielt sich beispielsweise ein Atom mal wie ein Teilchen, dann wieder wie eine Welle. Heisenberg folgerte, dass einem Atom gar keine unmittelbaren materiellen Eigenschaften mehr zukommen und dass eine bestimmte Eigenschaft oder auch eine Bahn, auf der es sich bewegt, erst dann real wird, wenn man sie mit einem Instrument misst. Der Beobachter nahm also plötzlich eine entscheidende Rolle bei der Ermittlung der Realität ein. Bohr kommentierte dieses verwirrende Verhalten mit den Worten, dass die Vorstellung einer objektiven Realität der zur Beobachtung gelangenden Phänomene nicht mehr aufrechtzuerhalten wäre. Das war natürlich aus Sicht des dialektischen Materialismus höchst verdächtig.

Stalin ließ es sich denn auch nicht nehmen, selbst zu diesem Thema Stellung zu beziehen. In dem 1938 erschienenen Aufsatz »Über dialektischen und historischen Materialismus« stellte er klar, dass die Welt ihrer Natur nach materiell ist und sich nach Bewegungsgesetzen der Materie entwickelt und keines »Weltgeistes« bedarf. Diese ideologische Diskussion zog sich über Jahrzehnte hin. Auf dem *19. Kongress der Kommunistischen Partei der Sowjetunion* hieß es: »Einzelne sowjetische Physiker segeln bisweilen im Fahrwasser der bourgeoisen Wissenschaft … und vergessen dabei, dass methodologische Fehler unausweichlich auch Fehler bei den konkreten wissenschaftlichen Ergebnissen nach sich ziehen … Nur die sowjetischen Physiker, die mit der Philosophie des dialektischen Materialismus ausgerüstet sind, sind der Aufgabe gewachsen, neue Theorien aufzustellen, die alle Errungenschaften der Physik auf dem Gebiet der atomaren und nuklearen Erscheinungen umfassen, und neue entscheidende Experimente anzustellen.«[8] Wie verhielten sich die Physiker in dieser Situation?

Im Grunde gab es drei Wege: Entweder stellte man sich voll und ganz in den Dienst des dialektischen Materialismus und bekämpfte alle Andersdenkenden. Das war eine gute Voraussetzung für eine erfolgreiche Karriere. Oder man unterstützte die materialistische Philosophie, soweit es eben nötig war, trieb aber seine Forschung unabhängig davon voran. Oder aber man ignorierte jede Art von ideologischer Einflussnahme und machte sich über diese womöglich auch noch lustig. Zu dieser letzten Gruppe von Wissenschaftlern zählten Landau, Bronstein und Gamow.

In diese Auseinandersetzung um die linientreue philosophische Interpretation der modernen Physik fällt eine Anekdote, die den respektlosen Geist der jungen Wissenschaftler verdeutlicht. Ende 1931 erhielt der Direktor des Physikalischen Instituts der Moskauer Universität Boris Gessen ein Telegramm mit einer Zeichnung. Sie zeigte eine Katze auf einem Zaun, die in einen Müllkasten mit der Aufschrift »Äther« schaut. Unter der Zeichnung stand: »Nachdem wir Ihre Darlegung in Band 65 studiert haben, nehmen wir mit Begeisterung die Untersuchung des Äthers auf. Voller Ungeduld erwarten wir Ihre Artikel über den Wärmestoff und das Phlogiston.«[9] Unterschrieben hatten das Telegramm sechs Physiker, darunter Landau, Gamow und Bronstein. Was war passiert?

Gessen hatte in Band 65 der *Großen Sowjetenzyklopädie* einen Artikel über den Äther verfasst. Diese hypothetische, den gesamten Raum durchziehende Substanz hatten Physiker im 19. Jahrhundert postuliert, weil sie der Meinung waren, dass elektromagnetische Wellen, wie Licht oder Radiowellen, ein Medium benötigen, um sich ausbreiten zu können. Mit dieser Hypothese gab es viele konzeptionelle Probleme, bis Einstein 1905 den Äther aus der Natur verbannte und behauptete, dass sich Radiowellen im Vakuum ausbreiten. Gemäß der Philosophie des Idealismus war dies indes verboten, und so musste Gessen den Äther aus dem Mülleimer der Physik wieder hervorkramen. Der im Telegramm erwähnte Wärmestoff und das Phlogiston waren ähnliche Konstrukte aus dem 18. Jahrhundert, welche die Physiker längst vergessen hatten. Was heute als Scherz aufmüpfiger Jugendlicher abgetan würde, bedeutete 1931 ein Angriff auf den Staat. Und so wurde zwei Unterzeichnern das Stipendium sowie Landau und Bronstein zeitweilig die Lehrbefugnis entzogen.

Grundsätzlich genoss die Physik unter Stalin ein hohes Ansehen. Die Industrialisierung der Sowjetunion gehörte zu den bedeutendsten programmatischen Zielen der Stalin-Ära. Eine leistungsfähige Infrastruktur, die Elektrifizierung und geologische Vermessung des riesigen Sowjetreiches, die Modernisierung von Bergbau und Hüttenwesen, der Aufbau einer chemischen Industrie und natürlich die Kriegstechnik standen ganz oben auf dem Entwicklungsplan. Hierfür wurden Naturwissenschaftler und Ingenieure benötigt. Auf der *ersten Unionskonferenz der Funktionäre der sozialistischen Industrie* im Februar 1931 schwor Stalin das Volk mit den markigen Worten ein: »Darum sagte Lenin zur Zeit des Oktobers: Entweder Tod oder die fortgeschrittenen kapitalistischen Länder einholen und überholen.«

Landau hatte zunächst eine Anstellung in Joffes Physikalisch-Technologischem Institut bekommen, doch die erwies sich nur als Übergangslösung. Landau kritisierte eine Veröffentlichung seines Chefs und wies ihm einen Fehler in der Theorie nach. Während eines Vortrags am Institut kam es zu einer heftigen Auseinandersetzung, in der Landau vor versammelter Mannschaft dem Experimentalphysiker Joffe vorwarf, theoretische Physik sei eine komplizierte Wissenschaft und nicht jeder sei in der Lage, sie zu verstehen. Landaus Kritik an Joffes Arbeit bestätigte sich später zwar, aber das Band zwischen Lehrer und Schüler war zerschnitten.

Gleichzeitig focht am benachbarten Physikalisch-Mathematischen Institut Landaus Freund Gamow einen Kampf gegen die altgedienten Physiker aus. Gamow forderte eine Stärkung der theoretischen Physik, die sich nur mit der Gründung eines eigenständigen Instituts erreichen ließe. Damit hatte er alle anderen jungen Wilden auf seiner Seite, die euphorisiert von ihren Erfahrungen in Göttingen, Kopenhagen und Cambridge waren – auch Landau. Nach langwierigen Auseinandersetzungen unterlagen Gamow und Kollegen schließlich, die Autoritäten hatten den Kampf der Generationen für sich entschieden. Es gab aber auch weitsichtige Forscher, wie den Direktor des Radium-Instituts, Wladimir Wernadski, der meinte: »Unsere Union hat so viel an talentierter, wissenschaftlich hochbegabter Jugend eingebüßt, dass dringend sofortige Maßnahmen erforderlich sind, um diesem Verhängnis zu begegnen und den Dagebliebenen und Heranwachsenden geeignete Arbeitsbedingungen zu bieten. Solche Menschen sind stets selten, und sie zu erschaffen, sind wir nicht imstande.«[10]

Gamow wurden die Verhältnisse jedoch zu eng. Als ihm die Ausreise nach Kopenhagen, wohin ihn Niels Bohr eingeladen hatte, untersagt wurde, beschloss er, zusammen mit seiner Frau zu fliehen. 1932 unternahmen die beiden einen ersten Versuch, indem sie mit einem kleinen Boot das Schwarze Meer in Richtung Türkei überqueren wollten. Ein Sturm trieb sie jedoch der Küstenwache in die Arme. Ein zweiter Versuch, über die Barentssee nach Norwegen zu fliehen, scheiterte ebenfalls an den schlechten Wetterbedingungen. 1933 erhielten dann Gamow und seine Frau überraschend die Genehmigung, die Solvay-Konferenz in Brüssel zu besuchen. Die Gamows packten ihre Sachen und kehrten nie wieder in die Sowjetunion zurück. Sie wanderten schließlich in die USA aus, wo George zunächst an der Universität von Washington und anschließend von Boulder Professuren erhielt und bahnbrechende Arbeiten im Bereich der Quantenphysik, der Astrophysik und der Kosmologie veröffentlichte. Für Landau ergab sich indes eine andere Chance.

Joffe sorgte für die Gründung physikalischer Institute in verschiedenen Städten der UdSSR. Dazu gehörte auch das Physikalisch-Technische Institut im ukrainischen Charkiw. Dessen Direktor, Iwan Obreimow, war von der Idee einer eigenständigen Theorieabteilung an seinem Institut überzeugt und berief Landau als dessen Leiter. Hier blühte Landau auf. Er schuf eine Lehrveranstaltung zur gesamten theoretischen Physik und zog begabte Studenten magisch an. Mit 24 Jahren war er gar nicht viel älter als sie, und sein legeres Auftreten in salopper Leinenhose, blauem Jackett und Sandalen ohne Socken war alles andere als gewöhnlich. Seine Vorlesungsreihe bildete den Grundstein für ein zehnbändiges *Lehrbuch der theoretischen Physik*, das er zusammen mit seinem Schüler Jewgeni Lifschitz verfasste. Es gilt als die Bibel der sowjetischen Physikschule und ist auch in seiner deutschen Übersetzung ein Standardwerk, das bis in die 1990er Jahre hinein in mehreren Auflagen verlegt wurde. Hier zeigte sich eine seltsame Eigenart von Landau: Er konnte sich nicht schriftlich äußern. Stets benötigte er einen oder mehrere Mitarbeiter, denen er seine Gedanken diktieren konnte. Das betraf auch seine Veröffentlichungen. Lifschitz witzelte deswegen einmal: »Mir gehörte der Stift, Dau die Idee.«[11]

Berühmt-berüchtigt war auch Landaus Aufnahmeprüfung für Studenten, die er »Theoretisches Minimum« nannte. Dabei handelte es sich nicht um ein offizielles Bewerbungsverfahren, sondern um einen von Landau erarbeiteten Fragenkatalog. Den musste ein Student zu Hause oder im Institut, nicht jedoch im Rahmen von Prüfungen, abarbeiten, bevor er sich Landaus Schüler nennen durfte. Die Fragen kamen aus sieben physikalischen und zwei mathematischen Themenbereichen. Die Anforderungen wuchsen von Stufe zu

Stufe und nahmen unterschiedlich viel Zeit in Anspruch. Insgesamt variierte der Zeitrahmen zwischen zweieinhalb Monaten, wie bei dem späteren Kernreaktor-Theoretiker in der Sowjetunion Isaak Pomerantschuk, und einigen Jahren. Allerdings kam es Landau nicht auf die Dauer der Vorbereitungszeit an, sondern einzig auf das Resultat. Zwischen 1933 und 1961 schafften nur 43 Kandidaten das Theoretische Minimum, darunter Jewgeni Lifschitz und der spätere Nobelpreisträger Alexei Abrikossow. Die Absolventen erhielten kein Zertifikat oder ähnliches, es blieb bei einem kleinen Eintrag in Landaus Notizheft – der Ritterschlag für jeden Schüler.

War man dann Mitglied in Landaus Gruppe, hieß es, sich mit der unkonventionellen Art des Meisters zu arrangieren. Einer seiner Schüler bezeichnete seinen Unterricht als freizügig-demokratisch. Er liebte es, sich mit seinen Mitarbeitern zusammenzusetzen und aktuelle Probleme zu diskutieren. Unkonventionelle Lösungsvorschläge waren willkommen, Geschwafel jeglicher Art verpönt. An seine Tür hatte er einen Zettel geheftet mit der Warnung »Vorsicht – bissig!« Mit Dau gab es keine Langeweile, »sagen Sie etwas, ich möchte es bestreiten«, war einer seiner Standardsätze, wie Victor Weisskopf sich erinnerte.[12] Auch in privater Hinsicht steuerte Landau auf ein neues Ziel zu. Er verliebte sich in Konkordiya Drobantseva, die als Ingenieurin in einer Süßwarenfabrik arbeitete.

Landaus Institut entwickelte sich zur Keimzelle einer weiteren Generation brillanter Physiker. Der Ruf seines Instituts verbreitete sich rasch, sodass bald sogar Landaus Idole, wie Wolfgang Pauli und vor allem Niels Bohr, zu Forschungsaufenthalten anreisten.

In Charkiw zeigte Landau auch großes Interesse an neuen

experimentellen Ergebnissen, die einer theoretischen Erklärung bedurften. Eine besonders enge Zusammenarbeit und auch persönliche Freundschaft entwickelte sich mit Lew Schubnikow, der einige Jahre in Leiden geforscht hatte, dem damaligen Mekka der Tieftemperaturphysik. Dort hatte Heike Kamerlingh Onnes ein weltweit einzigartiges Labor errichtet, um die Eigenschaften von Materie bei extremer Kälte zu untersuchen. Ihm gelang es, Gase so weit abzukühlen, bis sie flüssig wurden. Zum einen studierte Kamerlingh Onnes deren Verhalten, zum anderen nutzte er sie als Kühlmittel für weitere Experimente. 1908 erreichte er die Verflüssigung von Helium bei einer Temperatur von 4,2 Grad über dem absoluten Nullpunkt (Kelvin). Als er damit Quecksilber bis auf diese Temperatur kühlte, geschah etwas völlig Unvorhersehbares: Das Metall verlor plötzlich seinen elektrischen Widerstand, es leitete also verlustfrei elektrischen Strom. Damit hatte er die »Supraleitung« entdeckt – ein Phänomen, das der Physik ein völlig neues Forschungsgebiet eröffnete und das bis heute immer wieder mit neuen Entdeckungen aufwartet. 1913 erhielt Kamerlingh Onnes für diese bahnbrechenden Entdeckungen den Physik-Nobelpreis.

Der 1926 nach Leiden gekommene Schubnikow entwickelte außergewöhnliches Geschick in der Herstellung von Materialien in extrem hoher Reinheit, was nötig war, um deren Verhalten zu untersuchen. Obwohl er gerne geblieben wäre, beorderte man ihn 1930 zurück in die Sowjetunion, wo ihn Obreimow an sein Institut nach Charkiw einlud. Dort baute Schubnikow das erste Tieftemperatur-Labor des Landes auf und machte gleich einige bedeutende Entdeckungen. Zum Beispiel untersuchte er den Übergang von einem Supra- zum Normalleiter um die Sprungtemperatur herum, in dem das Material einen seltsamen Mischzustand einnimmt. Im Jahr 1936 gelang es Landau eine erste Theorie aufzustellen, um dieses Phänomen zu erklären. Das war jedoch erst der Anfang einer langen Reihe von Veröffentlichungen zu diesem Thema.

Aus wissenschaftlicher Sicht lief es für Landau also blendend. Doch schon bald zogen dunkle Wolken auf. In Moskau festigte Stalin seine Herrschaft mit immer brutaleren Mitteln und schaffte alle nur denkbaren Gegner aus dem Weg. Im Jahr 1933 wurde in Charkiw der Institutsdirektor Obreimow zunächst durch seinen damaligen Vertreter Alexander Leipunski und ein Jahr später durch einen linientreuen Kommunisten namens Davidowitsch ersetzt. Er sollte das Institut stärker auf militärische und angewandte Forschung ausrichten.

Nun war Landau kein Antikommunist, eher im Gegenteil. Der niederländische Physiker Hendrik Casimir hatte Landau in Kopenhagen als leidenschaftlichen Kämpfer des sowjetischen Sozialismus kennengelernt. In einem Artikel für die Zeitung *Iswestija* aus dem Jahre 1935 mit dem Titel »Bourgeoisie und moderne Physik« übernahm Landau sogar die Sprechweise der kommunistischen Partei. Er verwahrte sich gegen den Idealismus und fuhr fort: »Nur die staatliche Lenkung der Wissenschaft ist imstande, eine Auswahl des wirklich begabten wissenschaftlichen Nachwuchses zu gewährleisten und zu verhindern, dass die wissenschaftlichen Einrichtungen mit verschiedenerlei ›Hornochsen‹ vollgestopft werden … Das Land fordert von uns Aktivität bei der sozialistischen Umgestaltung der Wissenschaft.«[13] Sicher hatte Landau hierbei nicht die Art der Umgestaltung im Sinn, die zwei Jahre später eintreten sollte.

Landau missfiel Davidowitschs geplante Zusammenlegung von reiner und angewandter Wissenschaft in höchstem Maße. Er plädierte für eine Teilung des Instituts, um die reine Physik erhalten zu können. Auf einer Wandzeitung wurden Argumente für und wider die Neuausrichtung des Instituts ausgetauscht. Bis dahin hofften die Physiker noch, in einer offenen Gesellschaft ihre Ansichten vertreten zu können, doch das änderte sich, als mehrere von Landaus Anhängern verhaftet wurden, weil sie nach offizieller Lesart die sowjetischen Militärvorhaben sabotierten. Als ersten traf es Landaus Schüler und Freund Moissej Koretz, der zusammen mit Landau den Artikel für die *Iswetija* geschrieben hatte. Er wurde im November 1935 verhaftet. Nur Landaus beherztem Eintreten war es zu verdanken, dass Koretz aus »Mangel an Beweisen« wieder freikam. Erstaunlicherweise waren Landau und Kollegen sogar mit einer Eingabe beim *Zentralkomitee der Kommunistischen Partei* erfolgreich, den Parteikader Davidowitsch als Direktor ab- und Leipunski wieder einzusetzen. Doch das bewirkte nur ein kurzes Tauwetter vor einer tödlichen Eiseskälte.

Ein zentrales Ereignis war das Attentat auf den Leningrader Parteichef Sergei Kirow Ende 1934. Obwohl Kirow ein treuer Gefolgsmann Stalins war, sah dieser ihn als Rivalen. Die Hintergründe des Attentats wurden nie zweifelsfrei geklärt, einige Historiker vermuten sogar, dass Stalin selbst es in Auftrag gegeben hat, um anschließend einen Vorwand für die »Säuberung« der Partei vorweisen zu können. In der Folge wurden hohe sowjetische Partei- und Staatsfunktionäre verurteilt und hingerichtet. Verdächtige Personen lauerten aus Stalins Sicht überall, auch in den physikalischen Instituten.

Jeden konnte es treffen. Ende 1936 wurde Landau von seinen Lehrtätigkeiten suspendiert. Kurzerhand solidarisierten sich vor allem Landaus und Schubnikows Mitarbeiter und kündigten ihren Lehrdienst selbst. Das betrachtete die Partei als antisowjetischen Streik, ließ die Physiker beobachten und war bereit, mit harter Hand durchzugreifen. Aus den Archiven des russischen Geheimdienstes NKWD geht klar hervor, dass die »aufsässigen« Physiker überwacht wurden und das Urteil über sie bereits gefällt war. Dort heißt es: »Koretz wurde von uns als Mitglied einer konterrevolutionären trotzkistischen Diversantenorganisation ermittelt … Gegenwärtig haben wir die Liquidierung der gesamten konterrevolutionären Diversionsgruppe im UPhTI [dem Institut in Charkiw] in Angriff genommen … Koretz ist eines der aktiven Mitglieder der erwähnten konterrevolutionären Gruppe und ein enger Freund des Leiters dieser Gruppe, des Trotzkisten Professor Landau.«[14]

Landau spürte die drohende Gefahr und bewarb sich bei Pjotr Kapiza, den er noch aus seiner Zeit in Cambridge kannte, um eine Stelle. Kapiza war damals gegen seinen Willen in die Sowjetunion zurückbeordert worden und hatte die Leitung des neu gegründeten Instituts für physikalische Probleme in Moskau übernommen. Im Februar 1937 übersiedelte Landau mit seiner Frau nach Moskau, kurz darauf folgte ihm Koretz nach.

Koretz und Landau waren sehr besorgt über die Entwicklung der Physik in der Sowjetunion. Daher ergriff Koretz die Initiative und wollte mit einem Flugblatt zum Widerstand aufrufen. Er diskutierte das gewagte Vorhaben mit Landau. Der wollte sich anfänglich nicht politisch engagieren, weil er »nicht an den Erfolg der Sache glaubte und Verhaftung befürchtete«.[15] Er gab wohl einige Kommentare zu dem Flugblatt ab, beteiligte sich aber nicht an dessen Verteilung. Bis heute ließ sich Landaus Rolle beim Verfassen des Aufrufs nicht mit letzter Sicherheit klären. Seine eigene Aussage dazu gestand er in Haft unter Druck, später äußerte er sich nicht mehr dazu.

Der »Mai-Aufruf«, den Koretz einer fiktiven »Antifaschistischen Arbeiterpartei« zuschrieb, ließ keine Zweifel an der Stoßrichtung: »Die große Sache der Oktoberrevolution ist schändlich verraten … Seht ihr denn nicht, Genossen, dass die Stalinsche Clique einen faschistischen Umsturz vollzogen hat? … Der einzige Ausweg für die Arbeiterklasse und alle Werktätigen unseres Landes ist der entschlossene Kampf gegen den Stalinschen und Hitlerschen Faschismus, der Kampf für den Sozialismus.«[16]

Noch vor dem 1. Mai hatte der Geheimdienst die Verfasser des Aufrufs ausfindig gemacht und verhaftet. Koretz wurde zu 20 Jahren Lagerhaft und Verbannung verurteilt. Er kehrte 1958 nach Moskau zurück, wurde aber nie offiziell rehabilitiert. Ebenfalls verurteilt wurde Juri Rumer, der bei Landau arbeitete und für den er sich eingesetzt hatte. Er musste zehn Jahre in einem isolierten Institut, einem sogenannten »Scharaschka«, das wie ein Gefängnis geführt wurde, an Flugzeugentwicklungen mitarbeiten. Danach arbeitete er wieder als Physiker.

Oft bedurfte es gar keiner konkreten Anschuldigung, um abgeurteilt zu werden. Eine unbedachte Bemerkung im Beisein eines Spitzels oder allein die Freundschaft mit einem der »Konterrevolutionäre« konnte schon für eine Inhaftierung genügen. Dieses Schicksal ereilte viele Physiker: Alexander Witt, Professor an der Lomonossow-Universität, im Juli 1937 Verurteilung zu fünf Jahren Lagerhaft, Tod Ende Dezember des Jahres im Straflager im Kolyma-Gebiet. Semjon Schubin, Mitarbeiter Landaus, Verurteilung im April 1937 zu acht Jahren Lagerhaft, Tod dort im November 1938.

Matwei Bronstein, Verurteilung im August 1937, Hinrichtung im Gefängnis im Februar 1938. Bronsteins Frau Lidija Tschukowskaja erfuhr nichts vom Schicksal ihres Mannes, Physikerkollegen machten noch Eingaben für seine Freilassung, als er schon längst tot war. In Bronsteins Archivmappe findet sich 1958 der zynische Eintrag, seiner Frau seien die Kosten für das bei der Hausdurchsuchung am 1. August 1937 beschlagnahmte Opernglas zu erstatten.

Auch in Charkiw wurde aufgeräumt. Im Juli 1938 wurde der ehemalige Institutsleiter Iwan Obreimow wegen angeblicher Spionage für Deutschland und England sowie der üblichen angeblichen Beteiligung an trotzkistischen Umsturzversuchen verhaftet und zu Straflager verurteilt. Nur dem Einsatz von Kollegen, allen voran Pjotr Kapiza, verdankte Obreimow seine Freilassung im Mai 1941. Auch Obreimows Amtsnachfolger Leipunski wurde der Prozess gemacht. Aus Mangel an Beweisen kam er aber im August 1938 frei und konnte weiter als Physiker arbeiten.

Landaus engste Mitarbeiter und Freunde waren dem Tod geweiht. Lew Schubnikow wurde verhaftet und so lange verhört, bis er Landaus »Schädlingstätigkeit« im Charkiwer Institut gestand. Schubnikow wurde zusammen mit seinem Kollegen Lew Rosenkewitsch verurteilt und hingerichtet. Zwanzig Jahre später wurde er offiziell rehabilitiert, doch die Angaben des KGB, der den 8. November 1945 als Datum und Herzversagen als Ursache seines Todes angab, entsprachen nicht der Wahrheit.

Dramatisch wurde die Lage auch für Emigranten aus Deutschland, wie den Physiker Fritz Houtermans, der in Göttingen zusammen mit George Gamow geforscht und über ein Thema der Quantenphysik promoviert hatte. Houtermans war bekennender Kommunist und hatte vermutlich um 1930 herum für die Sowjetunion spioniert. Nach Hitlers Machtergreifung emigrierte er zusammen mit seiner Familie zunächst nach London und 1935 nach Charkiw, wo Landau und Kollegen bereits Stalins Willkür zu spüren bekommen hatten. 1937 traf es auch Houtermans. Der NKWD steckte ihn ins Gefängnis, bezichtigte ihn der Spionage für Deutschland und unterzog ihn brutalen Verhören. Nur dem beherzten Einsatz berühmter Kollegen verdankte er seine Freilassung und vermutlich sogar sein Leben. Doch frei war er deswegen noch lange nicht.

Wegen des Hitler-Stalin-Pakts wurde er nach Deutschland abgeschoben, wo ihn die Gestapo direkt ins Gefängnis steckte. KZ und Ermordung entging er wieder nur, weil sich Kollegen für ihn verwendeten. Vermutlich holten sie ihn unter dem Vorwand aus dem Gefängnis, er besäße Insiderwissen über die Vorgänge in der Sowjetunion, auch seine Kompetenz in kernphysikalischen Fragen konnte für die Nazis von Vorteil sein. Nach dem Krieg bekam er Forschungsstellen in Göttingen und Bern. Ähnlich wechselhafte Schicksale zwischen Stalins Gefängnissen und Hitlers KZ ereilten viele Deutsche, vom Wissenschaftler über den Künstler bis zum einfachen Arbeiter.[17]

Die Sowjetführung vollzog genau das, was Landau und Kollegen befürchtet hatten: Das Land beraubte sich seiner fähigsten Köpfe, selbst Musiker blieben nicht verschont. Einer der berühmtesten Fälle war Dmitri Schostakowitsch – ein Ausnahmetalent, dessen Leben exemplarisch für den verzweifelten Versuch steht, unter einem diktatorischen Regime die eigene Kunst weiter ausüben zu können. Von zentraler Bedeutung wurde für ihn das Schicksal seiner zweiten Oper *Lady Macbeth von Mzensk*.

Die Premiere im Januar 1934 in Leningrad war ein überragender Erfolg, die Kritiker waren voll der Lobeshymnen. Innerhalb von zwei Jahren wurde die Oper allein in Moskau und Leningrad fast zweihundert Mal aufgeführt. Doch im Januar 1936 besuchte Stalin persönlich eine Aufführung. Er verließ die Oper wortlos noch vor dem Ende, was nichts Gutes erahnen ließ. Einige Tage später brach das Unwetter los. In der *Prawda* erschien der Artikel »Chaos statt Musik«, ein totaler Verriss der Oper. Es war von einer chaotischen Flut von Tönen, einer vulgären Darstellung von Liebesszenen die Rede, und vor allem warf der Autor Schostakowitsch »kleinbürgerliche formalistische Anstrengungen und Verkrampfungen« sowie »linksradikale Zügellosigkeit anstelle einer natürlichen menschlichen Musik« vor.[18] Der Vorwurf des Formalismus in der Kunst war ähnlich diskreditierend wie derjenige des Idealismus in der Wissenschaft. Schostakowitsch verlor den Boden unter den Füßen und sah sich seiner Existenz beraubt. Er kämpfte fortan mit Depressionen und lebte in der beständigen Angst, vom Geheimdienst abgeholt zu werden. Der Prawda-Artikel war anonym erschienen, doch gilt es als wahrscheinlich, dass Stalin selbst ihn verfasst hat. Von da an wandelte Schostakowitsch auf dem schmalen Grat zwischen Anpassung und Aufbegehren, Zwang und Freiheit.

Stalin witterte überall Feinde, die ihn beseitigen wollten. Das führte unter anderem zu einer beispiellosen Verhaftungswelle in den Reihen der Roten Armee. Bis Ende 1938 wurden schätzungsweise 10 000 Offiziere als angebliche Revanchisten und Trotzkisten hingerichtet. Stalin zerlegte sein eigenes Militär, was sich rächen sollte, als die Armee in der ersten Phase des Zweiten Weltkrieges schwere Niederlagen gegen Finnland und anschließend gegen Hitlers Wehrmacht hinnehmen musste. In den berüchtigten Moskauer

Schauprozessen wurden von 1936 bis 1938 insgesamt 66 Partei- und Staatsfunktionäre, Militärs und ehemalige Mitstreiter Stalins angeklagt, von denen 50 hingerichtet, die übrigen ins Gefängnis geworfen wurden. Selbst treue Erfüllungsgehilfen, wie der Chef des Geheimdienstes NKWD Genrich Jagoda und dessen Nachfolger Nikolai Jeschow, wurden hingerichtet, nachdem sie in Ungnade gefallen waren. Die Prozesse waren inszenierte Gespräche, in denen der Angeklagte seine Verfehlungen gestehen musste. Stalin selbst hat an den Verhörmanuskripten mitgewirkt, zur Folter ermuntert und Angeklagte bei sich vorsprechen lassen. Was immer die Ursache des hochgradigen Verfolgungswahns gewesen sein mag, es lag im Wesen dieses Tyrannen. Doch kehren wir zu Lew Landau zurück.

Am 27. April 1938 wurde Landau zusammen mit Koretz und Rumer verhaftet und in das für die Brutalität der Aufsicht bekannte Moskauer Gefängnis »Lubjanka« gesperrt. Über seine Haftbedingungen ist nur wenig bekannt, einen Eindruck vermitteln einige wenige Sätze aus einem Vernehmungsprotokoll. Demnach musste er immer wieder sieben Stunden lang unter einer stark blendenden hellen Lampe und gegenüber einem Aufseher stehen. Es wurden ihm Schläge und die Überstellung in das Foltergefängnis des Geheimdienstes von Lefortowo angedroht. Wiederholt wurde er zwölf Stunden lang verhört und mit den belastenden Aussagen von Schubnikow und Rosenkewitsch konfrontiert. Irgendwann trat Landau in einen Hungerstreik, doch nach fünf Monaten gab er entkräftet auf. Man presste ihm ein sechs Seiten langes Geständnis ab, in dem er einige bereits erwähnte »Verfehlungen« gegenüber der Sowjetführung eingestand. Er hob an: »Meine antisowjetische Tätigkeit beginnt im Jahr 1931. Als Wissenschaftler (theoretischer Physiker) verhielt ich mich feindlich gegenüber der damals von der Partei propagierten Durchdringung der Wissenschaft mit dem dialektischen Materialismus, den ich als eine für die Wissenschaft schädliche scholastische Lehre ansah.«[19] In der Anschuldigung spielte der »Aufruf zum 1. Mai« erstaunlicherweise nur eine untergeordnete Rolle. Vielmehr wurde sein »subversives« Engagement bei der geforderten Umgestaltung des Charkiwer Instituts als besonders belastend hervorgehoben. Damit galten die Ermittlungen im November als abgeschlossen, im Dezember wurde Anklage erhoben und einen Monat später der Vorgang der Staatsanwaltschaft übergeben. Für Landau ging es jetzt ums nackte Überleben.

Wie in diesen Fällen üblich, erfuhren Freunde und Verwandte nichts. Doch bereits am Tage nach der Verhaftung wandte sich Pjotr Kapiza, der großes Ansehen genoss, in einem Brief direkt an Stalin. Darin beschrieb er Landau als einen der bedeutendsten theoretischen Physiker der Sowjetunion, der dringend benötigt wurde, um anstehende Probleme der modernen Physik auch zum Wohle des Staates zu lösen. Wenig später erfuhr Niels Bohr in Kopenhagen von Landaus Verhaftung und schrieb ebenfalls einen Brief an Stalin, in dem er die Inhaftierung als unseliges Missverständnis beklagte und um umgehende Aufklärung bat, damit »dieser so außerordentlich begabte und erfolgreiche Wissenschaftler wieder die Gelegenheit bekommt, an dem für den Fortschritt der Menschheit so wichtigen Forschungswerk teilzunehmen«.[20]

Nachdem Kapiza keine Antwort erhalten hatte, wandte er sich am 26. April 1939 an den sowjetischen Regierungschef und späteren Außenminister Wjatscheslaw Molotow. Daraufhin beorderte man Kapiza in die NKWD-Zentrale, wo er vehement bestritt, dass Landau an einer politischen Straftat beteiligt gewesen sei. Schließlich unterschrieb Kapiza einen Schutzbrief für Landau, in dem er sich persönlich dafür verbürgte, dass Landau in seinem Institut »keinerlei konterrevolutionäre Tätigkeiten gegen die Sowjetmacht ausüben werde« und dass er umgehend dem NKWD Bericht erstatten werde, falls er »von irgendwelchen gegen die Sowjetmacht gerichteten Äußerungen Landaus Kenntnis erhalten sollte«.[21] Damit rettete er Landau wohl das Leben. Nach einem Jahr durfte der am 29. April das Gefängnis verlassen. Jahrzehnte später trat Kapiza erneut als beherzter Retter auf. 1981 setzte er sich für die Freiheit des Physikers Andrei Sacharow ein, der nach Protesten gegen den Einmarsch sowjetischer Truppen in Afghanistan in die Stadt Gorki (heute Nischni Nowgorod) verbannt worden war.

Landau sprach nie über seine Zeit im Gefängnis und engagierte sich auch nicht mehr in politischen Angelegenheiten. Das Verfahren gegen ihn wurde formaljuristisch erst 1990, also mehr als zwei Jahrzehnte nach seinem Tod, eingestellt. Vielleicht hatten die traumatischen Erlebnisse im Gefängnis auch zur Folge, dass Landau privat ruhiger wurde. Der überzeugte Junggeselle (»die Ehe ist eine Einrichtung für kapitalistische Gesellschaften«) heiratete 1939, und trotz seiner Vorbehalte Kindern gegenüber (»sie halten nur von der Arbeit ab«), wurde er 1946 Vater eines Sohnes namens Igor.

Nachdem Landau aus dem Gefängnis entlassen wurde, holte ihn Kapiza umgehend an sein Institut, an dem er in der Zwischenzeit einige Entdeckungen gemacht hatte, die er nicht erklären konnte. Vorausgegangen waren Experimente, die Heike Kamerlingh Onnes und dessen Doktorand Leo Dana ab 1911 mit dem Element Helium angestellt hatten. Kühlten sie Helium bis auf 4,2 Kelvin ab, so wurde es flüssig. Senkte man die Temperatur noch weiter, so stieg die Dichte stark an, doch bei 2,2 Kelvin nahm sie sprungartig ab und wurde bei weiterer Abkühlung immer geringer. Auch eine andere physikalische Größe, die spezifische Wärmekapazität, veränderte sich bei 2,2 Kelvin abrupt. Dieser Effekt war unerklärbar. Kamerlingh Onnes misstraute den Ergebnissen und veröffentlichte sie nicht.

Kamerlingh Onnes starb 1926, doch sein Mitarbeiter Willem Keesom blieb an der Sache dran. Während er das Helium vom Siedepunkt bei 4,2 Kelvin aus weiter abkühlte, blubberte die Flüssigkeit, doch sobald es die 2,2-Kelvin-Marke unterschritt, wurde es schlagartig vollkommen still. Keesom kam die Idee, dass das Helium einen Phasenwandel durchmacht. Phasenwandel kennen wir aus dem Alltag. Kühlt man flüssiges Wasser bis auf null Grad Celsius ab, gefriert es zu festem Eis. Bei hundert Grad Celsius verdampft die Flüssigkeit und geht in ein Gas über. In diesen Fällen verändert sich also die Phase: Aus flüssig wird fest beziehungsweise gasförmig. Das Helium blieb aber bei Unterschreiten der kritischen Temperatur flüssig. Deswegen betrachteten viele Physiker das Konzept einer Phasenumwandlung mit großer Skepsis. Dieses neuartige Phänomen zog natürlich die Forscher an, aber lange Zeit gab es nur zwei Labore in der Welt, die über ausreichende Mengen an Helium und die notwendigen Experimentieranlagen verfügten: in Leiden und in Toronto.

Pjotr Kapiza hatte bei einem Forschungsaufenthalt in Cambridge bei Ernest Rutherford gelernt, große Mengen an Helium effizient herzustellen. Damit begründete er seinen Ruf als exzellenter Experimentator und bahnte den Weg für zahlreiche wegweisende Experimente. Doch seine Tage in Cambridge waren gezählt. Bei einem Besuch in Moskau im September 1934 wurde sein Pass eingezogen und ihm die Ausreise aus der Sowjetunion untersagt. Der völlig enttäuschte Kapiza drängte darauf, seine in England begonnene Forschung fortführen zu können. Nach zwei Jahren gründete man für ihn das neue Institut für physikalische Probleme. Allerdings waren schon 1935 die kanadischen Physiker Jack Allen und sein Kollege John McLennan und ein Jahr später der Doktorand Don Misener von Toronto nach Cambridge übersiedelt und hatten große Teile von Kapizas alter Anlage übernommen. Damit begann ein wissenschaftlicher Wettlauf um die Untersuchung der rätselhaften Helium-Phase.

Die entscheidenden Experimente gelangen Kapiza auf der einen sowie Allen und Misener auf der anderen Seite Ende 1938, also während Landaus Zeit in Haft. Beide Gruppen hatten herausgefunden, dass Helium unterhalb der kritischen Temperatur von 2,2 Kelvin fast vollständig seine Viskosität oder Zähigkeit verliert. Es floss nahezu ohne Widerstand durch dünnste Öffnungen. Dies herauszufinden bedurfte größter Experimentierkunst. Kapiza legte dafür zwei dünne Platten wie ein Sandwich übereinander und beobachtete dann, wie das Helium innerhalb kurzer Zeit die Spalte durchquerte, wofür Wasser viele Tage benötigt hätte.

In seiner Arbeit sprach Kapiza erstmals von einem »Suprafluid« – dem noch heute gebräuchlichen Begriff für dieses verblüffende Verhalten von Materie nahe am absoluten Nullpunkt der Temperatur. Später sagte er einmal, suprafluides Helium bewege sich schneller als eine Gewehrkugel. Allen und Misener gelang ihr entscheidendes Experiment am 24. November 1938, die Veröffentlichung reichten sie am 21. Dezember bei der Zeitschrift *Nature* ein. Kapiza war ihnen um 18 Tage zuvorgekommen. Aus wissenschaftlicher Sicht muss man sagen: Beide Gruppen entdeckten gleichzeitig suprafluides Helium, dennoch erhielt nur Kapiza 1978 den Physik-Nobelpreis für seine grundlegenden Erfindungen und Entdeckungen in der Tieftemperaturphysik.

Es schien klar zu sein, dass Supraleitung von Metallen (widerstandsloser Stromfluss) und Suprafluidität von Helium (widerstandsloser Materiefluss) ursächlich verwandt sein müssten. Klar war auch, dass die klassische Physik diese Phänomene nicht erklären konnte: Es musste sich also um Quanteneffekte handeln. Und darin kannte sich nun einmal der Cheftheoretiker Lew Landau bestens aus. Als er im April 1939 das Gefängnis verließ, wartete auf ihn eine Herausforderung, die er glänzend meisterte.

In den Tieftemperaturlaboren entdeckten Physiker immer mehr seltsame Eigenschaften des suprafluiden Heliums, das sie »Helium II« tauften. So fanden britische Forscher heraus, dass es entgegen der Schwerkraft und allen physikalischen Gesetzen zum Trotz als dünner Film Gefäßwände hochkriechen kann. Kapiza füllte Helium II in einen rotierenden Zylinder und beobachtete, wie sich der äußere Teil der Flüssigkeit mit der Zylinderwand mitdrehte, während der innere vollkommen ruhig blieb. Und die Wärmeübertragung verlief unfassbar schnell. Jedes Experiment, das Physiker mit diesem seltsamen Fluid anstellten, widersprach dem Verhalten bekannter Flüssigkeiten.

Mit den Konzepten der klassischen Physik war dem Phänomen nicht beizukommen, daher versuchten mehrere Theoretiker, das Rätsel der Suprafluidität im Rahmen der Quantenphysik zu lösen. Landau steuerte 1941 einen entscheidenden Aspekt bei, aber letztlich benötigten er und seine Kollegen noch Jahre, um eine befriedigende quantenphysikalische Beschreibung der Suprafluidität zu finden – bis heute sind nicht alle Fragen geklärt.

Das Experiment mit dem rotierenden Zylinder zeigte Landau, dass Helium II sowohl suprafluide (ohne Reibung) als auch normal fließende Eigenschaften (mit Reibung) besaß. Indem er konsequent die Gesetze der Quantenphysik auf ein Ensemble von Helium-Atomen anwandte, kam er auf die Existenz von sogenannten Quasiteilchen, die er »Phononen« und »Rotonen« nannte. Phononen sind Schallwellen ähnlich, während Rotonen wirbelförmig sind. Sie sind für die Reibung der Flüssigkeit verantwortlich. Am absoluten Nullpunkt sind alle Helium-Atome nahezu in Ruhe, dann gibt es weder Photonen noch Rotonen: Das Helium II ist perfekt suprafluid. Erhöht man nun die Temperatur langsam, so beginnen die Atome sich zu bewegen und regen die Entstehung der Quasiteilchen an, allerdings nicht in gleichem Maße: Zuerst tauchen die Phononen auf, dann die Rotonen. Der Übergang des Heliums von einer suprafluiden zu einer normalen Flüssigkeit hängt nun von der Menge der Phononen und Rotonen ab. Mit steigender Temperatur entstehen immer mehr Rotonen, bis sie die Oberhand über die Fließeigenschaften gewinnen. Dies geschieht bei 2,2 Kelvin, oberhalb dieser Temperatur ist Helium eine normale Flüssigkeit.

Damit konnte Landau auch das doppelsinnige Verhalten von Helium II in dem Experiment mit dem rotierenden Zylinder erklären. Unterhalb von 2,2 Kelvin sind beide Eigenschaften einer normalen Flüssigkeit und einer Supraflüssigkeit gleichzeitig vorhanden. In dem Zylinderexperiment dreht sich der normale Anteil (mit Reibung) mit, während der suprafluide (ohne Reibung) ruhig bleibt. Die normale

Komponente enthält die Quasiteilchen Phononen und Rotonen, die suprafluide nicht.

Diese Zweiteilung des Heliums ist eine der Eigenschaften der Quantenphysik, die sich jeglicher Vorstellung entzieht und in der klassischen Physik und unserer Erlebniswelt keinerlei Entsprechung besitzt. In seiner nur drei Seiten umfassenden Veröffentlichung schrieb Landau: »Es muss besonders betont werden, dass wir in der Flüssigkeit keine wirkliche Trennung der Teilchen in ›suprafluide‹ und ›normale‹ vorliegen haben … Die Flüssigkeit kann nicht wirklich in zwei Teile getrennt werden.«[22] Man könne höchstens von zwei Teilen sprechen, die mit zwei möglichen Bewegungsarten verknüpft sind. Landau selbst verwahrte sich, seine Theorie anschaulich darzustellen, und verwies vielmehr auf die streng physikalisch-mathematischen Gesetze, mit denen er das Verhalten der Suprafluidität erklärte.

Landau konnte mit dieser Theorie nicht nur verschiedene Experimente qualitativ erklären, sondern auch die Sprungtemperatur berechnen. Mit 2,3 Kelvin lag er sehr nahe an dem wirklichen Wert. Das Wunderbare an der Suprafluidität war, dass hier eine atomare Quanteneigenschaft direkt sichtbar war. Physiker sprechen deshalb von einem »makroskopischen Quanteneffekt«.

Mitten in der Arbeit an der neuen Theorie wurden Landau und viele seiner Kollegen erneut von der Politik eingeholt: Der Zweite Weltkrieg brach aus. 1942 befahl Stalin die Entwicklung einer Atombombe unter der Leitung des Physikers Igor Kurtschatow. Auch Kapizas Institut wurde in dieses Projekt eingegliedert. Es unterstand dem Geheimdienstchef Lawrenti Berija, der seinen Vorgängern an Brutalität ebenbürtig war. Schon bald beschwerte sich Kapiza bei Stalin persönlich über Berijas Unfähigkeit, das Projekt zu leiten. Der zutiefst gekränkte Berija forderte Kapizas Liquidierung, aber so weit mochte Stalin bei dem international angesehenen Sowjetphysiker nicht gehen. Stattdessen schickte er ihn in Hausarrest, wo Kapiza bis zu Stalins Tod im Jahre 1953 verblieb. Landau war als Theoretiker in das Projekt eingebunden und wirkte auch an der nachfolgenden Entwicklung der Wasserstoffbombe mit. Dafür wurde er 1949 und 1953 mit dem Stalin-Preis ausgezeichnet und erhielt 1954 den Titel »Held der sozialistischen Arbeit«. Landau selbst sah sich als Wissenschaftssklave. Als er von Stalins Tod erfuhr, sagte er: »Das war's. Er ist weg. Ich habe keine Angst mehr vor ihm, und ich werde nicht länger an Kernwaffen arbeiten.«[23] Victor Weisskopf erinnerte sich später, dass er bei einem Besuch in Moskau in Landaus Bad anstelle des Toilettenpapiers Stalins Autobiografie vorgefunden habe: »Typisch für Landau, dessen politische Risikofreudigkeit sprichwörtlich war.«[24]

Im tiefsten Innern hatte Landau schon Ende der 1930er Jahre mit seinem Jugendideal des Sozialismus und Kommunismus gebrochen. Er bezeichnete die Stalin-Herrschaft als faschistisch. Anders als viele andere Stalin-Kritiker lehnte er mittlerweile sogar Lenin ab, den er als den ersten Faschisten bezeichnete.

Landaus Schaffenskraft blieb ungebrochen. In den 1950er Jahren entwickelte er zusammen mit seinem Kollegen Witali Ginsburg eine Theorie zur Erklärung der Supraleitung, der verlustfreien Leitung von Strom. Diese Arbeit wurde wegen der politischen Isolation der Sowjetunion im Westen jahrelang ignoriert. Landaus Schüler Alexei Abrikossow erweiterte diese Theorie und sagte damit die Existenz eines weiteren Typs von Supraleitern vorher. Er hatte die Arbeit bereits 1953 abgeschlossen, aber sein Doktorvater Landau zweifelte an einigen Schlussfolgerungen und verhinderte zunächst die Veröffentlichung. Erst als bekannt wurde, dass in den USA Richard Feynman an demselben Problem arbeitete, stimmte Landau 1957 der Veröffentlichung zu – gerade noch rechtzeitig, denn sie erwies sich als bahnbrechend. Schließlich wurden 2003 Ginsburg und Abrikossow mit dem Physik-Nobelpreis geadelt.

Landau wurde diese höchste Ehrung in der Physik bereits 1962 zuteil, insbesondere für seine Theorie der Suprafluidität von Helium. Doch ist dieser Erfolg von dem letzten traurigen Ereignis in seinem Leben überschattet. Am frühen Morgen des 7. Januar 1962 holten ihn sein Kollege Wladimir Sudakow und dessen Frau Vera mit dem Auto an seiner Wohnung ab. Sie verließen Moskau in Richtung Dubna, wo Landau Verwandte besuchen wollte. Die Straße war sehr glatt. Plötzlich musste Sudakow einem kleinen Mädchen ausweichen, das unvermittelt auf die Straße lief, der Wagen kam ins Schleudern und kollidierte mit einem entgegenkommenden LKW. Sudakow und seine Frau stiegen unverletzt aus dem Fahrzeug, doch Landau hatte schwere innere Verletzungen erlitten.

Im Moskauer Hospital stellten die Ärzte mehrere Frakturen, insbesondere einen Schädelbruch, fest. Landau wurde operiert, die Ärzte kämpften um sein Leben, mehrmals musste er wiederbelebt werden. Spontan formierten sich fast hundert Kollegen, Schüler und Freunde zu einer »Rettungsmannschaft«, die ihren Stab im Chefarztzimmer einrichtete. Alle versuchten irgendwie zu helfen, rund um die Uhr war mindestens einer von ihnen an seinem Bett und sah nach dem Rechten, immer standen mehrere Autos vor der Tür, für den Fall, dass dringend etwas benötigt würde.

Als Landau nach drei Monaten aus dem Koma erwachte,

waren alle erleichtert. Doch der berühmte Physiker sollte niemals wieder seine einstigen geistigen Fähigkeiten erlangen, zu schwerwiegend waren die Hirnverletzungen. Vor allem das Kurzzeitgedächtnis hatte er so gut wie ganz verloren. Am 1. November 1962 erhielt Landaus Frau Kora ein Telegramm, in dem die *Schwedische Akademie der Wissenschaften* die Verleihung des Physik-Nobelpreises mitteilte. Der Moskauer Radiosender unterbrach seine Musiksendung, um stolz die Nachricht zu verbreiten, natürlich nicht, ohne auf die Verdienste der Partei zu verweisen. Landau nahm die Nachricht mit Rührung auf, im Krankenhaus wurde gefeiert.

Der Preisträger wollte unbedingt nach Stockholm reisen, um die Medaille persönlich vom schwedischen König in Empfang zu nehmen. Sein körperlicher Zustand ließ das jedoch nicht zu, und so wurde der Nobelpreis – zum ersten Mal in Friedenszeiten – nicht in Stockholm überreicht. Landau erhielt ihn am 10. Dezember vom schwedischen Botschafter im Sitzungszimmer des Hospitals der *Sowjetischen Akademie der Wissenschaften*. Anwesend waren einige Kollegen, darunter sein langjähriger Freund Kapiza.

Landau erholte sich nicht mehr von den Folgen des Unfalls. Er starb am 1. April 1968. Ein Freund sagte einmal, Landau sei zweimal gestorben, 1962 als Physiker und 1968 als Mensch.

»Landau muss zu den besten theoretischen Physikern des Jahrhunderts gerechnet werden«[25], schrieb Victor Weisskopf, »sein Interesse an fast allen Gebieten der Physik war bemerkenswert.« Ebenso bemerkenswert war seine Fähigkeit, junge Menschen zu begeistern und sie zu Höchstleistungen anzuspornen. Viele brillante Forscher gingen aus seiner Schule hervor, etwa die beiden Nobel-Laureaten Ginsburg und Abrikossow. Was hätte diese Physikergeneration nicht noch alles an wunderbaren Entdeckungen machen können, hätte Stalin nicht einen Großteil von ihnen ermorden lassen.

LISE MEITNER (1878–1968)

Ihr habt alle für Nazi-Deutschland gearbeitet

Die Ausnahmephysikerin erkämpfte sich in der von Männern dominierten Welt ihren Platz, musste jedoch 1938 fliehen und wurde bei der Nobelpreisvergabe übergangen.

»Ich fürchte, Lischen hätte mir die Uranspaltung verboten«[1], soll Otto Hahn in späten Jahren bei einem Gläschen Wein über Lise Meitner gesagt haben. Die sensationelle Entdeckung der Kernspaltung im Jahr 1938 hatte binnen weniger Jahre zum Bau und vor allem zum Einsatz der furchtbarsten Waffe geführt, die der Menschheit je zur Verfügung stand. Hahn und Meitner waren entsetzt, als sie von den beiden Atombombenabwürfen 1945 in Japan erfuhren. Die im Exil lebende Lise Meitner distanzierte sich stets von dieser Entwicklung und lehnte den Bau von Atombomben ab.

Dieses »Lischen« kam am 7. November 1878 als drittes Kind des Rechtsanwalts Philipp Meitner und dessen Frau Hedwig in Wien zur Welt. Die Eltern hielten viel auf Bildung und erzogen ihre insgesamt acht Kinder in diesem Sinne. Getauft wurde Lise in der evangelisch-lutherischen Kirche, was bei Juden höheren Standes damals nicht ungewöhnlich war. Sie war ein aufgewecktes, ein wenig schüchternes Mädchen, spielte Klavier und vertiefte sich gerne stundenlang in Bücher.

Im Akademischen Gymnasium machte sie mit 18 Jahren ihren Abschluss. Sie war gut in Mathematik und Physik und träumte von einer wissenschaftlichen Karriere. Hierfür war jedoch die Matura nötig. Der Vater sah die Schwierigkeiten auf seine Tochter zukommen und legte ihr nahe, doch zunächst eine Ausbildung zur Französischlehrerin zu machen, da sie hiermit gute Chancen auf eine Anstellung gehabt hätte. Lise stimmte zu, hatte aber ihr Herz bereits der Wissenschaft verschrieben. Mit Spannung verfolgte sie in den Tageszeitungen die aufregenden Berichte über Marie und Pierre Curie, die in Paris das jüngst entdeckte Phänomen der Radioaktivität erforschten.

Nachdem sie das Staatsexamen in Französisch bestanden hatte, erteilte sie zunächst ein Jahr lang Unterricht. Dann aber war es genug, und sie bat, sich auf die Matura vorbereiten zu dürfen. Ein Privatdozent der Universität unterrichtete sie in Physik, manchmal durfte sie sogar ins Labor des Physikalischen Instituts hineinschauen und dort die Messinstrumente bestaunen. Im Herbst 1901 erhielt sie die Matura am Jungengymnasium. Daraufhin wurde sie als eine der ersten Studentinnen der Naturwissenschaften an der Universität Wien eingeschrieben und hörte dort als erste Frau überhaupt Vorlesungen in Physik. Sie profitierte dabei von einem vier Jahre zuvor erlassenen Gesetz, das Frauen in Österreich den Zugang zur philosophischen Fakultät erlaubte.

Die Verhältnisse am Institut waren bescheiden, großen Eindruck hinterließ jedoch Ludwig Boltzmann, ein genialer Physiker mit Charisma. Er war bekannt für seine mitreißenden Vorträge und prägte in Wien eine ganze Generation von Physikern. Lise Meitner promovierte mit einem Thema aus der Theorie der Wärme. In welcher Richtung sie ihre Forschung anschließend fortsetzen wollte, war ihr jedoch zu diesem Zeitpunkt noch unklar.

Dies änderte sich, als Stefan Meyer Boltzmanns Amt als Institutsdirektor übernahm. Meyer hatte schon viel über Radioaktivität gearbeitet und ermunterte die junge Physikerin zu eigenen Versuchen. Wie unbedarft es damals noch zuging, schilderte sie später so: »Ich erinnere mich daran, als ich meinen Alpha-Strahl oder mein Elektroskop hatte, dann kamen sie immer und hielten ihre Hand in den Strahl, um nachzusehen, ob sie ›radioaktiv‹ war.«[2]

Ein Besuch Max Plancks in Wien stellte für Lise Meitners weitere Entwicklung die Weichen. Der an der Universität Berlin forschende Planck hatte sich intensiv mit der theoretischen Beschreibung von Strahlung beschäftigt und war im Jahr 1900 in Berlin auf eine Formel gekommen, welche die Physik revolutionierte und als Beginn der Quantenphysik gilt. Sie besagte, dass Atome Licht nicht als kontinuierlichen Strom abgeben, sondern immer nur in kleinen »Paketen«, die zudem nur ganz spezielle Energiemengen beinhalten können. Das nach Planck benannte Wirkungsquantum beschreibt diese Eigenart von Atomen und Licht. Nur langsam wurde den Physikern klar, dass diese physikalische Größe der Schlüssel zu einem grundlegend neuen Verständnis der Natur der atomaren Welt war. Planck selbst stand seiner eigenen Entdeckung noch lange Zeit skeptisch gegenüber. Er war ein Revolutionär wider Willen.

Meitner war von dieser Entwicklung so fasziniert, dass sie unbedingt nach Berlin gehen wollte. Im Herbst 1907 übersiedelte sie mit finanzieller Unterstützung ihres Vaters in die Reichshauptstadt. Aus dem einen Jahr, das sie ursprünglich dort verbringen wollte, wurden schließlich drei Jahrzehnte.

In Berlin musste sich Meitner erst einmal durchsetzen. 1901 hatte der Reichsminister erlaubt, dass sich Frauen immatrikulieren durften, in Berlin war dies offiziell sogar erst ab 1909 möglich, also zwei Jahre nach ihrem Eintreffen in der Hauptstadt. Planck musste sich an diese Vorschriften halten, lehnte aber Frauen in der Wissenschaft nicht grundsätzlich ab, sondern akzeptierte sie in Ausnahmefällen, so auch Lise Meitner.

Wegweisend für Meitner wurde schließlich die Begegnung mit Otto Hahn. Der gleichaltrige Chemiker war gerade aus Montreal zurückgekehrt, wo er bei Ernest Rutherford Erfahrung im Umgang mit radioaktiven Substanzen gesammelt hatte. Dieses neue Forschungsgebiet wollte er am Chemischen Institut der Universität fortsetzen. Als er Meitner traf, war er sofort von deren Fähigkeiten überzeugt und erwog eine Zusammenarbeit mit ihr. Der Institutsdirektor Emil Fischer erlaubte aber Frauen weder den Zutritt zu den Vorlesungen noch zu den Laborräumen. Erst nach zähen Diskussionen kam man schließlich überein, dass Meitner in einem ursprünglich als Holzwerkstatt vorgesehenen Raum experimentieren dürfe.

Hahn und Meitner wuchsen schnell zu einem der produktivsten und erfolgreichsten Forscherpaare der Geschichte zusammen. In den fast fünf Jahren, die sie in der Holzwerkstatt forschten, veröffentlichte Lise Meitner allein und mit Hahn zusammen insgesamt über zwanzig Arbeiten. Dieser Produktivität verdankten sie es, dass sie später noch zwei weitere Experimentierräume zugesprochen bekamen.

Die beiden ergänzten sich auf ideale Weise: Hahn war der Radiochemiker, Meitner die Physikerin. Persönlich kamen sie sich indes kaum näher. Abgesehen von physikalischen Kolloquien begegneten sie sich nur in der Holzwerkstatt. Dort arbeiteten sie meist bis kurz vor 20 Uhr, danach gingen beide nach Hause. »Dabei waren wir doch herzlich miteinander befreundet«[3], erinnerte Hahn sich später. Trotz der beengten Verhältnisse stellten sich schon bald erste Erfolge ein, und nicht selten herrschte eine ausgelassene Stimmung in der Holzwerkstatt, zuweilen sangen sie sogar zusammen, meistens Brahmslieder. Dennoch dauerte es fünfzehn Jahre, bis sie sich endlich duzten.

Hahn ging es bei seinen Forschungen vor allem darum, neue radioaktive Elemente aufzuspüren. Die Entdeckung der Radioaktivität durch Henri Becquerel im Jahre 1896 und die darauffolgenden Arbeiten von Marie und Pierre Curie hatten der Physik und Chemie einen gänzlich neuen Forschungszweig erschlossen. Zahlreiche radioaktive Substanzen mit unterschiedlichen Eigenschaften wurden entdeckt, was in vielen Fällen eher verwirrend denn erhellend war. Erst langsam zeichnete sich ab, dass radioaktive Stoffe in neue Elemente zerfallen, die ebenfalls radioaktiv sein können und weiter zerfallen, bis endlich stabile Atome entstanden sind. Diese Zerfallsketten zu entschlüsseln war das große Problem. Hahn kam hierbei die Aufgabe zu, die chemischen Eigenschaften zu untersuchen, während Meitner sich für die von den Substanzen ausgesandte radioaktive Strahlung interessierte.

Schon ein Jahr nach dem Beginn ihrer Zusammenarbeit vermeldeten Meitner und Hahn einen ersten großen Erfolg. Sie hatten den radioaktiven Zerfall des Elements Actinium untersucht und in den Bruchstücken ein neues Element entdeckt, das sie »Actinium C« nannten. Im Rahmen dieser Untersuchungen entwickelte Lise Meitner ein neues Verfahren, um die von den Substanzen ausgesandte, für jeden Stoff charakteristische Strahlung besser analysieren zu können. Mit Hilfe dieser Methode, die später immer mehr an Bedeutung gewann, ließen sich die Stoffe identifizieren.

Die Physiker in Berlin hatten, im Gegensatz zu ihren Kollegen aus der Chemie, die junge Frau aus Wien schnell akzeptiert. Sie durfte selbstverständlich an dem traditionellen Mittwochskolloquium teilnehmen, bei dem Meitner im Laufe der Jahre viele Berühmtheiten kennenlernte. Besonders beeindruckte sie Albert Einstein: »Einstein ist der komischste Kerl von der Welt, den ich je gesehen habe«, schrieb sie einmal einer Freundin. »Seine mir sehr sympathische unmittelbare Art und etwas drollige Formlosigkeit muss ja für preußische Ohren merkwürdig klingen.«[4] Außerhalb des Instituts verband sie mit einer Reihe von Forschern auch eine persönliche Freundschaft. Im Haus der Familie Planck etwa war sie stets willkommen.

Nachdem 1909 in Preußen die Ausbildung von Frauen an der Universität offiziell zugelassen wurde, durfte Lise Meitner endlich auch das Chemische Institut betreten. Im selben Jahr reiste sie zu einem Kongress nach Salzburg, um über ihre Forschungen zu berichten. In lebenslanger Erinnerung blieb ihr vor allem ein Vortrag: »In seiner Vorlesung ging Einstein nun von seiner Theorie aus und leitete daraus die Gleichung ›Energie gleich Masse mal Lichtgeschwindigkeit zum Quadrat‹ ab. Er zeigte, dass jede Strahlung mit einer trägen Masse verbunden sein muss. Diese beiden Tatsachen waren derart umwerfend neu und überraschend für mich, dass ich die Vorlesung bis auf den heutigen Tag in guter Erinnerung habe.«[5] Die ›Schicksalsformel‹ $E = mc^2$, die die Äquivalenz von Masse und Energie beschreibt, sollte für Meitner dreißig Jahre später eine entscheidende Rolle bei der theoretischen Deutung der Kernspaltung spielen.

Trotz ihres wissenschaftlichen Erfolgs, der sich in mehreren gemeinsamen Veröffentlichungen mit Hahn widerspiegelte, hatte Meitner immer noch keine eigene Stelle – bis 1912, als Max Planck ihr in seinem Institut eine Position als Assistentin anbot. Dies war endlich der »Ausweis für die wissenschaftliche Tätigkeit, und es war eine große Hilfe, die vielen gängigen Vorurteile zu überwinden, die gegen die akademischen Frauen bestanden«, erklärte sie Jahre später.

Im Jahr 1911 wurde die *Kaiser-Wilhelm-Gesellschaft* (KWG) *zur Förderung der Wissenschaften* gegründet. Sie sollte außeruniversitäre Forschungseinrichtungen aufbauen, die nur der Grundlagenforschung verpflichtet sind, und war eine Antwort auf die rasante wissenschaftlich-technische Entwicklung seit Mitte des 19. Jahrhunderts. Dadurch wurden die Naturwissenschaften in zunehmendem Maße ein wichtiger Bestandteil des Produktionsprozesses, und der Bedarf an Naturwissenschaftlern, Ingenieuren und Technikern in den Unternehmen stieg. In Rekordzeit entstanden Institute, unter anderem für Chemie, Physikalische Chemie und Elektrochemie sowie für Biologie. 1931 war die KWG bereits auf 32 Institute angewachsen.

Hahn wurde am *Kaiser-Wilhelm-Institut* (KWI) *für Chemie* die Leitung der Abteilung Radioaktivität übertragen – Meitner musste sich mit einer Position als »Gast« dieser Abteilung mit einem kleinen Stipendium zufriedengeben. Erst zwei Jahre später erhielt sie den Status eines voll bezahlten wissenschaftlichen Mitglieds, allerdings erst nachdem ihr die Universität Prag eine unbefristete Stelle angeboten hatte. Ihre wissenschaftliche Leistung war mittlerweile überall bekannt, und man wollte sie unbedingt am Berliner Institut halten.

Der Beginn des Ersten Weltkrieges bedeutete einen schmerzlichen Einschnitt im Leben der meisten Forscherinnen und Forscher. Das KWI für Chemie wurde großteils für Kriegsforschung akquiriert, Hahn an die Westfront beordert. Ab 1915 diente er in der von seinem Kollegen Fritz Haber geleiteten deutschen Einheit, die für den Gaskrieg verantwortlich war. Hahn protestierte zunächst gegen den Einsatz von Chlorgas, da dieser nach der Haager Konvention verboten war, doch Haber antwortete ihm, dass die

Franzosen bereits Gas eingesetzt hätten und diese chemische Waffe dazu beitrüge, den Krieg rascher zu beenden. Während Hahn sich von diesen Worten beruhigen ließ, lehnte Meitner jede Zusammenarbeit ab: »Die Haberleute behandeln uns natürlich wie erobertes Gebiet«[6], schrieb sie Otto Hahn an die Front. Sie verspürte das Bedürfnis, helfen zu müssen, und ging als Röntgenschwester an die Ostfront. Unter größten Entbehrungen arbeitete sie dort zeitweise zwanzig Stunden am Tag, zutiefst erschüttert vom Leid der verwundeten Soldaten. Dennoch klagte sie nicht, und man hörte nie ein bitteres Wort von ihr: »Mir geht's natürlich gesundheitlich immer sehr gut, ob ich gerade 50 kg wiege, weiß ich zwar nicht, aber schließlich wollte ich ja hier nicht eine Mastkur machen«, schrieb sie an Haber.

Nach zwei Jahren kehrte sie ans Berliner Institut zurück. Dort übernahm sie zusätzlich Hahns Aufgaben und musste sich ständig mit der militärischen Verwaltung herumschlagen. Für sie gab es nur die Forschung, über die sie sich mit Hahn brieflich austauschte. Nur bei dessen gelegentlichen Fronturlauben konnten sie ihre gemeinsame Forschung weiterführen. Ausgerechnet in dieser schweren Zeit gelang ihnen ihre bis dahin größte Entdeckung.

In allen Uranmineralien hatte sich stets eine aktive Begleitsubstanz bemerkbar gemacht, das bereits erwähnte Actinium. Forscher vermuteten, dass es aus einer Substanz hervorgeht, die selbst beim Zerfall von Uran entsteht. Tatsächlich gelang es Hahn und Meitner 1917, in Rückständen von Pechblende, einem Uranoxid, diese Muttersubstanz ausfindig zu machen. Sie nannten sie »Protactinium«. Ein großartiger Erfolg, der zu der Entscheidung beitrug, im Institut eine unabhängige Abteilung für radioaktive Physik einzurichten und Lise Meitner mit der Leitung zu beauftragen.

Die Zeit des Umbruchs nach dem Ersten Weltkrieg verschaffte endlich auch den Frauen mehr Freiheiten und Rechte. 1921 kam für Meitner die von Planck initiierte Beförderung zur Privatdozentin, ein Jahr darauf habilitierte sie sich als zweite Physikerin in Deutschland und als erste an einer preußischen Universität, 1926 wurde sie zur außerordentlichen Professorin für experimentelle Kernphysik ernannt.

Ab 1925 arbeitete Meitner aber zunehmend ohne Hahn an der physikalischen Entschlüsselung des radioaktiven Zerfalls. Rutherford hatte bemerkt, dass radioaktive Präparate zwei unterschiedliche Arten von Strahlung aussenden, die er mit »alpha« und »beta« bezeichnete. Bei der weiteren Untersuchung hatte er herausgefunden, dass man eine Substanz an der Reichweite der Alphastrahlen identifizieren konnte. Neben diesen beiden Strahlenarten tauchte noch eine dritte auf, die man Gammastrahlen nannte. Tatsächlich sind die Strahlungsarten grundverschieden: Bei der Alphastrahlung handelt es sich um Heliumkerne, Betastrahlung besteht aus Elektronen, und Gammastrahlung ist Licht mit extrem hoher Energie. Meitner fand heraus, dass die Gammastrahlung nach der Emission der Betastrahlung und damit nach dem Zerfall des Atoms einsetzte. Aus ihren Messungen entwickelte sie ein Modell für Atomkerne.

Als folgenreich für die weitere Entwicklung der Teilchenphysik erwies sich eine rätselhafte Entdeckung. Messungen schienen darauf hinzudeuten, dass die beim Zerfall freiwerdende Betastrahlung eine ganz bestimmte, für das jeweilige Element charakteristische Energie besitzt. Einfach gesagt: Die Elektronen schießen immer mit derselben Geschwindigkeit hervor. Doch 1927 veröffentlichten zwei Physiker in Cambridge Messergebnisse, wonach die Elektronen ein kontinuierliches Energiespektrum aufweisen. Die herausschießenden Elektronen konnten demnach jede beliebige Energie besitzen, wobei ein Maximalwert nicht überschritten wurde. Das erschien unmöglich, denn beim radioaktiven Zerfall eines Atomkerns wird eine bestimmte Energiemenge frei, und die nimmt das Elektron mit. Deshalb sollten die Elektronen auch immer dieselbe Energie, nämlich die Zerfallsenergie, besitzen. Wenn aber in fast allen Fällen die Elektronen weniger Energie mitbekamen, wo blieb dann der Rest?

Mit dieser Frage rüttelten die Physiker an einer Grundfeste der Natur, wonach Energie nicht verschwinden kann. Wo blieb sie im radioaktiven Zerfall? Niels Bohr erwog sogar die Möglichkeit, dass der Energieerhaltungssatz in der Kernphysik nicht gilt. Meitner bezweifelte hingegen das Ergebnis der Kollegen aus England und führte es auf einen Messfehler zurück. Zusammen mit ihrem Mitarbeiter Wilhelm Orthmann führte sie ihre eigenen Experimente durch, die 1930 das rätselhafte Ergebnis der Engländer bestätigten. Im selben Jahr schlug der spätere Nobelpreisträger Wolfgang Pauli eine gewagte Lösung vor. Auf einer Tagung in Tübingen schrieb er einen offenen Brief an Lise Meitner und die »Lieben Radioaktiven Damen und Herren«. Darin postulierte er die Existenz eines unsichtbaren Teilchens, das zusammen mit dem Elektron aus dem zerfallenden Kern entweicht und die fehlende Energie mit sich nimmt. Damit wäre der Energieerhaltungssatz gerettet. Das »Geisterteilchen« erhielt den Namen »Neutrino«.

Es sollte ein Vierteljahrhundert dauern, bis Paulis gewagte Hypothese bestätigt wurde: 1956 wiesen die amerikanischen Physiker Clyde Cowan und Frederick Reines mit ihrem »Poltergeist« getauften Experiment erstmals Neutrinos nach. Umgehend teilten sie Wolfgang Pauli die frohe Botschaft per Telegramm mit. Reines wurde für die Entdeckung erst 1995 mit dem Physik-Nobelpreis geehrt, Cowan war bereits 1974 gestorben.

Wissenschaftlich war Meitner anerkannt, und es war sicher nicht bloß Schmeichelei, wenn Einstein sie »unsere Madame Curie« nannte. Die ersten Meriten erntete die mittlerweile 47-Jährige 1924, als sie die angesehene Leibniz-Medaille der *Berliner Akademie der Wissenschaften* sowie den Ignaz L. Lieben-Preis der *Wiener Akademie der Wissenschaften* erhielt. Vor allem mit ihren Forschungen zur Betastrahlung der radioaktiven Elemente hatte sie wesentliche Beiträge zur Erforschung des Atomkerns geliefert. Noch im selben Jahr wurde das Team Hahn-Meitner erstmals von drei Chemikern für den Nobelpreis vorgeschlagen, in den Jahren 1929 bis 1934 setzte sich auch Planck hierfür ein.

Endlich waren die akademischen Hürden überwunden, da sah sich Meitner ganz neuen und vor allem gefährlichen Anfeindungen ausgesetzt: dem Antisemitismus. Länger als viele andere Juden blieb Meitner von den Hetzkampagnen der Nationalsozialisten vor allem wegen ihrer österreichischen Staatsangehörigkeit zunächst verschont. Nach Inkrafttreten des »Gesetzes zur Wiederherstellung des Berufsbeamtentums« am 7. April 1933 musste sie jedoch einen Fragebogen ausfüllen, in dem sie auch nach der Rassenzugehörigkeit ihrer vier Großeltern gefragt wurde. Von diesem Zeitpunkt an war den Behörden bekannt, dass am KWI eine Jüdin arbeitete. Otto Hahn gab aus Protest gegen die Behandlung seiner jüdischen Kollegen seine Dozentur an der Universität auf, zwei Monate später entzog der Reichsminister für Wissenschaft, Erziehung und Volksbildung Lise Meitner die Lehrbefugnis. Hahn und Planck wandten sich mit Petitionen an das Wissenschaftsministerium, aber ihre Versuche, die Entscheidung rückgängig zu machen, waren erfolglos.

Noch blieb Meitner aber die Forschung, und die erhielt 1934 mit einer Nachricht aus Rom ungeahnten Auftrieb. Enrico Fermi und seinen Mitarbeitern war es gelungen, Atome zu erzeugen, die schwerer als Uran sind. Hierfür hatten sie Uran mit Neutronen beschossen. Blieb ein solches Teilchen in einem Uran-Atomkern mit der Kernladungszahl 92 stecken, so konnte es sich in ein Proton und ein Elektron verwandeln. Das Elektron flog aus dem Kern heraus, und übrig blieb ein Element mit einem Proton mehr als zuvor. Es besaß die Kernladungszahl 93 und war schwerer als Uran, man sprach vom »Transuran«. So jedenfalls hatte Fermi seine Versuchsergebnisse gedeutet. Damit hätte er das Periodensystem der Elemente um schwerere Mitglieder erweitert.

Das bei der vermeintlichen Entstehung eines Transurans emittierte Elektron war die Betastrahlung, mit der Lise Meitner sehr viel Erfahrung hatte. »Ich fand diese Versuche so faszinierend, dass ich sofort nach deren Erscheinen im *Nuovo Cimento* und in der *Nature* Otto Hahn überredete, unsere seit mehreren Jahren unterbrochene direkte Zusammenarbeit wieder aufzunehmen, um uns diesen Problemen zu widmen«, schrieb Meitner später.[7] Zwölf Jahre lang hatte sie unabhängig von Hahn ihre eigene Forschung vorangetrieben, nun rief sie ihn zur Mitarbeit auf, denn es war klar, dass sie nur gemeinsam erfolgreich sein konnten. Hahn sagte zu, und so begann eine neue, überaus produktive Schaffensphase. Innerhalb von vier Jahren veröffentlichte das ›Dreamteam‹ rund zwanzig Arbeiten.

Die Experimente erwiesen sich als sehr schwierig. Zunächst wurden ausgewählte Substanzen mit Neutronen bestrahlt, dann versuchten die beiden herauszufinden, welche neuen Stoffe dabei entstanden waren. Vor allem die Analyse von bestrahltem Uran und Thorium erwies sich als knifflig, die Ergebnisse waren widersprüchlich. Meitners Messungen der Betastrahlung schienen darauf hinzudeuten, dass geringe Mengen der vermuteten Transurane in andere Produkte zerfielen. Nicht nur in Berlin hatte Fermis Veröffentlichung eingeschlagen wie eine Bombe, weltweit machten sich Physiker daran, seine Versuche zu wiederholen. Dabei bemerkten sie jahrelang nicht, dass sie einer falschen Spur folgten: Sie suchten Transurane und hatten stattdessen schon längst die Kernspaltung gefunden – auch Fermi.

Gleichzeitig zog sich die Schlinge der Politik um Lise Meitner immer enger. Noch wähnte sie sich sicher unter dem Schutz Max Plancks, auf keinen Fall wollte sie ihre Freunde und ihre Arbeit verlassen. Einige Kollegen zogen den Nobelpreis als Schutzmaßnahme in Betracht. Doch das Nobelkomitee ging darauf nicht ein.

In der Zwischenzeit liefen die Versuche weiter, bei denen Meitner und Hahn ab 1935 von einem talentierten Chemiker namens Fritz Straßmann unterstützt wurden. Mittlerweile war ein veritabler Wettstreit um die Lösung des Rätsels ausgebrochen. Die stärkste Konkurrenz forschte am Radium-Institut in Paris: Irène Joliot-Curie, die Tochter der von Meitner so verehrten Marie Curie. Unablässig veröffentlichten beide Gruppen ihre Ergebnisse, immer wieder kritisierten sie sich auch gegenseitig. Der wissenschaftliche Wettlauf bog auf die Zielgerade ein, als die politischen Ereignisse Meitner aus dem Rennen warfen. Am 12. März 1938 überschritten deutsche Truppen die Grenze nach Österreich, und Hitler erklärte den Anschluss des Landes an das Deutsche Reich. Damit war Lise Meitner plötzlich Deutsche. Nun gab es auch für sie keine Möglichkeit mehr, in Deutschland zu bleiben.

Meitner fragte den Präsidenten der *Kaiser-Wilhelm-Gesellschaft*, Carl Bosch, um Rat. Beide kamen überein, beim Reichsminister die Ausreise nach Schweden, Dänemark oder in die Schweiz zu erbitten. Die Antwort am 16. Juni war eindeutig und beängstigend. Demnach gab es politische Bedenken gegen die Ausstellung eines Auslandspasses für Lise Meitner. »Es wird für unerwünscht gehalten, dass *namhafte Juden* aus Deutschland ins Ausland reisen, um dort als Vertreter der deutschen Wissenschaft oder gar mit ihrem Namen und ihrer Erfahrung entsprechend ihrer inneren Einstellung gegen Deutschland zu wirken.«[8] Allen war klar, dass Meitner in großer Gefahr schwebte. Sie verließ ihre Wohnung und zog in das Hotel »Adlon«. Bosch zog in Erwägung, beim Reichsführer der SS, Heinrich Himmler, persönlich für Meitner einzutreten. Doch es blieb keine Zeit zu verlieren.

Otto Hahn und der Freund und Herausgeber der Zeitschrift *Die Naturwissenschaften* Paul Rosbaud beschlossen, sie illegal über die Grenze zu bringen. Durch Vermittlung des holländischen Physikers und Direktors des KWI für Physik, Peter Debye, konnte eine Flucht nach Holland arrangiert werden. Am 13. Juli 1938 war alles vorbereitet: Die Holländer hatten zugestimmt, Meitner ohne gültigen Pass und ohne Visum ins Land einreisen zu lassen. »Dann hatte ich genau 1 ½ Stunden Zeit, um ein paar notwendigste Sachen in zwei kleine Koffer zu packen. Und um für immer von Deutschland wegzugehen – mit 10 Mark in der Tasche.«[9] Die Nacht vor der Flucht verbrachte sie in Hahns Haus. Am

Morgen fuhr sie ein Freund zum Bahnhof. Im Zug wurde sie von dem holländischen Kollegen Dirk Coster erwartet, der schon anderen Juden in seinem Haus Unterschlupf gewährt hatte. Die Fahrt war gefährlich, denn die SS durchsuchte häufig ins Ausland fahrende Züge. Doch Meitner und Coster hatten Glück und gelangten unbemerkt über die Grenze. Um 18 Uhr befand sich Meitner in Groningen in Sicherheit, die Zeit unter dem Hakenkreuz war zu Ende. In Berlin hieß es offiziell, sie sei in Urlaub gefahren.

Schon bald wich das Gefühl der Erleichterung tiefer Enttäuschung. Befand sie sich zuvor noch im Zentrum der allerneuesten wissenschaftlichen Forschung mit Chancen auf den Nobelpreis, stand sie nun vor dem Nichts. In Holland besaß sie weder Freunde noch Arbeit, sie war staatenlos und ohne Pass. Bis zum Juli blieb sie in den Niederlanden, dann konnte sie einer Einladung von Niels Bohr nach Kopenhagen folgen. Während sie sich dort erholte, bot ihr der Physiker Manne Siegbahn in Stockholm eine Stelle an seinem neuen Institut an. Nach reiflicher Überlegung sagte sie zu. Diesen Schritt sollte sie später bereuen, weil sie dort für ihre Forschung keinerlei Unterstützung erfuhr. Dennoch beklagte sie sich nie.

In Stockholm wohnte sie lange Zeit in einem kleinen Zimmer eines heruntergekommenen Hotels, im Institut hatte sie keine Arbeitsmöglichkeiten. Siegbahn war intensiv mit dem Aufbau eines Teilchenbeschleunigers beschäftigt. Die wissenschaftliche und menschliche Isolation war für sie nur schwer zu ertragen: »Ich finde nur im Moment keinen rechten Sinn in meinem Leben, und ich bin sehr allein«, schrieb sie Hahn kurz nach ihrer Ankunft in Stockholm.

Während Meitner mit ihrem Schicksal haderte, erreichten in Berlin die Experimente von Hahn und Straßmann ihre entscheidende Phase. Zwei Wochen vor Weihnachten setzten sie erneut Uran einem Neutronen-Bombardement aus. Nach einer halben Stunde trug Straßmann das bestrahlte Material in ein Nachbarlabor, um es chemisch zu analysieren. Ein Mittel der Wahl war ein Geiger-Zähler, denn die vermeintlichen Transurane sollten radioaktiv sein und schnell wieder zerfallen. Die Halbwertszeit des Zerfalls ist ein Indiz für die Identität des Stoffes. Sollten bei der Bestrahlung Transurane entstanden sein, wie er und Hahn vermuteten, so sollten sich in ihren Proben aufgrund der Zerfälle verschiedene Isotope der Elemente Radium sowie Barium und Actinium befinden. Aber irgendetwas stimmte nicht. Radium und Actinium ließen sich nicht nachweisen. Auch weitere Kontrollexperimente zeigten nicht das erwünschte Ergebnis. Was war bloß los mit den superschweren Elementen?

Hahn wusste nicht weiter. Kurzentschlossen beschrieb er Lise Meitner per Brief die Befunde. »Es ist jetzt gleich 11 Uhr abends; um ½ 12 will Straßmann wiederkommen, so dass ich nach Hause kann allmählich. Es ist nämlich etwas bei den ›Radium-Isotopen‹, was so merkwürdig ist, dass wir es vorerst nur Dir sagen. Es könnte noch ein höchst merkwürdiger Zufall vorliegen. Aber immer mehr kommen wir zu dem schrecklichen Schluss: Unsere Ra[dium]-Isotope verhalten sich nicht wie Ra[dium], sondern wie Ba[rium] … Ich habe mit Straßmann verabredet, dass wir vorerst nur *Dir* dies sagen wollen. Vielleicht kannst Du irgend eine phantastische Erklärung vorschlagen. Wir wissen dabei selbst, dass es eigentlich nicht in Ba[rium] zerplatzen *kann* … Falls Du irgendetwas vorschlagen könntest, das Du publizieren könntest, dann wäre es doch noch eine Art Arbeit zu Dreien!«[10]

Hahn wartete Meitners Antwort nicht ab, sondern schickte einen Artikel zur Veröffentlichung an die Zeitschrift *Die Naturwissenschaften*. Möglicherweise hätte er schon aus rein politischen Gründen Meitners Namen nicht veröffentlichen können. Hierin schrieb er vorsichtig: »Als Chemiker müssten wir eigentlich sagen, bei den neuen Körpern handelt es sich nicht um Radium, sondern um Barium … Als der Physik in gewisser Weise nahestehende ›Kernchemiker‹ können wir uns zu diesem, allen bisherigen Erfahrungen der Kernphysik widersprechenden, Sprung noch nicht entschließen.«[11] Warum widersprach diese Hypothese den damaligen Gesetzen der Physik?

Die Neutronen, mit denen man Uran beschossen hatte, waren vorher in Paraffin abgebremst worden. Trifft nun ein solches langsames Teilchen auf einen Atomkern, so sollte es von ihm geschluckt werden. Jedenfalls hielt man es für ausgeschlossen, dass es einen schweren Kern spalten könne. Genau dies aber hätte passiert sein müssen, wenn in der bestrahlten Probe Barium und nicht Radium vorhanden gewesen wäre. Der »schreckliche Schluss«, dass tatsächlich Barium entsteht, hätte überdies bedeutet, dass Meitner und Hahn vier Jahre lang einer falschen Theorie nachgegangen wären: Bei dem Neutronenbeschuss wachsen Urankerne gar nicht zu Transuranen an, sondern »zerplatzen« in kleinere Bruchstücke. Ironie der Geschichte: Fermi hatte in diesem Jahr für die vermeintliche Erzeugung von Transuranen den Physik-Nobelpreis erhalten.

Lise Meitner antwortete noch am selben Tag: »Eure Radiumresultate sind sehr verblüffend. Ein Prozess, der mit langsamen Neutronen geht und zum Barium führen soll! … Mir scheint vorläufig die Annahme eines so weitgehenden Zerplatzens sehr schwierig, aber wir haben in der Kernphysik so viele Überraschungen erlebt, dass man auf nichts ohne weiteres sagen kann: es ist unmöglich.«[12] Otto Hahn antwortet ihr: »Wir können unsere Ergebnisse nicht totschweigen, auch wenn sie physikalisch vielleicht absurd sind. Du siehst, Du tust ein gutes Werk, wenn Du einen Ausweg findest.«[13] Hahn war also von der Richtigkeit seiner Messergebnisse überzeugt, wusste sie aber nicht zu deuten. Hierfür brauchte er Lise Meitner.

Als sie über Hahns Befunde grübelte, besuchte sie ihr Neffe Otto Robert Frisch, ein talentierter Physiker, der später in Los Alamos an der Atombombe mitarbeiten sollte. Meitner zeigte ihrem Neffen Hahns Brief. Frisch war angesichts der seltsamen Ergebnisse skeptisch, Meitner hingegen vertraute der Experimentierkunst ihrer beiden Kollegen in Berlin vollauf. Während eines Spaziergangs durch eine verschneite Winterlandschaft diskutierten Tante und Neffe das Problem – Frisch auf Skiern, Meitner zu Fuß.

Um zu verstehen, was mit einem Atomkern beim Beschuss mit Neutronen passiert, zogen sie das Tröpfchenmodell zu Rate. Das ging auf George Gamow und Niels Bohr zurück. Die Grundannahme ist, dass zwischen den Kernbausteinen Protonen und Neutronen Kräfte in ähnlicher Weise wirken wie zwischen Wassermolekülen in einem Tropfen. Will man einen solchen Tropfen in zwei Teile spalten, steht dem als starke Kraft die Oberflächenspannung entgegen. »Doch die Kerne unterscheiden sich von gewöhnlichen Tropfen in einer wichtigen Hinsicht: sie sind elektrisch geladen, und es war bekannt, dass dies der Oberflächenspannung entgegenwirkt«, erinnerte sich Frisch später. »Als wir an diesem Punkt angelangt waren, setzten wir uns auf einen Baumstamm … Dann begannen wir auf kleinen Zettelchen zu rechnen und fanden, dass die Ladung des Urankerns tatsächlich genügte, um die Oberflächenspannung fast vollständig zu überwinden. Der Urankern glich also tatsächlich einem wackelnden, unstabilen Tropfen, der bei der geringsten Provokation, wie z.B. beim Aufprall eines einzigen Neutrons, in zwei Teile zerfallen konnte.«[14]

Doch es gab noch ein Problem. Nach der Spaltung wurden die zwei Kerne durch ihre Abstoßung voneinander getrennt und auf eine hohe Geschwindigkeit, entsprechend hoher Energie, gebracht. Woher kam diese Energie? Zum Glück erinnerte sich Lise Meitner an Einsteins Vortrag. »Wir fanden heraus, dass die zwei Kerne, die sich bei der Spaltung des Urankerns bildeten, [zusammen] insgesamt leichter als der ursprüngliche Urankern sein würden; der Unterschied betrug etwa 1/5 Protonenmasse. Wenn aber Masse verschwindet, entsteht Energie nach Einsteins Formel $E = mc^2$; nun entsprach 1/5 Protonenmasse gerade 200 MeV. Hier war also die Energiequelle; alles stimmte.«[15] So nüchtern schilderte Meitner diesen Heureka-Moment der Physikgeschichte.

Zurück in Stockholm erwartete sie schon der nächste Brief aus Berlin. Hahn sprach zwar von der Möglichkeit, dass der Urankern »zerplatzt« sei, schlug aber auch eine Lösung vor, um die Hypothese der Transurane zu halten. Davon wollte Meitner nichts wissen und mahnte eine Veröffentlichung an, in der sie zugeben müssten, bis dahin auf dem Holzweg gewesen zu sein. Hahn war einverstanden und meinte: »Muss sich Herr Fermi, müssen wir uns deshalb schämen und sagen, die ganze Arbeit der letzten drei Jahre war falsch?«[16] Zusammen mit ihrem Neffen reichte Meitner ihre theoretischen Überlegungen bei der Zeitschrift *Nature* ein, wo sie am 11. Februar 1939 erschienen.

Innerhalb von nur vier Wochen hatten die vier Forscher eine Revolution eingeleitet, die weltweit für Aufsehen sorgte. Niels Bohr war wie elektrisiert und rief aus: »Ach, was für Idioten wir doch alle waren. Ach, das ist ja wunderbar!«[17] Zusammen mit seinem ehemaligen Assistenten Léon Rosenfeld war er zu einer Reise in die Vereinigten Staaten aufgebrochen und hatte Meitner und Frisch versprochen, die Neuigkeit so lange für sich zu behalten, bis die beiden ihre Arbeit in der Zeitschrift *Nature* veröffentlicht hatten. Rosenfeld wusste jedoch nichts von dieser Absprache und plauderte die aufregende Neuigkeit bedenkenlos aus. Die Worte waren kaum verklungen, da hasteten die Physiker in New York, Chicago und Washington in ihre Laboratorien, um das Unglaubliche zu überprüfen. Am 28. Januar kam bereits die erste Bestätigung aus Baltimore. Das Privileg der ersten richtigen Deutung der Versuche von Hahn und Straßmann hatten sich aber Meitner und Frisch gesichert.

Mit der Entdeckung der Kernspaltung hatte die Menschheit den Schritt ins Atomzeitalter vollzogen. Die Physik sollte ihre Unschuld verlieren. Einige Physiker, allen voran der aus Ungarn in die USA emigrierte Leó Szilard sowie Enrico Fermi, erkannten schnell, dass man bei geschickter Versuchsanordnung eine Kettenreaktion auslösen und hierbei eine enorme Energiemenge freisetzen könnte. Die Entwicklung ging von da an rasch voran: Am 2. Dezember 1942 brachte Fermi an der Universität von Chicago den ersten Kernreaktor zum Laufen, am 16. Juli 1945 detonierte in der Wüste von New Mexico die erste Atombombe, und kurz darauf verbrannten Hiroshima und Nagasaki im atomaren Feuer.

Im Jahr nach Kriegsende verlieh die *Königliche Akademie der Wissenschaften* nachträglich für das Jahr 1944 den Nobelpreis für Chemie alleinig an Otto Hahn. Fritz Straßmann wurde nicht mit bedacht. Damals war es üblich, dass die Leiter eines Forschungsgebietes ausgezeichnet wurden, deren Mitarbeiter hingegen nicht. Dass aber auch Lise Meitner und Otto Robert Frisch übergangen wurden, war vielen ein Ärgernis. Zwischen 1940 und 1943 hatten mehrere Forscher aus der ganzen Welt Hahn und Meitner für den Nobelpreis vorgeschlagen, Niels Bohr nominierte Meitner und Frisch von 1946 bis 1948. Insgesamt wurde Meitner zwischen 1924 und 1965 48-mal für einen Nobelpreis vorgeschlagen, mehrmals von Max Planck und Otto Hahn.

Die 1995 von der *Schwedischen Akademie* freigegebenen Nobelunterlagen geben keine eindeutige Antwort auf die Frage, warum Hahn allein die höchsten wissenschaftlichen Weihen erfuhr. Als Nachteil für Meitner und Frisch erwies sich wohl, dass der Hauptbegutachter Erik Hulthén Experimentalphysiker war, kein Theoretiker, wie es vielleicht vonnöten gewesen wäre. War er nicht in der Lage, Meitners und Frischs theoretischen Beitrag richtig einzuschätzen? Außerdem verwechselte er Daten des Einreichens und der Veröffentlichung von Arbeiten. Der Chemiker und Mitglied des Nobelkomitees Theodor Svedberg gab zu bedenken, dass Hahn die Entdeckung erst gelungen war, nachdem Meitner Deutschland bereits verlassen hatte. Damit unterschlug er Meitners gemeinsame Vorarbeiten mit Hahn, die sie sogar veranlasst hatte, und ignorierte ihren physikalischen Beitrag. Letztlich spielte wohl auch Meitners Chef und Nobelpreisträger Manne Siegbahn eine unheilvolle Rolle. Er sah in Meitner eine Konkurrentin und sorgte noch nach 1945 für negative Gutachten. Und nicht zuletzt: Meitner war eine Frau. Bis dahin hatte nur eine Frau den Nobelpreis für Physik erhalten: Lise Meitners Vorbild Marie Curie.

Welche Argumente auch immer zu der Entscheidung

führten, Otto Hahn war der alleinige Preisträger. Einen Teil seines Preisgeldes trat er an Frisch und Meitner ab, die es wiederum dem *Notkomitee für Atomphysiker* spendete, das Einstein in Princeton leitete. Zwar gestand Meitner zu, dass Hahn den Nobelpreis voll und ganz verdient habe, im tiefsten Innern war sie jedoch sicher enttäuscht. Fritz Straßmann beurteilte Meitners Beitrag zur Entdeckung der Kernspaltung ganz eindeutig: »Was bedeutet es, dass Lise Meitner nicht direkt teilhatte an der ›Entdeckung‹?? Ihrem Impuls ist der Beginn des gemeinsamen Weges mit Hahn, ab 1934, zuzuschreiben – *4 Jahre danach gehörte sie zu unserem Team* –, anschließend war sie von Schweden aus gedanklich mit uns verbunden … Aber es ist meine Überzeugung: Lise Meitner war die geistig Führende in unserem Team gewesen, und darum gehörte sie zu uns – auch wenn sie bei der ›Entdeckung der Kernspaltung‹ nicht gegenwärtig war.«[18] Und »was am 18.12.1938 in Berlin festgestellt wurde …, wäre ohne ihren Anteil an der 4jährigen gemeinsamen Arbeit kaum möglich gewesen«.[19]

Als deprimierend empfand Meitner es, wenn jemand sie als Hahns »Mitarbeiterin« bezeichnete. Wenn dieser Lapsus später sogar einem Physiker wie Werner Heisenberg unterlief, ist dies ein klares Zeichen dafür, dass Frauen in einer Männerdomäne immer noch nicht anerkannt waren. 1953 schrieb sie an Otto Hahn: »Ich bin im Jahre 1917 vom Verwaltungsrat des K.W.I. für Chemie offiziell mit der Einrichtung der physikalischen Chemie betraut worden und habe sie 21 Jahre geleitet. Versuche Dich einmal in meine Lage hineinzudenken! Soll mir nach den letzten 15 Jahren, die ich keinem guten Freund durchlebt zu haben wünsche, auch noch meine wissenschaftliche Vergangenheit genommen werden? Ist das fair? Und warum geschieht es?«[20]

Traurig machte es sie auch, wenn man sie mit dem Bau der Atombombe in Verbindung brachte. »Ich habe die Atombombe nicht entworfen, ich weiß nicht einmal, wie eine aussieht oder wie sie technisch funktioniert … Ich muss betonen, dass ich selbst nichts mit den Arbeiten zu tun habe, die todbringende Waffen in die Welt gesetzt haben. Sie dürfen nicht uns Wissenschaftler für das verantwortlich machen, was die Kriegstechniker damit getan haben«, erklärte sie in einem Interview.

Lise Meitner erfuhr im Alter zahlreiche höchste Ehrungen, darunter die bedeutendste Auszeichnung der *Deutschen Physikalischen Gesellschaft*, die Max-Planck-Medaille, die ihr 1949 verliehen wurde, sowie den Otto-Hahn-Preis, den sie 1955 erhielt. Einige Jahre darauf wurde sie zusammen mit Hahn in den Orden Pour le Mérite aufgenommen. 1947 lehnte sie das Angebot von Fritz Straßmann und Otto Hahn ab, als Direktorin des nach Mainz übergesiedelten KWI für Chemie nach Deutschland zurückzukehren: »Ich habe alle die schrecklichen Ereignisse, die das Hitlersystem mit sich gebracht hatte, sehr genau verfolgt und in ihren Gründen und Auswirkungen zu verstehen versucht, und das bedeutet, dass ich auch heute vermutlich zu manchen Problemen eine andere Einstellung habe als die Mehrzahl der deutschen Freunde und Kollegen. Würden wir uns verstehen können? Und ein gegenseitiges menschliches Verstehen ist doch die unerlässliche Grundlage für ein wirkliches Zusammenarbeiten. Ich zweifle nicht an Ihnen, aber das genügt ja nicht.«[21] In diesem Punkt hatte sie eine ähnliche Einstellung wie Einstein, der nach seiner Emigration nie wieder deutschen Boden betreten hat.

Meitner ist wohl nie mehr darüber hinweggekommen, was ihr die Nazis angetan hatten, und sie konnte auch ihren

Kollegen in Deutschland nicht alles nachsehen. Im Juni 1945 schrieb sie einen Brief an Hahn, den dieser jedoch nicht erhielt: »Ihr habt auch alle für Nazi-Deutschland gearbeitet und habt auch nie nur einen passiven Widerstand zu machen versucht. Gewiss, um euer Gewissen los zu kaufen, habt ihr hier und da einem bedrängten Menschen geholfen, aber Millionen unschuldiger Menschen hinmorden lassen, und keinerlei Protest wurde laut. Ich muss Dir das schreiben, denn es hängt so viel für Euch und Deutschland davon ab, dass Ihr einseht, was Ihr habt geschehen lassen … Das klingt erbarmungslos, und doch glaube mir, es ist ehrliche Freundschaft, warum ich Dir das alles schreibe.«[22]

Dennoch konnten alle Missliebigkeiten der Kriegs- und Nachkriegszeit ihr Verhältnis zu Otto Hahn auf lange Sicht nicht trüben. 1964 gratulierte sie ihm zum 85. Geburtstag und sprach von einer fast 60 Jahre währenden Freundschaft. »Sein starkes Verantwortungsgefühl und sein Mut haben ihn auch in schweren Zeiten oder in schweren Situationen immer den richtigen Weg oder Ausweg finden lassen.«[23] Dabei mag sie an die gefährliche Flucht vor den Nazis gedacht haben.

Im Exil konnte sie nicht mehr an ihre vergangenen Erfolge anknüpfen. Mit 69 Jahren übernahm sie 1947 die Leitung der kernphysikalischen Abteilung im Physikalischen Institut der Technischen Hochschule Stockholm, außerdem wurde sie zu mehreren Gastprofessuren in die Vereinigten Staaten eingeladen. 1960 zog sie zu Otto Robert Frisch nach Cambridge, wo sie wenige Tage vor ihrem neunzigsten Geburtstag und ein Vierteljahr nach Otto Hahn starb.

Posthum wurde Meitner eine außergewöhnliche Ehre zuteil. 1992 benannte man offiziell ein künstlich erzeugtes Element nach ihr: »Meitnerium« besitzt die Ordnungszahl

109 und ist damit ein Vertreter der superschweren Transurane, nach denen Meitner und Hahn jahrelang irrtümlich gesucht hatten – bevor sie schließlich die Kernspaltung entdeckten.

EMMY NOETHER (1882–1935)

Die Sache ist aber doch für mich sehr viel weniger schlimm als für sehr viele andere

Die vielleicht bedeutendste Mathematikerin des 20. Jahrhunderts setzte sich in einer von Männern dominierten Wissenschaftswelt durch, lieferte einen fundamentalen Beitrag für die Physik und musste schließlich vor den Nazis aus Deutschland fliehen.

Als Emmy am 23. März 1882 das Licht der Welt erblickte, war ihr die Mathematik gleichsam schon in die Wiege gelegt. Ihr Vater Max war königlich-bayerischer außerordentlicher Professor für Mathematik an der Universität Erlangen. Erst zwei Jahre zuvor hatte er Ida Amalia Kaufmann geheiratet. Beide Eheleute waren wohlsituiert. Max entstammte einer jüdischen Familie, seine Eltern betrieben einen gut gehenden Eisenhandel, und auch Ida kam aus reichem jüdischem Hause. Später konnte sich Emmy stets auf die finanziellen Rücklagen ihrer Familie stützen. Sie bekam noch drei Brüder, von denen einer Chemiker wurde, der jedoch schon 1918 verstarb. Emmys jüngster Bruder war geistig behindert. Die engste und längste Bindung hatte sie zu ihrem zwei Jahre jüngeren Bruder Fritz, der wie sie Mathematiker wurde. Sein tragisches Schicksal sollte sie jedoch nicht mehr erleben.

Von 1889 bis 1897 besuchte Emmy die städtische höhere Töchterschule im Lynckerschen Palais, einem schmucklosen Bau aus der Mitte des 18. Jahrhunderts, in dem heute die städtische Sing- und Musikschule ihren Sitz hat. Dort erhielt sie eine elementare Grundausbildung und legte mit 18 Jahren ihre Staatsprüfung für Lehrerinnen der englischen und französischen Sprache mit der Note »sehr gut« ab. Damit hätte sie eine Anstellung als Lehrerin erwerben können, doch Emmy strebte nach Höherem.

Sie immatrikulierte sich an der Universität Erlangen – eine eher ungewöhnliche Entscheidung, denn Frauen wurden damals in Bayern nur als Hörerinnen ohne Anrecht auf Prüfungen zugelassen, und auch nur dann, wenn der Professor seine Zustimmung erteilte. An der Universität Erlangen waren damals neben knapp tausend männlichen nur zwei weibliche Studierende eingeschrieben. Die Ausbildung entsprach nicht dem heutigen Studium, sondern bereitete auf die Reifeprüfung vor. Unterricht in den Naturwissenschaften und Mathematik gab es an Mädchenschulen nicht. Ihren Abschluss machte Emmy 1903 am Realgymnasium in Nürnberg.

Bis dahin hatte sie also keinen mathematischen Unterricht genossen, doch dürfte ihr Vater sie mit Sicherheit in die Welt der Zahlen und Formeln eingewiesen haben. Hierbei muss ihm Emmys Begabung aufgefallen sein. Nach ihrer Reifeprüfung entschloss sie sich, an der Universität Göttingen Mathematik zu studieren. Warum Göttingen und nicht Erlangen?

Göttingen war im 19. Jahrhundert zu einem internationalen Zentrum der Mathematik aufgestiegen und besaß mit David Hilbert einen der bedeutendsten Mathematiker seiner Zeit. Er hatte im Jahr 1902 eine Liste der 23 dringendsten Fragen der Mathematik vorgelegt, die beantwortet werden sollten. Unzählige Mathematiker versuchten sich an den ungelösten Fragen, doch bis heute ist rund ein halbes Dutzend von ihnen gar nicht oder nur teilweise beantwortet.

Die zweite mathematische Koryphäe in Göttingen war Felix Klein, ein Studienfreund von Emmys Vater. Klein und Hilbert hatten sich für das Mathematikstudium von Frauen engagiert und bereits Mathematikerinnen zum Doktortitel geführt, die meisten von ihnen kamen aus dem Ausland.

Dennoch gehörte Göttingen, oder besser der Preußische Staat, in Deutschland, ja in ganz Europa, zu den letzten Staaten, die Frauen ein reguläres Studium erlaubten. Während zunächst Baden ab 1901 Frauen ein Studium ermöglichte, folgte Preußen erst 1908. Zu diesem Missstand trugen Bücher wie das des Neurologen und Psychiaters Paul Möbius mit dem Titel *Über die Anlage zur Mathematik* bei, in dem er behauptete, »dass ein mathematisches Weib wider die Natur sei«.[1]

Die Hospitantin Emmy Noether hörte indes im ersten Semester gleich Vorlesungen bei den damaligen Größen, wie dem Astrophysiker Karl Schwarzschild, dem Mathematiker Hermann Minkowski und natürlich Hilbert und Klein. Doch dann erkrankte sie und musste nach Erlangen zurückkehren. Nach ihrer Genesung konnte sie sich im Wintersemester 1904/05 an der Universität Erlangen einschreiben – jetzt als ordentliche und in ihrer Sektion auch einzige »immatrikulierte Dame«. Damals studierten Frauen fast ausschließlich Philosophie oder Medizin.

In Erlangen hörte sie Mathematik bei verschiedenen Dozenten, doch lernte sie fast ausschließlich bei ihrem Vater und dessen Freund Paul Gordan, unter dessen Leitung sie 1907 promovierte. Damit war sie die zweite in Deutschland geborene Frau, die an einer deutschen Universität in Mathematik promoviert hatte. (Die erste, Marie Gernet von der Universität Karlsruhe, schlug keine akademische Laufbahn ein.) Obwohl sie ihren Abschluss mit Auszeichnung machte, bezeichnete sie später ihre Arbeit abschätzig als Rechnerei und Formelgestrüpp. Irgendwann wusste sie nicht einmal mehr, in welcher Zeitschrift sie diesen »Mist« veröffentlicht hatte. In der Tat sollte sich Noether Jahre später von der Art der Mathematik distanzieren, die mit konkreten

Zahlen hantiert und mit Hilfe von Formeln zu Lösungen kommt. Ihre eigentliche Berufung fand sie in der immer stärker abstrahierenden Mathematik. Ihr späterer Schüler und Mitarbeiter Bartel van der Waerden erklärte in seinem Nachruf auf Emmy Noether: »Alle Beziehungen zwischen Zahlen, Funktionen und Operationen werden [für sie] erst dann durchsichtig, verallgemeinerungsfähig und wirklich fruchtbar, wenn sie von ihren besonderen Objekten losgelöst und auf allgemeine begriffliche Zusammenhänge zurückgeführt sind.«[2] Hierin spiegelte sich das mathematische Credo David Hilberts wider, dem Noether sich später zugehörig fühlte. Doch zunächst stellte sich für die frisch gebackene Doktorin der Mathematik die Frage, wie es weitergehen sollte.

Sie blieb am mathematischen Institut in Erlangen und unterstützte ihren Vater in der Lehre – ohne Anstellung und Gehalt. Entscheidend für ihren weiteren Werdegang war der Mathematiker Ernst Fischer, der zum übernächsten Nachfolger ihres Doktorvaters Gordan im Institut wurde. Fischer »infizierte« sie mit der abstrakten Mathematik David Hilberts. Es kam zu einer intensiven Zusammenarbeit, während der Noether regelrecht aufzublühen schien. Mit nun schon fast 30 Jahren hatte sie ihr eigentliches Forschungsziel gefunden. Die Diskussionen mit Fischer im Institut setzte sie abends mit dem Schreiben von Postkarten fort – obwohl beide in derselben Stadt wohnten.

Noether kümmerte sich auch um die Studierenden und regte sie zu Doktorarbeiten an. Sie wurde unter anderem Mitglied in der *Deutschen Mathematikervereinigung*, auf deren Jahresversammlungen sie regelmäßig Vorträge hielt. Ab 1913 nahm sie auch wieder Kontakt zu Klein und Hilbert in Göttingen auf, es folgte ein reger Gedankenaustausch. 1914 konnte sie sogar eine mathematische Vermutung Hilberts beweisen, ihre Arbeit dazu erschien im darauffolgenden Jahr in den renommierten *Mathematischen Annalen*. Mit ihrem klaren Denken und ihren Kenntnissen in einem bestimmten Bereich der Mathematik verschaffte sich Noether bei Hilbert und Klein große Bewunderung. Von entscheidender Bedeutung war in dieser Phase eine Entwicklung, welche die Physik revolutionieren sollte.

Albert Einstein arbeitete seit Jahren an einer neuen Theorie der Schwerkraft, die die klassische Theorie von Newton ablösen sollte und die später als Allgemeine Relativitätstheorie bekannt wurde. Ein halbes Jahr vor deren Vollendung, im Juli 1915, reiste Einstein nach Göttingen und hielt dort mehrere Vorträge zum Stand der Forschung. Als Physiker ging Einstein seinen speziellen Weg. Hilbert war Mathematiker und sah die Möglichkeit, eine neue Theorie der Gravitation auf rein mathematischem Wege zu erschaffen. Tatsächlich wollte er sogar noch weiter gehen als Einstein und neben der Gravitation gleichzeitig die Eigenschaften der Materie, insbesondere des Elektrons, erklären. Es folgte ein intensiver Briefwechsel, in dem sich Einstein und Hilbert gegenseitig über den jeweiligen Fortschritt ihrer Forschung unterrichteten. Bei aller Offenheit wurde beiden indes klar, dass sie sich in einem Wettrennen um die Lösung des Problems befanden.

Hilbert benötigte für seine mathematischen Entwicklungen die sogenannte Invariantentheorie, und da gab es eine Expertin: Emmy Noether, die über dieses Thema promoviert hatte. Auf Einladung von Hilbert und auch Klein reiste Noether im Sommersemester nach Göttingen, wo sie bis zu ihrer Emigration 1933 bleiben sollte. Unversehens fand sie sich in dem »relativistischen Getümmel«[3] wieder. Sie unterstützte Hilbert tatkräftig bei seinen Rechnungen und Vorträgen. »Invariantentheorie ist jetzt hier Trumpf«[4], schrieb Noether an Ernst Fischer.

Der Wettlauf um die Entdeckung der Allgemeinen Relativitätstheorie endete in einem Streit zwischen den beiden Kontrahenten. Hier trafen der vielleicht beste Mathematiker und der beste Physiker der damaligen Zeit aufeinander. Einstein hatte der *Preußischen Akademie der Wissenschaften* am 25. November 1915 die endgültige Version der Allgemeinen Relativitätstheorie vorgelegt. Nach etwa acht Jahren harter Arbeit, die ihn zeitweilig an den Rand der Erschöpfung gebracht hatte, war er nun überglücklich. Doch schon am 20. November hatte Hilbert bei der *Königlichen Gesellschaft der Wissenschaften zu Göttingen* eine Arbeit mit dem Titel *Die Grundlagen der Physik* eingereicht. Sie enthielt die richtigen Feldgleichungen, die Einstein fünf Tage später bei der *Akademie* eingereicht hatte. Allerdings erschien Hilberts Arbeit erst im März 1916 in gedruckter Form. Dennoch kam kurzzeitig der Verdacht auf, Einstein habe von Hilbert die richtige Lösung übernommen. Daraufhin entflammte ein hitziges Wortgefecht zwischen den beiden Kontrahenten. Vier Wochen später glättete Einstein die Wogen jedoch, und auch Hilbert bestand bald nicht mehr darauf, sich als Mitentdecker der neuen Gravitationstheorie in der Physikgeschichte verewigen zu wollen – wenngleich er dies sicher gerne gesehen hätte. In mehreren späteren Veröffentlichungen bestätigte er Einstein als alleinigen Entdecker der neuen Gravitationstheorie.

Im Folgejahr diskutierten Einstein und Hilbert intensiv über ihre Theorien und stießen dabei auf allerlei Verständnisprobleme – zu verschieden waren die mathematischen Methoden der beiden. Eine Frage betraf den altehrwürdigen Grundsatz der Physik, dass Energie erhalten bleibt und weder verschwinden noch erzeugt werden kann. »Mein Energiesatz wird wohl mit dem Ihrigen zusammenhängen«, schrieb Hilbert an Einstein im Mai 1916, »ich habe Frl. Nöther (sic) diese Frage schon übergeben.«[5]

In der Tat hatte Emmy Noether in diesem Wettstreit der Giganten mitgemischt, allerdings stets im Hintergrund. Jetzt musste sie ihren eigenen Kampf ausfechten, und zwar gegen das *Preußische Ministerium für geistliche und Unterrichtsangelegenheiten*. Am 20. Juli 1915 stellte sie bei der Universität Göttingen einen Antrag auf Habilitation und reichte ihre bereits in den *Mathematischen Annalen* veröffentlichte Arbeit ein. Ein Schritt, der für viel Aufruhr sorgte, denn Frauen war die Habilitation untersagt. Schon 1907 hatten Hilbert, Klein und einige weitere Kollegen dafür plädiert, diese Beschränkung aufzuheben. Sie argumentierten, dass es sehr wohl äußerst begabte Frauen gebe, die Großartiges in den Wissenschaften leisten könnten. Ein gutes Beispiel sei Marie Curie.

Die Widersacher aus der mathematisch-naturwissenschaftlichen Fakultät reagierten empört auf diesen Antrag. Sie befürchteten »eine Beeinträchtigung des menschlichen und moralischen Einflusses des männlichen Universitätslehrers auf ihre bis dahin leidlich homogene Zuhörerschaft«. Außerdem müssten sich die Habilitierten in der Folgezeit ständig weiterentwickeln, was man von einer Frau nicht erwarten könne. Schließlich fehlten dafür allgemeine Erfahrungen. Kurz: »Die Tatsache, dass die genannten Erfahrungen fehlen, ist ausreichender Grund dafür, zu verhindern, dass sie gemacht werden«[6], fasst die Historikerin Cordula Tollmien diesen Ringschluss zusammen. Nun also, acht Jahre später, nahmen einige Professoren einen erneuten Anlauf, um Emmy Noether die Habilitation zu ermöglichen.

Die Befürworter wollten jedoch nicht grundsätzlich das Habilitationsverbot von Frauen zu Fall bringen, sondern für Emmy Noether wegen ihrer außergewöhnlichen Begabung eine Ausnahme erwirken. Wieder kam es zu heftigen Diskussionen zwischen Befürwortern und Gegnern. Letztere sahen natürlich die Gefahr, dass dieser einen Ausnahme irgendwann die grundsätzliche Zulassung folgen würde. Sie befürchteten, dass »die wissenschaftliche Höhe der deutschen Universitäten durch die fortschreitende Verweiblichung zweifellos sinken würde. Alle Fakultätsmitglieder sind darüber einig …, dass ein weiblicher Kopf nur ganz ausnahmsweise schöpferische wissenschaftliche Leistungen hervorbringen wird. Besonders aber zur ununterbrochenen Lehrtätigkeit vor unseren Studenten ist eine Frau wegen der mit dem weiblichen Organismus zusammenhängenden Erscheinungen überhaupt nicht geeignet«[7]. Andere hatten Bedenken, dass die Frauen den derzeit an der Front kämpfenden Privatdozenten die Stellen wegnehmen würden. Dem hielt Felix Klein entgegen, dass man gerade im Krieg auf die Mitarbeit von Frauen angewiesen sei. Zudem sei die Fakultät bei der Aufnahme von Privatdozenten bislang immer sehr liberal verfahren und werde das auch zukünftig bei den Heimkehrern tun. Hilbert platzte derweil wohl in so mancher Sitzung der Kragen, was ihn zu dem viel zitierten Ausspruch veranlasste: »Meine Herren, der Senat ist ja keine Badeanstalt!«[8], womit er auf die dortige Geschlechtertrennung anspielte.

Am 4. Dezember 1915 wandte sich Hilbert persönlich an den Minister und pries Noether als erfolgreichste Mitarbeiterin bei den mathematisch-physikalischen Fortschritten, die gerade einem ungeahnten Kulminationspunkt zustrebten: Einsteins Gravitationstheorie und deren revolutionär neuer Darstellung von Raum und Zeit, die neben Hilbert ohnehin nur wenige Wissenschaftler verstanden.

Doch alles Antichambrieren nützte nichts. Der Ausnahme für die Ausnahmemathematikerin wurde nicht stattgegeben. Stattdessen sagte das Ministerium einen Kompromiss zu. Danach durfte Emmy Noether offiziell als Hilberts Assistentin agieren. Und so lasen die Studenten im Vorlesungsverzeichnis des Wintersemesters 1916/17: »Mathematisch-physikalisches Seminar, Invariantentheorie: Prof. Hilbert mit Unterstützung von Frl. Dr. Nöther, Montag 4–6 Uhr, gratis.« Nicht einmal ihr Name wurde richtig geschrieben.

Als Noether Mitte 1917 überraschend von der Universität Frankfurt am Main die Einladung zu einer Habilitation erhielt, wurde Hilbert nervös. Er wollte seine außergewöhnliche Mitarbeiterin unbedingt in Göttingen halten. Nochmals nahm er Kontakt mit dem Ministerium auf, doch dort blieb man unnachgiebig. Noether blieb dennoch in Göttingen.

Ein Jahr später mischte sich Einstein in die Causa Noether ein. Im Mai 1918 schrieb er an Hilbert: »Gestern erhielt ich von Frl. Noether eine sehr interessante Arbeit über Invariantenbildung. Es imponiert mir, dass man diese Dinge von so allgemeinem Standpunkt übersehen kann. Es hätte den Göttinger Feldgrauen nichts geschadet, wenn sie zu Frl. Noether in die Schule geschickt worden wären. Sie scheint ihr Handwerk zu verstehen.«[9] Mit den Göttinger Feldgrauen meinte er die aus dem Krieg zurückkehrenden Physiker in ihren grauen Uniformen. Im Dezember desselben Jahres schrieb er an Klein: »Beim Empfang der neuen Arbeit von Frl. Noether empfand ich es wieder als große

Ungerechtigkeit, dass man ihr die venia legendi vorenthält. Ich wäre sehr dafür, dass wir beim Ministerium einen energischen Schritt unternähmen. Halten Sie dies aber nicht für möglich, so werde ich mir allein Mühe geben.«[10] Das war nicht nötig.

Der Erste Weltkrieg war beendet, das deutsche Kaiserreich hatte abgedankt, Europa befand sich in einem politischen und gesellschaftlichen Umbruch. Nun sah Klein die günstige Gelegenheit gekommen, einen neuen Anlauf zu nehmen. Am 15. Februar 1919 wandte er sich an das Ministerium, um erneut eine Ausnahme für Noether zu erwirken. Und tatsächlich kam ein Vierteljahr später die Zusage. Am 4. Juni 1919 wurde sie einstimmig als Privatdozentin zugelassen, als Habilitationsschrift galt ihre Arbeit von 1918 über *Invariante Variationsprobleme*. Damit war sie die erste Frau, die in Göttingen habilitierte. Im gesamten Deutschen Reich gelang das in diesem Jahr nur vier weiteren Frauen.

Ihre Habilitationsschrift behandelte ein abstraktes Thema der Mathematik. Doch es erwies sich als fundamental für die Physik und deren Naturgesetze. Zwei darin enthaltene Theoreme wurden später nach ihr benannt. Sie zählen heute zu den theoretischen Säulen der Physik. Worum geht es dabei?

Die beiden Noether-Theoreme stellen eine verblüffende Verbindung zwischen mathematischen Symmetrien und physikalischen Erhaltungsgrößen her. Nehmen wir als einfachstes Beispiel einen perfekt runden Ball. Dreht man ihn in irgendeiner Richtung um den Mittelpunkt, so sieht er stets unverändert (invariant) aus. Es gibt unendlich viele Drehmöglichkeiten (Variationen), bei denen der Ball aus physikalischer Sicht so erhalten bleibt, wie er vor der Drehung war. Dies ist nur ein anschauliches Beispiel. In ihrer

Habilitationsschrift wies Emmy Noether ganz allgemein und streng mathematisch nach, dass zu jeder Symmetrie eines Systems eine Erhaltungsgröße existiert und umgekehrt. Dieses Theorem erfährt in der klassischen Physik wunderbare Anwendung.

Ein physikalisches Experiment, beispielsweise in einem Labor, läuft immer gleich ab, egal, ob es in München oder New York ausgeführt wird. Man kann es also beliebig im Raum verschieben. Aus dieser »Translationssymmetrie« folgt nach dem Noether-Theorem das fundamentale physikalische Gesetz der Impulserhaltung. Ein Impuls kann nicht verschwinden oder entstehen. Ursache ist die Homogenität (Gleichförmigkeit) des Raumes. Es spielt auch keine Rolle, ob man einen Experimentiertisch zwischen zwei Versuchen dreht. Diese Rotationssymmetrie ist eine Folge der Isotropie (Richtungsunabhängigkeit) des Raumes. Aus ihr folgt die Drehimpulserhaltung. Und schließlich ist der Ausgang eines Experiments unabhängig davon, zu welcher Zeit es abläuft. Aus dieser Homogenität der Zeit folgt der Energieerhaltungssatz. Seit Mitte des 19. Jahrhunderts war bekannt, dass Energie nicht entstehen und vergehen kann, sondern lediglich deren Erscheinungsformen, wie Wärme, Elektrizität oder Mechanik, sich ineinander umformen lassen. Dieses Prinzip liegt allen Maschinen und Kraftwerken zugrunde. Tiefer begründen ließ sich der Energieerhaltungssatz jedoch nicht. Nun ergab er sich zwingend aus dem ersten Noether-Theorem.

Das zweite Theorem ist mathematisch anspruchsvoller. Es wurde zum Fundament sogenannter »Eichtheorien« der Quantenphysik und der Allgemeinen Relativitätstheorie. Aus ihm ergibt sich unter anderem die Erhaltung der elektrischen Ladung.

Obwohl Noether ihre Arbeit rein mathematisch gehalten hatte, ging sie doch an einer Stelle auf Einsteins Allgemeine Relativitätstheorie ein. Aus der Natur des gekrümmten Raumes und der variablen Zeit ergab sich nämlich, dass der Energieerhaltungssatz nicht mehr galt: Im Universum ist die Energie nicht notwendig erhalten. Diese unerwartete Erkenntnis führte zu intensiven Diskussionen zwischen den Göttinger Mathematikern und Einstein. Felix Klein, der sich mit dieser Frage auch beschäftigte, musste zugeben, dass er sie ohne Noethers Hilfe nicht verstanden hätte.

Die Noether-Theoreme ermöglichen also fundamentale Einsichten in die Natur, genauer: Aus abstrakten mathematischen Symmetrien ergaben sich konkrete physikalische Grundsätze. Eine erstaunliche Erkenntnis. Das Potenzial der Theoreme zeigte sich jedoch erst im Laufe von Jahrzehnten, die meisten Physiker kannten sie anfangs gar nicht. Vermutlich erfuhren sie auch kaum Beachtung, weil die Verbreitung deutscher Zeitschriften während der Zeit des Ersten Weltkriegs stark eingeschränkt war. Zudem erfolgte die erste Übersetzung ins Englische erst 1951, und dies auch nur in unvollständiger Form ohne das zweite Theorem. Wie man heute weiß, spielen in der Teilchenphysik Symmetrien eine herausragende Rolle. Sie liegen zum Beispiel dem Standardmodell zugrunde, das alle bekannten Elementarteilchen und die zwischen ihnen wirkenden Kräfte beschreibt. Hierzu zählen das Quark-Modell und die Theorie des Higgs-Teilchens. Im zweiten Fall ist es genauer gesagt ein Symmetriebruch in der Natur.

Es dauerte weitere drei Jahre, bis Noether 1922 der Titel »außerordentlicher Professor« verliehen wurde – allerdings war es ein »Titel ohne Mittel«: Sie wurde nicht verbeamtet und erhielt keine Vergütung. Die unbeirrbare Mathematikerin war mittlerweile 40 Jahre alt und hatte für ihre Arbeit noch nie ein Gehalt gesehen. Sie lebte von ihrem Anteil des Familienvermögens, doch der schmolz mit der Inflation und der anschließenden Hyperinflation dahin. Ab April 1923 erhielt sie eine kleine Vergütung für Vorlesungen und Übungen, ab Juni 1924 ein monatliches Honorar von 250 Mark. Ihre finanzielle Lage war bedrückend, ihr Heim eine kleine Mansardenwohnung. Doch wie alle Nachteile zuvor ertrug sie auch diese mit stoischer Ruhe. Die Mathematik war ihr Leben.

Ihre Vorlesungen waren nicht einfach. Sie stellte hohe Anforderungen an die Studierenden, sprach sehr schnell und kam nicht mit einem fertigen Konzept in die Vorlesung. Die Lehrveranstaltungen bestanden eher aus Diskussionen. Wer ihr auf diesem Weg folgen wollte und es vermochte, zog indes einen großen Gewinn daraus. In den Vorlesungen saßen durchaus neben den Studenten auch Dozenten auf den knarzenden Bänken, um von ihr zu lernen, und mit der Zeit folgten zunehmend Gäste aus dem Ausland, insbesondere aus den USA, der Sowjetunion oder auch aus Japan. Legendär wurden schon bald Diskussionen auf ausgedehnten Wanderungen und Zusammenkünfte und in ihrer Mansardenwohnung, bei denen aus riesigen Schüsseln Pudding gegessen wurde. Insgesamt begleitete sie 18 »Noether-Boys« zur Promotion, unter denen sich allerdings auch zwei Frauen befanden.

Ihre Erscheinung im Göttinger Institut war durchaus beeindruckend: »Niemand konnte behaupten, dass die Grazien an ihrer Wiege gestanden hätten«, erinnerte sich später der Mathematiker Hermann Weyl. »Sie war schwer gebaut und laut, und es war oft nicht einfach, auf dem Flur an ihr vorbeizugehen, ohne mit ihr in Konkurrenz zu treten.« Wegen ihres burschikos-männlichen Auftretens nannten die Kollegen sie häufig »Der Noether«.[11]

Im Laufe der 1920er Jahre verlagerte sie ihren Forschungsschwerpunkt immer weiter zur abstrakten, begrifflichen Algebra und konzentrierte sich schließlich auf die kommutative und nichtkommutative Algebra. Bartel van der Waerden veröffentlichte 1930 ein weit verbreitetes Lehrbuch über *Moderne Algebra*, das in großen Teilen auf Emmy Noethers Vorlesungen aufbaute. Sie erhielt Einladungen zu Vorträgen im In- und Ausland sowie zu zwei Gastprofessuren 1928/29 in Moskau und 1930 in Frankfurt am Main. Im September 1932 hielt sie in Zürich als einzige und erste Frau überhaupt einen der Hauptvorträge auf dem *Internationalen Mathematikerkongress*.

Im Alter von 50 Jahren befand sie sich auf dem Gipfel ihrer Leistungsfähigkeit. Doch der Absturz war nahe. Am 7. April 1933 trat das »Gesetz zur Wiederherstellung des Berufsbeamtentums« in Kraft, das die Nationalsozialisten ermächtigte, unliebsame Beamte aus dem Staatsdienst zu entfernen: »Beamte, die nach ihrer bisherigen politischen Betätigung nicht die Gewähr dafür bieten, dass sie jederzeit rückhaltlos für den nationalen Staat eintreten« und »Beamte nicht arischer Abstammung« konnten nun unverzüglich entlassen werden. Emmy Noether war eines der ersten Opfer. Am 25. April traf bei der Universität Göttingen ein Telegramm ein, in dem der Kultusminister die sofortige Beurlaubung von sechs Hochschullehrern anordnete. Darunter waren Hilberts Nachfolger als Leiter des mathematischen Instituts Richard Courant sowie Emmy Noether – obwohl sie gar nicht verbeamtet war. Zu den weiteren Göttinger Vertriebenen zählte der theoretische Physiker und spätere Nobelpreisträger Max Born.

Noether sah die neue Situation mit ihrer gewohnt erstaunlichen Gelassenheit. Ihrem Freund, dem Mathematiker Helmut Hasse, schrieb sie: »Die Sache ist aber doch für mich sehr viel weniger schlimm als für sehr viele andere ... Dann wird wohl jetzt auch einiges von der Fakultät versucht, die Beurlaubung nicht definitiv zu machen; der Erfolg ist natürlich im Moment recht fraglich.«[12] Dieses Verhalten war für viele Wissenschaftler typisch: Sie konnten sich einfach nicht vorstellen, dass es so schlimm werden würde, wie es dann kam.

Helmut Hasse schickte ein von weiteren 14 Kollegen unterzeichnetes Gutachten an den Universitätskurator Justus Valentiner. Darin setzte er sich für Noethers Verbleib in Göttingen ein und mahnte den empfindlichen Verlust für die Mathematik in Deutschland an. Doch Valentiner schickte ein eigenes Gutachten an das Ministerium, in dem er Emmy Noethers politisches Engagement beschrieb. Demnach stünde sie seit der Revolution von 1918 auf »marxistischem Boden«, weswegen »ein rückhaltloses Eintreten für den nationalen Staat von ihr nicht zu erwarten ist«.[13] Valentiner befürwortete also Noethers Entlassung nicht nur wegen ihrer jüdischen Wurzeln, sondern auch wegen ihrer politischen Gesinnung. Wenn man den Begriff marxistisch sehr weit fasst und darunter, wie damals üblich, auch jedwede sozialdemokratische Aktivität mit einbezieht, konnte das Argument auf Noether vielleicht zutreffen. Sie war nach eigener Aussage von 1919 bis 1924 Mitglied der *Unabhängigen Sozialdemokratischen Partei Deutschlands* (USPD) und der SPD und vertrat pazifistische Ideen. Ein aktives Eintreten für einen sozialistischen Staat nach 1918 lässt sich, anders als bei Courant, indes nicht nachweisen. Lediglich hatte sie 1932 eine Petition für den Mathematiker und Schriftsteller

Emil Julius Gumbel unterschrieben, dem das Ministerium wegen dessen sozialistischer und pazifistischer Äußerungen die Lehrbefugnis entzogen hatte. Zu den Unterzeichnern zählten auch Emmys Bruder Fritz sowie Albert Einstein.

Interessant in diesem Zusammenhang ist eine weitere Petition, die zwölf nicht namentlich bekannte Studenten für sie verfassten. Darin bescheinigten sie Noether, dass diese niemals politischen Einfluss auf ihre Schüler ausgeübt habe, und es sei »kein Zufall, dass ihre Schüler sämtlich arisch sind, es liegt begründet in ihrer Wesensauffassung der Mathematik, die dem arischen Denken entspricht«. Eine verquere Argumentation, die wohl einzig zu ihrer Rettung erfunden worden war. Doch es half alles nichts: Bis zum September arbeitete Noether in ihrer Wohnung mit ihren Studenten noch weiter, dann musste sie Deutschland verlassen.

Mehrere Institutionen aus dem Ausland boten ihr Hilfe an. Einer ihrer Schüler, Pawel Alexandrow, bemühte sich um eine Stelle in Moskau, Hermann Weyl hatte für sie in Princeton vorgefühlt. Dort hatten der Mathematiker Oswald Veblens sowie der Pädagoge und Wissenschaftsorganisator Abraham Flexner das *Institute for Advanced Study* gegründet – eine Einrichtung, die im Laufe der Jahre zu einem der renommiertesten Zentren für Mathematik und Physik avancierte. Deutschlands prominentester Emigrant forschte hier bereits seit April 1933: Albert Einstein. Gleichzeitig erhielt Emmy Noether Angebote der Universität Oxford in England sowie von dem renommierten *Women's College Bryn Mawr* in Pennsylvania. Letztlich entbrannte ein regelrechter Wettstreit zwischen Oxford und Bryn Mawr um Emmy Noether. Diese entschied sich im Oktober für Pennsylvania, obwohl die Anstellung auf zwei Jahre begrenzt war.

Immerhin erhielt sie ein anständiges Gehalt – zum ersten Mal in ihrem Leben.

Die Aufnahme von Emigranten in den USA war zwingend mit einem Bürgen sowie einer finanziellen Unterstützung verbunden. Das *Emergency Committee in Aid of Displaced German Scholars* der Rockefeller Foundation war eine solche Organisation. Sie ermöglichte es während der Nazi-Diktatur rund 300 Hochschullehrern, in die Vereinigten Staaten zu immigrieren.

In Bryn Mawr setzte Emmy Noether ihre Vorlesungen über abstrakte Algebra fort. Rasch hatte sie Studenten und vor allem Studentinnen um sich geschart. Vier von ihnen bildeten die »Noether-Girls«: Olga Tausky, Marie Weiss, Ruth Stauffer und Grace Shover, von denen Letztere mit einem neu eingerichteten Emmy Noether Fellow- and Scholarship gefördert wurde.

Ab Februar 1934 reiste Noether einmal in der Woche zu Vorträgen und Diskussionen an das *Institute for Advanced Study* in Princeton, wohin mittlerweile auch Hermann Weyl geflüchtet war. Trotz der beängstigenden Entwicklung in Deutschland kehrte sie im Sommer noch einmal nach Göttingen zurück. Sie wollte ihren Bruder Fritz vor dessen Emigration ins sibirische Tomsk sehen, wo er eine Mathematikprofessur übernehmen sollte. Für ihren Bruder wurde es eine Reise in den Tod. 1937 wurde er zur Zeit von Stalins Großem Terror verhaftet und wegen angeblicher Spionage für Deutschland zu 25 Jahren Gefängnis verurteilt. Im Herbst 1941 machte man ihm den Prozess wegen angeblicher antisowjetischer Propaganda, verurteilte ihn zum Tode und exekutierte ihn. Sein Tod wurde bis zur Offenlegung der Akten im Jahre 1988 geheim gehalten. Anschließend rehabilitierte ihn das Oberste Gericht der Sowjetunion.

Der Aufenthalt in Göttingen wurde für Noether zu einer großen Enttäuschung – zu sehr waren Stadt und Universität vom Geist der Nazis durchdrungen. Viele Kollegen hatten das Institut verlassen müssen, viele der Gebliebenen mieden sie, die geliebte Bibliothek durfte sie nur mit besonderer Genehmigung aufsuchen. Sie löste endgültig ihren Haushalt auf und fuhr in die USA zurück. Dort gelang es, ihre Anstellung um weitere zwei Jahre zu verlängern. Alles lief bestens. Einzig ein starkes Heimweh nach Göttingen plagte sie, und jeder Brief aus der Heimat baute sie auf.

Im April 1935 sagte Noether ein Seminar ab, weil sie sich in der Klinik einer Gebärmutteroperation unterziehen musste. Ihr Kollege Richard Brauer schilderte in einem Brief die darauffolgende dramatische Entwicklung: »Die Operation fand am 10. April statt und schien glatt von statten gegangen zu sein. Am nächsten Tag hatte sie zwar naturgemäß starke Schmerzen, erholte sich dann aber gut. Eine Bryn Mawrer Kollegin, die sie am Sonnabend früh besuchte, fand sie besonders vergnügt und optimistisch. Am Nachmittag wurden keine Besucher mehr hereingelassen, das Befinden hatte sich plötzlich stark verschlechtert. Worum es sich handelte, wissen wir hier nicht genau, die Erzählungen und Nachrichten aus Bryn Mawr geben kein klares Bild. Am Sonntag hieß es, dass eine Embolie vorliege, aber das stimmte mit anderen Erzählungen nicht überein. Es ist ja nun auch gleichgültig geworden. Sicher war am Sonntag der Zustand fast ganz hoffnungslos und Emmy hat sich sehr quälen müssen. Sie war aber höchstens bei halbem Bewusstsein. Am frühen Nachmittag ist sie dann gestorben. Ob sie sich selbst noch über die Nähe des Todes klar geworden ist, lässt sich nicht sagen. Man darf hoffen, dass es nicht der Fall war.«[14]

Der Schock über diesen unerwarteten, plötzlichen Verlust saß bei allen tief. An ihrem Grab hielten einige Kollegen, darunter Hermann Weyl und Richard Brauer, Trauerreden. Albert Einstein verfasste als erster einen öffentlichen Nachruf, der am 4. Mai 1935 in der *New York Times* erschien: »Fräulein Noether, das kreativste mathematische Genie, das seit Beginn der höheren Erziehung für Mädchen geboren worden ist«, sei gestorben, schrieb er. »Reine Mathematik ist auf ihre Weise die Poesie logischer Ideen.«[15]

Emmy Noether hat das Gebiet der abstrakten Algebra für immer geprägt. Diverse mathematische Begriffe sind mit ihrem Namen verbunden, bestimmte Strukturen werden als »noethersch« bezeichnet. Neben ihrer mathematischen Genialität bleibt aber vor allem ihr Durchsetzungsvermögen als Frau und Jüdin in einer von Männern und später von Nazis dominierten Zeit in Erinnerung.

ALBERT EINSTEIN (1879–1955)

Der Krieg ist gewonnen – aber nicht der Friede

Wegen seines Judentums floh Einstein vor den Nazis in die USA. Dort wurde er später wegen angeblicher kommunistischer Aktivitäten vom FBI bespitzelt und lief Gefahr, des Landes verwiesen zu werden.

Albert Einsteins Leben begann am Freitag, dem 14. März 1879 um halb zwölf Uhr mittags in der Bahnhofstraße B 135 in Ulm. Vater Hermann war gelernter Kaufmann, seine Frau Pauline war gebildet, fürsorglich, spielte ausgezeichnet Klavier und sorgte später dafür, dass Sohn Albert Violinunterricht bekam. Die Eltern waren Juden, lebten aber nicht nach den mosaischen Gebräuchen. Dennoch wurde Albert schon in jungen Jahren mit dem Antisemitismus konfrontiert. Kameraden beschimpften ihn oder traktierten ihn gar mit Fausthieben.

In der Grundschule und auch später im Gymnasium war er ein guter bis sehr guter Schüler. Nur die Autorität der Lehrer und der alltägliche Drill verleideten ihm die Freude am Lernen. »Ich ließ also lieber jede Sorte von Bestrafung über mich ergehen, als dass ich etwas auswendig herplappern lernte«, erinnerte sich Einstein später und resümierte: »Die Lehrer kamen mir in der Elementarschule wie Feldwebel und am Gymnasium wie Leutnants vor.«[1] Großen Eindruck hinterließ hingegen ein Kompass, den ihm der Vater schenkte. Die beständige Ausrichtung der Nadel ohne sichtbare äußere Einwirkung verriet ihm, dass »etwas hinter den Dingen sein [musste], das tief verborgen war«[2].

Auf dem Luitpolt-Gymnasium in München, wohin die Familie umgezogen war, kam es Ende des Jahres 1894 zum Eklat. Der Klassenlehrer hatte wieder einmal wenig Freude an Albert und legte ihm nahe, die Schule zu verlassen. »Ihre bloße Anwesenheit verdirbt mir den Respekt in der Klasse«[3], warf er ihm vor. Kurzentschlossen ließ sich Albert vom Hausarzt ein Attest geben und reiste nach Mailand, wohin seine Eltern mit seiner jüngeren Schwester Maria (Maja oder Maya genannt) aus geschäftlichen Gründen umgezogen waren. 1895 gründete der Vater in Pavia ein neues Unternehmen.

Nachdem sie längere Zeit nach einer anderen Schule gesucht hatten, schickten die Eltern den widerspenstigen Sohn in die Kantonsschule Aarau. Diese besaß einen guten Ruf, galt als liberal und wurde von zahlreichen Schülern aus Europa und Übersee als Vorbereitung auf ein Studium besucht.

Nachdem Einstein 1896 die Matura als bester von neun Kandidaten abgelegt hatte, übersiedelte er nach Zürich und schrieb sich am Polytechnikum zum Studium ein. Auch als Student konnte er sich nicht so recht dem Diktat des Studienplanes fügen. Zwar war er häufig im Physiklabor, schwänzte aber ebenso gern die Mathematikvorlesungen. Auch mit der Autorität geriet er hin und wieder in Konflikt. So ermahnte ihn einmal der Dozent für Elektrotechnik, er sei zwar ein gescheiter Junge, habe aber einen großen Fehler: Er lasse sich nichts sagen. Dafür studierte Einstein zu Hause die Meister der theoretischen Physik »mit heiligem Eifer«, insbesondere Maxwells Theorie elektromagnetischer Felder: »Es war wie eine Offenbarung.«[4]

Einstein war ein eher ruhiger Vertreter der Studentenschaft. Exzesse gab es nicht, seine Semesterzeugnisse wiesen durchweg 4 ¼ bis 6 von 6 möglichen Punkten auf. Bemerkenswert ist lediglich eine 1, also die schlechteste Note, im Physikalischen Praktikum für Anfänger. Der Grund hierfür war eine Auseinandersetzung mit dem Praktikumsleiter Jean Pernet, der seinem Studenten vorwarf, er habe wohl keinen Begriff davon, wie schwierig der Lehrgang der Physik sei. »Warum studieren Sie nicht lieber Medizin, Juristerei oder Philologie?« Darauf Einstein: »Weil mir dazu erst recht die Begabung fehlt.« Das brachte dem aufmüpfigen Studenten einen »Verweis durch den Direktor wegen Unfleiß«[5] ein.

Im Sommer 1900 erlangte er das Diplom als Fachlehrer in Mathematik und Physik. Mit 4,91 von sechs möglichen Punkten hatte er zwar einen guten Abschluss erzielt, aber die erhoffte Anstellung als Wissenschaftlicher Assistent am Polytechnikum blieb ihm versagt. Auch Anfragen an zahlreichen anderen Instituten blieben erfolglos.

Neben der persönlichen Enttäuschung und Perspektivlosigkeit tat sich noch ein weiteres Problem auf. Einstein hatte während des Studiums die einzige weibliche Studentin kennengelernt, Mileva Marić. Mileva hatte sich sofort in ihren »Johonzel« verliebt – und der sich in sie. Als sie in der Diplomprüfung durchfiel, standen beide vor dem Nichts.

Im April 1901 wurde Mileva auch noch schwanger, sodass Einstein umgehend eine Stelle brauchte. Zunächst ging er als Privatlehrer nach Schaffhausen. Zwar fühlte er sich dort sehr unwohl, fand aber viel Zeit für private Studien. Mit zwei Veröffentlichungen in der Fachzeitschrift *Annalen der Physik* wagte er sogar einen Vorstoß, eine Dissertation anzufertigen. Ende November 1901 meldete er sich hierfür an der Universität Zürich an. Der dortige Professor Kleiner lehnte ihn jedoch ab.

Im Januar 1902 kam es zum Bruch mit seinem Arbeitgeber in Schaffhausen. Einstein kündigte vorzeitig die auf ein Jahr festgesetzte Stelle und reiste umgehend »mit Knalleffekt« ab, just in dem Monat, in dem Mileva ihr erstes Kind gebar.

Dieses »Lieserl«, wie sie es liebevoll nannten, umgibt ein Geheimnis. Mileva war zu ihren Eltern gereist und kehrte erst gegen Ende des Jahres zu ihrem Mann, der mittlerweile in Bern lebte, zurück – allerdings ohne das Kind. Nachdem die beiden geheiratet hatten, blieb für Einstein nur noch »die Frage, wie wir unser Lieserl zu uns nehmen könnten; ich möchte nicht, dass wir es aus der Hand geben müssen«[6], schrieb er seinem Studienfreund Marcel Grossmann. Genau dies geschah aber. Vermutlich wurde das Kind zur Adoption freigegeben. Trotz intensiver Recherchen konnte das Lieserl nie ausfindig gemacht werden.

Finanzielle Gründe können wohl nicht für die Adoptionsfreigabe verantwortlich gewesen sein, denn Einstein hatte bereits eine Stelle am Berner Patentamt in Aussicht. Als er sie im Juni 1903 antrat, war er überfroh, endlich eine Arbeit gefunden zu haben. Einem Freund schrieb er: »Ich bin ehrwürdiger eidgenössischer Tintenscheisser mit ordentlichem Gehalt.« Offenbar gefiel ihm die Arbeit, da »sie ungemein abwechslungsreich ist und viel zu denken gibt«[7].

Das hinderte ihn aber nicht im Geringsten daran, auch über andere Dinge nachzudenken. Nebenbei beschäftigte er sich mit Problemen der Physik. Schon kurz nach seiner Ankunft in Bern hatte er eine Art Debattierklub gegründet, die *Akademie Olympia*. Am Abend traf er sich mit dem rumänischen Philosophiestudenten Maurice Solovine und seinem Freund Conrad Habicht, der in Bern Mathematik studierte. Dann lasen sie Werke von Ernst Mach, David Hume, Henri Poincaré und vielen anderen und diskutierten bis spät in die Nacht hinein, während sich der Raum mit immer dichter werdendem, erstickendem Tabakqualm füllte.

Neben den acht Stunden im Amt gab es »acht Stunden Allotria und noch einen Sonntag«[8], wie er einmal an Habicht schrieb. Mit Allotria waren die Akademie und das Eigenstudium der Physik gemeint. Seit seinen Züricher Studientagen spukten nämlich in seinem Kopf einige ungelöste Probleme herum, die ihm keine Ruhe ließen. Die diskutierte er auch mit Michele Besso, einem Ingenieur, den er in seiner Züricher Zeit kennengelernt hatte und der nun sein Kollege am Patentamt war: Einen besseren »Resonanzboden« hätte er in ganz Europa nicht finden können, sagte er einmal über ihn.

Ab 1901 veröffentlichte Einstein in den *Annalen* mehrere Schriften zu Problemen der klassischen Mechanik. Doch das waren nur leichte Handübungen im Vergleich zu dem, was er im Jahr 1905 ablieferte. Mit äußerster Intensität arbeitete er in jeder verfügbaren Stunde an mehreren Fragen gleichzeitig. Zwischen März und September reichte er – quasi aus dem Nichts – bei den *Annalen der Physik* vier grandiose Arbeiten ein. Man spricht deswegen heute von Einsteins Wunderjahr, dem *annus mirabilis*. Der Quantenphysiker Paul Dirac sagte später einmal, Einstein hätte für jede dieser Veröffentlichungen den Nobelpreis verdient.

In einer der Veröffentlichungen führte Einstein eine Idee von Max Planck aus dem Jahre 1900 weiter und gelangte zur Lichtquanten-Hypothese. Demnach war Licht keine reine Wellenerscheinung, sondern konnte auch als ein Strom von Teilchen (Photonen) aufgefasst werden – eine alte Newtonsche Idee, die die Physiker aber später verworfen hatten. Einstein verwies auf Experimente, die sich nur damit erklären ließen, dass Licht aus Energiequanten besteht. Mit diesem Gedanken war er dem Welle-Teilchen-Dualismus auf der Spur, der erst in den 1920er Jahren in der modernen Quantentheorie seine Erklärung fand. Danach kann ein Photon sowohl Welle als auch Teilchen sein. Wie es in Erscheinung tritt, hängt von der Art des Experiments ab. Mit dieser völlig neuen Sichtweise distanzierte sich Einstein deutlich von Newton. Für diese Arbeit sollte Einstein sechzehn Jahre später den Physik-Nobelpreis erhalten.

In der zweiten Abhandlung setzte sich Einstein mit dem regellosen Umherschwirren von Teilchen auseinander, wie man es bei der Brownschen Bewegung beobachtet. Das Besondere an dieser Arbeit bestand darin, dass man aus der sichtbaren, mikroskopischen Bewegung dieser Teilchen die Größe der unsichtbaren Atome beziehungsweise Moleküle ausrechnen konnte – und das in einer Zeit, in der längst nicht alle Forscher von der Existenz von Atomen überzeugt waren.

Berühmt wurde Einstein indes für seine 30-seitige Abhandlung *Zur Elektrodynamik bewegter Körper*, die am 30. Juni bei der Redaktion der *Annalen* einging. In dieser Arbeit, heute als Spezielle Relativitätstheorie bekannt, räumte er mit überkommenem Gedankengut auf und revolutionierte die Vorstellung von Raum und Zeit. Bei seinen vielfältigen Überlegungen war ihm schon als Jugendlicher so mancher Widerspruch zwischen den Gesetzen der Newtonschen Mechanik und der Elektrodynamik von James Clerk Maxwell aufgefallen. Zum Beispiel schien das eherne Gesetz von der Addition der Geschwindigkeiten für einen Lichtstrahl nicht zu gelten. Einsteins kühne Lösung hieß: Newton hatte Unrecht.

Der entscheidende Schritt bestand in der Erkenntnis, dass sich Licht stets mit 300 000 Kilometern pro Sekunde bewegt, egal, wie sich ein Messgerät relativ zum Licht bewegt. Das führte zu dem Schluss, dass sich Geschwindigkeiten nicht so einfach addieren, wie wir es aus dem Alltag kennen. Vielmehr muss man eine etwas kompliziertere Formel zur Berechnung der Relativgeschwindigkeiten verwenden. Damit behielten nun vor allem auch Maxwells Gesetze ihre Gültigkeit.

Dieser Eingriff in das Fundament der Physik brachte das gesamte Gebäude zum Schwanken, denn er hatte großen Einfluss auf die Vorstellung von Raum und Zeit. Nach Newton waren sie starre, von allen äußerlichen Bedingungen unabhängige Gegebenheiten der Natur, die im gesamten Universum gleich waren. Sie bildeten gewissermaßen die Bühne, auf der sich das Welttheater abspielte. Nach Einsteins Theorie hingegen vergeht die Zeit unterschiedlich schnell. In einem sich schnell bewegenden Raumschiff vergeht sie langsamer als in einem langsamen. Dies hat nichts mit einem etwaigen Einfluss auf die Mechanik von Uhren zu tun, sondern ist eine Eigenschaft der Zeit. Sie wirkt sich auf alle natürlichen Vorgänge aus, auch auf das Altern menschlicher Zellen. Ein schnell fliegender Astronaut altert demnach langsamer als ein Mensch auf der Erde. Schließlich förderte Einsteins Theorie ein weiteres interessantes Detail zu Tage: Es ist nicht möglich, die Lichtgeschwindigkeit zu erreichen oder gar zu übertreffen. Dafür wäre unendlich viel Energie nötig.

Im September 1905 reichte Einstein eine weitere Arbeit ein, in der er die Erkenntnisse der Speziellen Relativitätstheorie auf den Energieinhalt eines Körpers anwendete. Die Schlussfolgerung war die wohl berühmteste Formel der Weltgeschichte: $E=mc^2$. Sie besagt, dass die Energie E eines Körpers und seine Masse m ineinander umwandelbar sind. Sie sind gewissermaßen zwei unterschiedliche Erscheinungsformen von ein und derselben physikalischen Größe. Der Umrechnungsfaktor ist die Lichtgeschwindigkeit c zum Quadrat. Die wahre Sprengkraft dieser Formel offenbarte sich 1945 im doppelten Sinn des Wortes, als Atombomben über Hiroshima und Nagasaki explodierten. Ihre enorme Zerstörungskraft beruht auf der Umwandlung von Materie in Energie.

Last but not least veröffentlichte Einstein noch eine Arbeit, in der er beschrieb, wie sich mit einem einfachen Experiment – etwa indem man eine Substanz in Wasser löst – die Molekülgröße dieser Substanz berechnen lässt. Diese Publikation reichte er bei seinem alten Bekannten Alfred Kleiner an der Universität Zürich zur Promotion ein. Und siehe da: Binnen kürzester Frist wurde sie angenommen. Vier Jahre nach dem ersten Anlauf verlieh man Einstein endlich den ersehnten Doktortitel.

Ein halbes Jahr musste vergehen, bevor eine erste Reaktion auf die Spezielle Relativitätstheorie erfolgte. Sie kam von Max Planck, der sich begeistert zeigte. Er erkannte als Erster die »kopernikanische Tat«, wie er sie nannte, und sorgte für eine rasche Verbreitung unter den Kollegen. Max von Laue schrieb er, diese Theorie übertreffe »an Kühnheit wohl alles, was bisher in der spekulativen Naturforschung, ja in der philosophischen Erkenntnistheorie geleistet wurde«[9]. Als einen Treppenwitz der Geschichte bezeichnete der Würzburger Physiker Jakob Laub den Umstand, dass der neue Kopernikus nach wie vor jeden Morgen ins Patentamt trotten musste, um seinen Lebensunterhalt zu verdienen.

Nachdem sich Einstein 1908 erfolgreich an der Universität Bern habilitiert hatte, erhielt er endlich im darauffolgenden Jahr eine außerordentliche Professur an der Universität Zürich – vier Jahre nach seinem Wunderjahr.

Neben seiner Lehrtätigkeit verbrachte er seine Freizeit jedoch schon wieder mit einem neuen Problem: der Schwerkraft. Und erneut störte er sich an den völlig unterschiedlichen Beschreibungen der Schwerkraft durch Newton einerseits und der elektrischen und magnetischen Kräfte durch Maxwell andererseits. Einstein war davon überzeugt, dass die Grundkräfte der Natur nach einem einheitlichen Prinzip funktionieren müssten. Maxwells Feldtheorie diente ihm dabei als Leitgedanke: Auch die Gravitation sollte sich als Feld beschreiben lassen.

Auf seinem Weg zu einer neuen Theorie der Gravitation verrannte sich Einstein allerdings in Sackgassen und missachtete ernste Mahnungen seiner Kollegen, die ihn auf einem Irrweg sahen: »Als alter Freund muss ich Ihnen davon abraten, weil Sie einerseits nicht durchkommen werden; und wenn Sie durchkommen, wird Ihnen niemand glauben«, warnte ihn Max Planck einmal. Die Physiker vertrauten damals auf die Newtonsche Theorie der Schwerkraft und sahen keinerlei Grund, sie zu stürzen. Doch Einstein interessierte das nicht.

Große Schwierigkeiten bereitete ihm die Mathematik, die bis dahin kein Physiker verwendet hatte: »Ich beschäftige mich jetzt ausschließlich mit dem Gravitationsproblem … das eine ist sicher, dass ich mich im Leben noch nicht annähernd so geplagt habe, und dass ich große Hochachtung für die Mathematik eingeflößt bekommen habe, die ich bis jetzt in ihren subtileren Teilen in meiner Einfalt für puren Luxus ansah«[10], schrieb er Ende 1912 seinem Kollegen Arnold Sommerfeld, der wiederum David Hilbert in Göttingen berichtete: »Einstein steckt offenbar so tief in der Gravitation, dass er für alles andere taub ist.«[11] Ein exzessiver Lebensstil zehrte an seiner Gesundheit: »Rauchen wie ein Schlot, Arbeiten wie ein Ross, Essen ohne Überlegung und Auswahl, Spazierengehen *nur* in wirklich angenehmer Gesellschaft, also leider selten, schlafen unregelmäßig etc.«[12]

Und dann passierte etwas sehr Eigenartiges. Im Frühjahr 1913 notierte er in ein wissenschaftliches Notizbuch einige Gleichungen, die, wie wir heute wissen, richtig waren. Einstein aber verwarf sie einige Seiten später wieder, weil er einen Rechenfehler beging. Er hatte also bereits den umwölkten Gipfel erreicht, war aber irrigerweise wieder ins Tal abgestiegen. Es sollte noch zwei Jahre dauern, bis ihm sein Irrtum bewusst wurde.

Zuvor stand ihm jedoch ein erneuter Umzug ins Haus. Max Planck hatte erwirkt, dass Einstein nach Berlin an die *Preußische Akademie der Wissenschaften* berufen wurde. Damit hatte er den Olymp der Physik erklommen. Seinem Freund Jakob Laub schrieb er gewohnt ironisch: »Ostern gehe ich nämlich nach Berlin als Akademiemensch ohne irgendeine Verpflichtung, quasi als lebendige Mumie. Ich freue mich auf diesen schwierigen Beruf!«[13]

In Berlin grübelte er weiter über die Gravitation nach und glaubte im Mai 1915, sein Ziel erreicht zu haben. Doch im Oktober musste er deprimiert feststellen, dass seine bisherigen Feldgleichungen der Gravitation fehlerhaft waren. Nachdem er die Ursachen seiner bisherigen Irrtümer erkannt hatte, nahm er sich noch einmal die in Zürich gefundenen Gleichungen vor, und plötzlich wurde ihm bewusst, dass er dem Ziel ganz nahe sein musste. Bis zum November arbeitete er fieberhaft, und dann ging alles Schlag auf Schlag.

Auf der wöchentlich stattfindenden Plenarsitzung der altehrwürdigen *Preußischen Akademie der Wissenschaften* reichte er am 4. November 1915 eine Arbeit ein, in der er ein neues Gesetz für die Krümmung der Raumzeit vortrug. Doch wieder fand er Fehler, so dass er in der darauffolgenden Woche, am 11. November, eine überarbeitete Version vorstellte. Am

18. führte er vor, dass seine Theorie ein altes Problem der Astronomen erklären konnte. Kein Wunder, dass Einstein »einige Tage fassungslos vor Glück« war – aber es fehlte immer noch etwas. Endlich aber setzte er am 25. November den Schlusspunkt unter eine acht Jahre währende Suche. Nach einer Folge von Irrungen und Wirrungen teilte er mit, dass »damit endlich die allgemeine Relativitätstheorie als logisches Gebäude abgeschlossen« sei. Es wirkt wie ein Wunder, dass ein einziger Mensch eine derart revolutionäre und umfassende Beschreibung der Gravitation entwickeln konnte.

Eine Schwer*kraft* gab es in der Allgemeinen Relativitätstheorie nicht mehr, sondern nur noch eine gekrümmte Raumzeit. Schwerkraft ist eine Folge der Geometrie der Raumzeit. Jeder Körper krümmt den Raum um sich herum, ähnlich wie eine Kugel auf einem Tuch um sich herum eine Mulde erzeugt. Alle anderen Körper und auch Licht müssen dieser Krümmung folgen, ähnlich wie Kugeln in eine Schüssel hineinlaufen. Während man früher sagte: Die Erde zieht den Apfel an, so dass er zu Boden fällt, so musste man nun sagen: Der Apfel fällt zu Boden, weil die Erde den Raum um sich krümmt und der Apfel in diesem Raum einer gekrümmten Bahn folgen muss, die sich dem Erdmittelpunkt »zuneigt«. Und der Mond läuft deshalb um die Erde, weil die Raumkrümmung ihn auf seiner Bahn hält. In der »Gravitationsmulde« der Erde ist er gefangen wie ein Hamster im Laufrad.

Nicht nur der Raum, sondern auch die Zeit ist von der Gravitation betroffen. In einem starken Gravitationsfeld vergeht die Zeit langsamer als in einem schwachen. Einfach gesagt: Eine Uhr an der Nordsee läuft langsamer als auf dem Himalaja, weil die Gravitation mit wachsendem Abstand vom Erdmittelpunkt abnimmt. Raum und Zeit waren wie schon in der Speziellen Relativitätstheorie zu einer vierdimensionalen Raumzeit verschweißt. Einstein schwärmte von einer Theorie »von unvergleichlicher Schönheit«[14] und von dem wertvollsten Fund, den er in seinem ganzen Leben gemacht habe.

Die Allgemeine Relativitätstheorie ist heute eines der Fundamente der modernen Physik. Sie beschreibt die Welt im Großen, wo vor allem die Gravitation herrscht. Viele vorhergesagte Phänomene wurden erst nach Einsteins Tod entdeckt. Dazu gehören Schwarze Löcher, Gravitationswellen, Gravitationslinsen, die sich mit rotierenden Himmelskörpern mitdrehende Raumzeit und vieles mehr. Unser gesamtes kosmologisches Weltbild mit dem Beginn im Urknall und einem expandierenden Raum lässt sich nur im Rahmen der Allgemeinen Relativitätstheorie verstehen.

Parallel beschäftigte sich Einstein weiter mit der Quantenphysik, die mindestens ebenso revolutionär war wie seine Relativitätstheorie. Ihre Erfolge erkannte Einstein an, aber er blieb stets der Meinung, dass diese Beschreibung des Mikrokosmos nicht vollständig sei. Insbesondere die Tatsache, dass man beispielsweise den Aufenthaltsort und die Bewegung von Atomen nicht mehr exakt bestimmen, sondern nur noch Aufenthaltswahrscheinlichkeiten angeben konnte, widersprach seinem physikalischen Weltbild: »Ich bin überzeugt, dass *der* [Gott] nicht würfelt«[15], schrieb er seinem Freund Max Born. Bei einem seiner legendären Diskussionen mit Niels Bohr antwortete ihm dieser einmal: »Aber es kann doch nicht unsere Aufgabe sein, Gott vorzuschreiben, wie Er die Welt regieren soll.«[16]

Trotz aller Zweifel an der Quantentheorie gelangen Einstein darin doch große Würfe. Das betrifft zum einen die bereits erwähnte Erklärung des Photoeffekts. Im Jahr 1924 entwickelte er zusammen mit dem indischen Physiker Satyendranath Bose eine Theorie für das Verhalten einer Art von Atomen. Diese sollten nahe am absoluten Temperatur-Nullpunkt einen Phasenübergang vornehmen, in dem plötzlich alle Atome denselben Quantenzustand einnehmen. In einem solchen Bose-Einstein-Kondensat verhalten sich alle Teilchen wie ein einzelnes Riesenatom. 1995 gelang es erstmals, ein Bose-Einstein-Kondensat herzustellen, wofür die Forscher 2001 den Physik-Nobelpreis erhielten.

Einsteins Eintritt in das öffentliche politische Leben begann mit dem Ersten Weltkrieg. Kurz nach Kriegsbeginn veröffentlichten 93 Vertreter aus Wissenschaft und Kunst einen »Aufruf an die Kulturwelt«, in dem sie behaupteten, Deutschland sei der Krieg aufgezwungen worden und »ohne den deutschen Militarismus wäre die deutsche Kultur längst vom Erdboden getilgt«[17]. Man schürte den Hass gegen »Russen, Mongolen und Neger« und berief sich bei dem Kampf auf das Vermächtnis von Goethe und Beethoven. Die Tatsache, dass Größen wie Max Planck, Walther Nernst und Wilhelm Conrad Röntgen dieses Pamphlet unterzeichneten, verdeutlicht, wie stark Nationalismus und Chauvinismus auch unter der Intelligenz verbreitet waren. Viele der Unterzeichner waren Einsteins Freunde. Er jedoch unterschrieb nicht. Stattdessen schloss sich Einstein einem von dem Physiologen Georg Friedrich Nicolai initiierten Gegenaufruf »An die Europäer!« an, in dem die baldige Beendigung des Krieges und die Völkerverständigung gefordert wurden. Letztlich wurde dieser Aufruf während des Krieges gar nicht veröffentlicht, aber er brachte Einstein mit Kriegsgegnern in Kontakt.

Auf diese Weise gelangte Einstein 1915 in den sozialistisch-pazifistischen *Bund Neues Vaterland*. Durch dessen Veranstaltungen wurde seine politische Einstellung in der Öffentlichkeit immer deutlicher. Aufsehen erregte ein vom *Bund* initiierter Besuch Einsteins bei dem französischen Romancier Romain Rolland. Beide setzten sich für eine Verständigung zwischen Frankreich und Deutschland ein. Anschließend notierte Rolland in seinem Tagebuch: »Einstein ist in seinen Urteilen über Deutschland, wo er lebt, unglaublich frei. Kein Deutscher verfügt über diese Freiheit«, und ergänzte: »Er hat es fertig gebracht, während des Krieges sein wichtigstes wissenschaftliches Werk zu schreiben.«[18] In der Tat ist Einsteins politische Aktivität erstaunlich angesichts der enormen Anstrengung, die ihm die Vollendung der Allgemeinen Relativitätstheorie abverlangte.

Schon bald wurden Mitglieder des *Bundes* Objekte polizeilicher Ermittlungen, so auch Einstein. Doch der auf ihn angesetzte Spitzel namens Göring vermochte im Januar 1916 nicht viel Negatives zu berichten. Einstein sei nicht politisch verdächtig, habe sich bislang agitatorisch nicht bemerkbar gemacht und erfreue sich moralisch des denkbar besten Rufes. Lediglich dessen Abonnement des dem Militär verhassten liberalen *Berliner Tageblatts* ließ sich negativ interpretieren. Im Februar 1916 wurde der *Bund Neues Vaterland* verboten. Nach Ende des Krieges formierte er sich neu und ging 1922 in der *Deutschen Liga für Menschenrechte* auf, in der Einstein erneut Mitglied und zeitweilig sogar im Vorstand war.

Bis zum Ende des Krieges trat Einstein politisch nicht mehr öffentlich in Erscheinung. Deshalb hatte der Kaiser auch keine Bedenken, ihn 1917 zum Gründungsdirektor des *Kaiser-Wilhelm-Instituts für Physik* zu ernennen. In mancherlei Hinsicht erscheint Einsteins Denken und Handeln schwankend. So muss er als Pazifist ein Gegner des Gaskrieges gewesen sein, dennoch war dessen Erfinder, Fritz Haber, einer seiner besten Freunde. Widersprüchlich erscheint auch Einsteins Engagement, Flugzeugtragflächen zu konstruieren. Angeregt durch einen Freund, setzte er sich 1916 mit dem Strömungsverhalten solcher Flügel auseinander. Dabei stieß er auf eine neue Variante, die wegen der wenig eleganten, hoch aufgewölbten Form »Katzenbuckelflügel« genannt wurde. Und so ähnlich verhielt der sich auch. Bei einem Testflug lag der Doppeldecker wie »eine schwangere Ente« in der Luft, meinte später der wackere Pilot, der wohl froh und erleichtert war, als die Maschine wohlbehalten wieder auf dem Rollfeld in Berlin-Adlershof aufsetzte. Damit endete auch Einsteins Ausflug in kriegsrelevante Forschung.

In Deutschland brodelte es im Volk. Am 9. November 1918, also zwei Tage vor Kriegsende, wollte Einstein ein Kolleg zur Relativitätstheorie halten, doch das »fiel aus wegen Revolution«[19], wie er prosaisch in seinem Tagebuch vermerkte. An diesem Tag riefen Arbeiter- und Soldatenräte die Republik aus. Der Kaiser dankte ab und floh ins Exil nach Holland. Das war ganz in Einsteins Sinn, der unter den Kollegen ohnehin als »eine Art Obersozi« galt. Nach dem Krieg kam es ihm vordringlich darauf an, die eingerissenen Brücken zwischen den im Krieg verfeindeten Völkern wieder aufzubauen.

Das Jahr 1919 brachte auch privat einen Umbruch mit sich. Einstein heiratete nämlich seine Cousine Elsa, mit der er bereits seit 1912 ein Verhältnis hatte. Und dann folgte ein wissenschaftliches Ereignis, das Einsteins Leben verändern sollte. Am 29. Mai ereignete sich in den Tropen eine totale Sonnenfinsternis. Dies eröffnete die Möglichkeit, eine Voraussage der bis dahin noch umstrittenen Allgemeinen Relativitätstheorie zu überprüfen: die Ablenkung des Lichts ferner Sterne im Schwerefeld der Sonne. Der englische Astrophysiker Sir Arthur Eddington rüstete zwei Expeditionen zur Insel »Principe« im Golf von Guinea und nach Sobral in Brasilien aus, wo die Beobachtungen stattfanden. Am 6. November 1919 verkündete Eddington vor der *Royal Society* und der *Royal Astronomical Society* das Ergebnis: Demnach hatten die Messungen, wenn auch mit einiger Ungenauigkeit, den vorausgesagten Effekt tatsächlich bestätigt.

Damit war es um Einstein geschehen. Große Tageszeitungen in Europa und den USA feierten den »neuen Newton«. Sogar das britische Unterhaus befasste sich mit dem Thema, jedoch aus politischer Sichtweise. Ein Jahr nach Ende des Ersten Weltkrieges hatten ausgerechnet britische Forscher die Theorie eines Wissenschaftlers aus dem verhassten Deutschland bestätigt – und damit Newton, den berühmtesten englischen Physiker, entthront.

Von einem Tag zum anderen war Einstein zu einer Größe der Weltgeschichte aufgestiegen, bei der jeder »Piepser zum Trompetensolo«[20] wurde und der von den wachsenden Postbergen Alpträume bekam. Einstein war auf dem Höhepunkt seines Ruhms angekommen. Die revolutionäre Vorstellung einer relativen Zeit und eines gekrümmten Raumes als Ursache für die Schwerkraft faszinierte die Menschen. Es gab unzählige Versuche, diese neuen Erkenntnisse in Zeitungs- und Zeitschriftenartikeln sowie in öffentlichen Vorträgen zu erklären, sogar ein Lehrfilm machte die Runde durch die Lichtspielhäuser. Einstein übertrieb wohl nicht, als er im September 1920 seinem Freund Marcel Grossmann schrieb, gegenwärtig diskutiere jeder Kutscher und jeder Kellner, ob die Relativitätstheorie richtig sei.

Doch dem euphorischen Jubel mischten sich in Deutschland schon bald feindselige Untertöne bei. Einsteins Gegner rekrutierten sich aus diversen Lagern: Verwirrte Laien und frustrierte Hobbyforscher zogen gegen die unanschauliche, mathematisch komplizierte und unverständliche Theorie zu Felde. Gefährlicher waren aber die Antisemiten und Nationalsozialisten, die gegen alles Pazifistische, Jüdische und – von vielen in einem Atemzug genannte – Bolschewistische vorgingen.

Die ersten Anfeindungen kamen von einem bis dahin eher unbekannten Literaten namens Paul Weyland, der bald unter dem Spitznamen »Berliner Einstein-Töter« zu zweifelhaftem Ruhm gelangte. Er gründete die *Arbeitsgemeinschaft deutscher Naturforscher zur Erhaltung reiner Wissenschaften e.V.* und startete seine Angriffe im August 1920 mit einem Zeitungsartikel und kurz darauf mit einer Vortragsveranstaltung in der Philharmonie. Weyland erstellte rasch eine Liste mit 20 Rednern, von denen ihm jedoch fast alle absagten. Einzig der Experimentalphysiker Ernst Gehrcke sagte zu und klagte über die spekulative und mathematisch verdrehte Relativitätstheorie. Weyland indes verunglimpfte die Relativitätstheorie als »wissenschaftlichen Dadaismus« und »Massensuggestion«. Einstein, der bei dieser üblen Vorstellung persönlich anwesend war, reagierte in einem Artikel im *Berliner Tageblatt* mit ungewohnt scharfen Worten auf die, wie er es nannte, antirelativitätstheoretische GmbH, obwohl er sich sehr wohl des Umstandes bewusst sei, »dass die beiden Sprecher einer Antwort aus meiner Feder unwürdig sind«. Vor allem aber brachte er selbst den Vorwurf des Antisemitismus ins Spiel: »Wäre ich Deutschnationaler mit oder ohne Hakenkreuz, statt Jude von freiheitlicher, internationaler Gesinnung …«[21]

Erstmals zog Einstein die Emigration aus Deutschland

in Betracht. Das machte die Politiker im preußischen Kultusministerium nervös, für die Einstein ein »Kulturfaktor ersten Ranges« war. Der Minister Konrad Haenisch bekundete in einem offenen Brief seine Solidarität mit Einstein und hoffte, er möge wegen der hässlichen Angriffe Berlin nicht verlassen, man sei stolz darauf, den hochverehrten Professor zu den ersten Zierden seiner Wissenschaft zählen zu können, und er werde es auch bleiben. Wenige Jahre später hörte sich das schon ganz anders an.

Weyland machte aus seinen wirklichen Motiven bald keinen Hehl mehr: purer Antisemitismus. Selbst Gehrcke nannte ihn bald einen Schwindler, was sich auch in Weylands weiterem Lebensweg bewahrheitete. Fortwährend schlug er sich mit Gaunereien durchs Leben und war in Betrugsfälle verwickelt. Er wurde Mitglied der SA, jedoch 1933 wegen seiner Vorstrafen und anderer Delikte für immer ausgeschlossen. Drei Jahre später bürgerten ihn die deutschen Behörden aus. Als er kurz darauf nach Deutschland zurückkehrte, wurde er festgenommen und saß von 1940 bis 1945 in den Konzentrationslagern Dachau und Sachsenhausen ein. Nach seiner Befreiung arbeitete er für die amerikanische Besatzungsmacht. 1948 wanderte er in die USA aus, wo er von diversen Gelegenheitsjobs in Kaufhäusern lebte. In der berüchtigten McCarthy-Ära griff er dann erneut in Einsteins Leben ein, wie wir noch sehen werden.

Weyland hatte in den renommierten Physikern Philipp Lenard und Johannes Stark bedeutende Mitstreiter gefunden. Auch Gehrcke profilierte sich weiterhin als aufrechter Antirelativist. Um zu beweisen, dass das Volk einer »Massensuggestion« unterzogen würde, sammelte er Zeitungs- und Zeitschriftenauszüge zur Relativitätstheorie. Seine Mappe umfasste 5000 Dokumente, von denen rund 2700 erhalten geblieben sind. Ihre Auswertung zeigte, dass sich viele physikalische Laien und wissenschaftsinteressierte Bürger zu Wort meldeten. Die treffend als »Welträtsellöser«[22] bezeichneten Ingenieure, Ärzte und Kaufleute oder Schriftsteller fühlten sich berufen, ihr altes klassisches Weltbild gegen eine komplizierte, unanschauliche und unverständliche Theorie zu verteidigen. Unter vielen Unbekannten finden sich auch Namhafte, wie der durch den Roman *Berlin Alexanderplatz* berühmt gewordene Schriftsteller Alfred Döblin. Im November 1923 schrieb er im *Berliner Tageblatt* über »Die abscheuliche Relativitätstheorie«: Er lasse sich nicht um sein angeborenes Recht auf Erkenntnis der Welt prellen, und es sei »die Hierarchie der Wissenschaftler, der Geheimbund, die Verschwörung und Freimaurerei der Mathematiker«, die die Menschen dazu dränge, die Lehre so überaus ernst und wichtig zu nehmen. »Welträtsellöser« sind im Übrigen bis heute aktiv. Sie organisieren sich im Internet und belästigen Wissenschaftler und Wissenschaftspublizisten mit ihren wirren Theorien.

Auf die Kollegen im In- und Ausland machten diese Angriffe keinen sonderlichen Eindruck. Die Begeisterung für die Relativitätstheorie war ungebrochen. Aus aller Welt erhielt Einstein Einladungen zu Vorträgen, die Universität Leiden richtete ihm eine mehrwöchige Gastprofessur ein. Diese Aktivitäten ließ sich Einstein, der wegen Unterhaltszahlungen Geldsorgen hatte, großzügig honorieren. Im Frühjahr 1921 trat er eine zwei Monate dauernde Amerikareise an, die sich zu einem veritablen Triumphzug entwickelte. Bei seiner Ankunft in New York erwarteten ihn der Bürgermeister und eine Schar von Reportern. Vor dem Rathaus jubelten ihm Tausende von Bürgern zu, anschließend verlieh man ihm die Ehrenbürgerwürde. Man reichte ihn herum wie einen »prämierten Ochsen«, wie Einstein selbst einmal bemerkte. Die USA befanden sich im Einsteinfieber, alle wollten den berühmten Mann sehen und seine Vorträge hören – auch wenn er sie auf Deutsch hielt und sie übersetzt werden mussten.

Einstein war jedoch nicht nur in die Vereinigten Staaten gekommen, um Vorträge über die Relativitätstheorie zu halten. Der berühmte Jude war auch für die *Zionistische Weltorganisation*, die Israels späterer Staatspräsident Chaim Weizmann leitete, interessant geworden. Der in London lebende Weizmann hatte sich Anfang 1921 mit der Bitte an Einstein gewandt, in Amerika Spenden für einen jüdischen Aufbaufonds einzuwerben, mit dem vor allem eine hebräische Universität in Jerusalem gegründet werden sollte. Nach längerem Zögern hatte Einstein eingewilligt und trat in den USA als Spendeneintreiber auf.

Sein Verhältnis zu Weizmann und dem Zionismus war jedoch gespalten und blieb es auch. Einerseits fühlte er sich mit den Juden in der ganzen Welt verbunden. An den *Central-Verein Deutscher Staatsbürger Jüdischen Glaubens* schrieb er: »Ich bin weder deutscher Staatsbürger, noch ist irgendetwas in mir, was man als ›jüdischen Glauben‹ bezeichnen kann. Aber ich freue mich, dem jüdischen Volke anzugehören, wenn ich dasselbe auch nicht für das auserwählte halte.«[23] Bis dahin hatte Einstein seine Zugehörigkeit zum jüdischen Glauben nicht ernst genommen, vielmehr sah er sich stets als Freigeist. Es war der wachsende Antisemitismus in Deutschland, der in ihm Solidarität mit seinen »Stammesbrüdern«, wie er selbst sagte, weckte: »Als ich vor fünfzehn Jahren nach Deutschland kam, entdeckte ich erst, dass ich Jude sei, und diese Entdeckung wurde mehr durch Nichtjuden als durch Juden vermittelt«[24], schrieb er 1929 dem Reichstagsabgeordneten Willy Hellpach. Mit den Glaubensriten konnte er indes zeitlebens nichts anfangen.

Dem Zionismus und dem Ziel eines eigenständigen israelischen Staates stand er überwiegend positiv gegenüber. Bei seinem Besuch 1923 in Palästina bewunderte er das entsagungsvolle Leben der jüdischen Siedler und war von deren hohem intellektuellen Niveau beeindruckt. Er war überzeugt, dass die Kolonisation gelingen und der jüdische Staat ein kulturelles Zentrum werden könne, er werde aber »keinen großen Teil des jüdischen Volkes aufnehmen können«[25]. Ein friedliches Zusammenleben mit den Arabern hielt er für möglich. In diesen Belangen bescheinigte Hellpach Einstein jedoch eine »gewisse Wirklichkeitsfremdheit von fast kindlicher Gutgläubigkeit«[26].

Nach dem Krieg aber bemühte sich Einstein, die Isolation der deutschen Physiker zu überwinden. Eine in Frankreich umstrittene Teilnahme an einer Tagung geriet für ihn als Vertreter der deutschen Physik zum Triumphzug. Vorurteile wurden abgebaut, Freundschaften geschlossen. Das waren Fortschritte, die vielen Politikern nicht gelangen.

Doch bei seiner Rückkehr aus Frankreich geschah etwas Ungeheuerliches: Am 24. Juni 1922 wurde der Außenminister und Einsteins Freund Walther Rathenau auf offener Straße von zwei antisemitischen Rechtsradikalen erschossen. Rathenau galt der völkischen Rechten als Inkarnation der verhassten »Judenrepublik«. In seiner Trauerrede machte der Reichskanzler Joseph Wirth die hemmungslose Hetze der nationalistischen Presse für den Mord an Rathenau verantwortlich und sprach von einer politischen »Vertiertheit« in Deutschland.

Damit war auch Einstein ernsthaft in Gefahr. Planck

schrieb er, er sei davor gewarnt worden, sich in Berlin aufzuhalten und in Deutschland öffentlich aufzutreten. Im selben Brief teilte er ihm deshalb mit, dass er auf der hundertsten *Jahresversammlung der Deutschen Naturforscher und Ärzte* einen bereits zugesagten Vortrag nicht halten könne. Der sonst so besonnene Planck war außer sich und entrüstete sich in einem Brief an Max von Laue, dass eine »Mörderbande … einer rein wissenschaftlichen Gesellschaft ihr Programm diktiert«[27].

In der ersten Aufregung beschloss Einstein, gemeinsam mit seiner Frau nach Kiel zu ziehen, wo sein Freund Hermann Anschütz-Kaempfe eine große Firma besaß. Ein paar Tage später verwarf er diesen Plan jedoch wieder und begnügte sich mit sporadischen Aufenthalten in einem kleinen, gemieteten Häuschen einer Kleingartensiedlung in Spandau an der Havel.

Währenddessen bekam sein Kontrahent Lenard im Zuge der völkisch-nationalen Bewegung Aufwind und zeigte bald unverhohlen seine antisemitische Einstellung. Er mahnte vor der versteckten Begriffsverwirrung, die »nicht Rassekundige« verbreiten würden, und polemisierte, wo es nur ging, gegen die Relativitätstheorie. Lenard wusste sich hier auf einer Linie mit einem gewissen Adolf Hitler, der im Januar 1921 im *Völkischen Beobachter* davor warnte, dass die Wissenschaft durch Hebräer gelehrt werde, »denen diese Wissenschaft nur Mittel ist zur bewussten, planmäßigen Vergiftung unserer Volksseele«. Ein halbes Jahr später wurde Hitler Vorsitzender der NSDAP.

In dieser Zeit persönlicher Unruhen kam Einstein eine Einladung zu einer Vortragsreihe in Japan gerade recht. Organisiert und finanziert hatte sie ein japanischer Verlag, der den Philosophen Bertrand Russell mit der Auswahl bedeutender Persönlichkeiten der Weltgeschichte beauftragt hatte. Russell nannte nur Lenin und Einstein. Lenin hatte keine Zeit, Einstein fuhr. Im November 1922 erreichte das Ehepaar Einstein Japan. Die Vortragsreihe wurde ein enormer Erfolg, die Säle waren brechend voll.

Am 10. November erreichte Einstein auf dem Schiff ein Funkspruch. Hierin teilte man ihm mit, dass ihm die *Königlich Schwedische Akademie der Wissenschaften* den Physik-Nobelpreis 1922 rückwirkend für das Jahr 1921 verliehen habe. Dieser Preis war ohne Frage längst überfällig. Es bleibt aber eine Absurdität der Geschichte, dass Einstein nie den Nobelpreis für seine Relativitätstheorien erhielt.

Während Einstein seinen wissenschaftlichen Ruhm in vollen Zügen genießen konnte, braute sich politisch schon wieder etwas Unheilvolles zusammen. Die wirtschaftlichen Bedingungen hatten sich 1923 wesentlich verschlechtert, die Inflation stieg unaufhaltsam, die NSDAP erhielt immer mehr Zulauf. Im November unternahm Hitler in München einen Putschversuch und erklärte sowohl die Bayrische wie auch die Reichsregierung für abgesetzt. Wenige Tage später wurde der Aufstand niedergerungen, Hitler wurde zu fünf Jahren Festungshaft verurteilt, aber bereits nach acht Monaten wieder entlassen.

Der Funke der deutschnationalen Erhebung sprang nach Berlin über. Geschäfte jüdischer Bürger wurden geplündert, Juden misshandelt. Offenbar erhielt auch Elsa Einstein einen Drohanruf. Umgehend packte das Ehepaar Einstein die Koffer und reiste zu dem befreundeten Physiker Paul Ehrenfest nach Leiden. Erneut spielte Einstein mit dem Gedanken, Deutschland zu verlassen. Wieder war es Max Planck, der Einstein inständig bat zu bleiben. Offenbar nahm Einstein die Bedrohung doch nicht so ernst, denn um die Weihnachtszeit kehrte er Ende 1923 mit Elsa aus der »immerhin recht fröhlichen Verbannung«[28] zurück.

In diese Zeit fiel eine weitere gesellschaftspolitische Aktivität, die bei der späteren Bespitzelung durch das FBI eine Rolle spielen sollte. Einstein verfolgte interessiert die politische Entwicklung in Russland nach der Oktoberrevolution und war der Meinung, dass sich auch Deutschland in diese Richtung entwickeln könnte. Im Januar 1920 schrieb er Max Born, dass ihm »die Bolschewicker gar nicht so schlecht passen, so komisch ihre Theorien sind«[29]. Folgerichtig wurde Einstein Mitglied in der 1923 gegründeten *Gesellschaft der Freunde des neuen Rußland*. Ziel war eine Wiederbelebung des wissenschaftlich-kulturellen Austauschs beider Länder, der durch die Wirren nach der Revolution großteils zum Erliegen gekommen war. Einstein engagierte sich für Einladungen russischer Wissenschaftler zu Tagungen und Vorträgen.

Auf der anderen Seite waren diese Veranstaltungen Teil der sowjetischen Kulturpropaganda. Einem dieser Treffen im Jahr 1930 verdanken wir eine einfühlsame Beschreibung Einsteins durch den Volkskommissar für Unterricht und Bildungswesen Anatoli Lunatscharski: »Man gewinnt irgendwie das Gefühl zärtlicher Anteilnahme, der Anerkennung einer großen schutzlosen Einfachheit und gleichzeitig das Gefühl grenzenloser Verehrung.«[30] Dieser positive persönliche Eindruck darf aber nicht darüber hinwegtäuschen, dass die Relativitätstheorie in der Sowjetunion lange Zeit als idealistische und bourgeoise Wissenschaft diffamiert wurde (siehe das Kapitel über Lew Landau). Der Aufstieg Stalins zu einem brutalen Machthaber, die Inhaftierung und Liquidierung missliebiger Personen und die Unterdrückung der freien Meinungsäußerung ließen Einstein gegen Ende der 1920er Jahre auf Distanz zur *Gesellschaft der Freunde des neuen Rußland* gehen. In seinem 1930 verfassten Essay *Wie ich die Welt sehe* erklärt er seine Abscheu für tyrannische Systeme, »wie wir es heute in Italien und Rußland erleben«[31]. Er unterzeichnete auch einen Aufruf gegen die stalinistischen Schauprozesse, widerrief ihn jedoch wenig später wieder. Möglicherweise fiel er auf die sowjetische Propaganda herein, wonach die Angeklagten der Prozesse angeblich allesamt Spione und Konterrevolutionäre seien.

Einsteins Aktivitäten in den 1920er Jahren lassen sich kaum überblicken. Er war Mitglied in zahlreichen wissenschaftlichen Organisationen, wie der *Physikalisch-Technischen Reichsanstalt*, und auch politischen Vereinigungen, wie der *Deutschen Liga für Menschenrechte* (Nachfolgeorganisation vom *Bund Neues Vaterland*), der *Internationalen Frauenliga für Frieden und Freiheit*, dem *Deutschen Kampf-Komitee gegen den imperialistischen Krieg* und der *Internationalen Arbeiterhilfe*. Einstein war eine Berühmtheit, jeder wollte ihn einladen. Die Bitte, den *Ersten Internationalen Kongress für Sexualforschung* zu eröffnen und in einem Rahmenprogramm Violine zu spielen, lehnte er jedoch mit der augenzwinkernden Begründung ab, dazu wäre er angesichts seiner sexuellen wie musikalischen Fähigkeiten nicht in der Lage.

Aus wissenschaftlicher Sicht konnte es für ihn in den 1920er Jahren kaum besser laufen. 1929 verlieh ihm die *Kaiser-Wilhelm-Gesellschaft* gemeinsam mit Max Planck die goldene Max-Planck-Medaille. Zur selben Zeit aber randalierten nationalsozialistische Studenten im Regierungsviertel und führten Einstein die bedrohlichen gesellschaftlichen Entwicklungen deutlich vor Augen. Die Verhältnisse wurden wirtschaftlich und politisch immer brisanter. Einstein veranlasste dies, sich wieder verstärkt öffentlich für den Erhalt der Demokratie einzusetzen. Er ermutigte auch die Männer, den Kriegsdienst zu verweigern. In *Wie ich die Welt sehe* schrieb er die berühmt gewordenen Worte: »Wenn einer mit Vergnügen in Reih und Glied zu einer Musik marschieren kann, dann verachte ich ihn schon; er hat sein Großhirn nur aus Irrtum bekommen, da für ihn das Rückenmark schon völlig genügen würde.«[32] Mit solchen radikal pazifistischen Aufrufen machte er sich viele Feinde.

Zwar hörten auch in den Vereinigten Staaten nicht alle diese Worte gern, aber bei Besuchen in New York, San Diego und Pasadena wurde er wieder einmal emphatisch, ja geradezu hysterisch empfangen. »Die Reporter stellten ausgesucht blöde Fragen, die ich mit billigem Scherz beantwortete, der begeistert aufgenommen wurde«[33], notierte er in seinem Tagebuch. Die Reaktionen des Publikums verdeutlicht ein Bericht des Deutschen Generalkonsulats in New York vom März 1931: »Trotzdem Einsteins Ausführungen sehr knapp und phantasiefrei waren, brachten sie die Anwesenden in einen Begeisterungstaumel, der sich darin äußerte, dass zahlreiche Personen Einsteins Hände und Kleidungsstücke küssten.«[34] Einstein vertrat auch entschlossen seine pazifistischen Ideale und warb für einen Fonds, aus dem in Not geratene Kriegsdienstverweigerer unterstützt werden sollten. Bei der Abfahrt fanden sich am Pier rund tausend Menschen ein, die in stürmische Rufe »No more war« ausbrachen. Auf seiner Reise durch das Land traf er unzählige Persönlichkeiten aus Politik, Kunst und Wissenschaft. Ein Höhepunkt war der Besuch des Mount-Wilson-Observatoriums, wo Edwin Hubble kurz zuvor die Galaxienflucht entdeckt hatte.

Nach über zwei Monaten sehnte er sich nach dem »alten Europa« zurück. Doch in Deutschland wurde die nationalsozialistische Bedrohung immer übermächtiger. Gemeinsam mit Heinrich Mann und Käthe Kollwitz forderte er Ernst Thälmann in einem Brief dazu auf, KPD und SPD sollten gegen den Faschismus zusammengehen. Einstein war sich indes bewusst, dass es »wahrscheinlich leichter wäre, Kain und Abel zu versöhnen«[35].

Zu dieser Zeit stand Einstein schon lange unter der Beobachtung staatlicher Organe. Bereits 1926 hatte ihn der Reichskommissar für die Überwachung der öffentlichen Ordnung in die Kartei politisch verdächtiger Personen aufgenommen. Hier wurde Einstein auch als aktives Mitglied der KPD-Antikriegsarbeit geführt. Diese Kartei aus der Zeit der Weimarer Republik übernahm später die Gestapo.

Ende 1931 folgte er erneut einer Einladung in die USA. Hier traf er einen gewissen Abraham Flexner, den er bereits auf einer früheren Reise kennengelernt hatte. Flexner hatte die Aufgabe, mit Stiftungsgeldern in Princeton ein neues Forschungsinstitut aufzubauen, in dem nur ausgewählte Wissenschaftler arbeiten sollten. Flexner offerierte Einstein in dem zukünftigen *Institute for Advanced Study* eine Stelle, für die er nach kurzem Überlegen »Feuer und Flamme« war.

Zunächst blieb dieser Plan ohne Folgen, und Einstein kehrte nach Deutschland zurück. Am 10. Dezember 1932 brach er mit seiner Frau zu einer neuerlichen Reise auf. Offiziell hatte Einstein gegenüber der *New York Times* erklärt, sein ständiger Wohnsitz werde weiterhin Berlin sein. Dann aber wurde Hitler am 30. Januar 1933 zum Reichskanzler ernannt. Vier Wochen später brannte der Reichstag, und die Nazis terrorisierten Politiker, Intellektuelle, Juden. Angesichts dieser Entwicklung beschloss Einstein, in den USA zu bleiben. Am 10. März, einem Tag vor seiner ursprünglich geplanten Rückreise nach Europa, verkündete er öffentlich, dass er nicht nach Deutschland heimkehren werde: »Solange mir eine Möglichkeit offen steht, werde ich mich nur in einem Lande aufhalten, in dem politische Freiheit, Toleranz und Gleichheit aller Bürger vor dem Gesetzt herrschen … Diese Bedingungen sind gegenwärtig in Deutschland nicht erfüllt.«[36]

Max von Laue bat er, seinen Austritt aus allen deutschen Institutionen und Vereinigungen, wie der *Deutschen Physikalischen Gesellschaft*, zu veranlassen. Auch der *Friedensklasse des Ordens Pour le mérite* wollte er nicht weiter angehören. Die Nachricht verbreitete sich in Deutschland wie ein Lauffeuer. Viele Zeitungen veröffentlichten üble Artikel über ihn, im Ministerium war man wütend, weil Einstein einem Rausschmiss aus der *Akademie* zuvorgekommen war. Seine Konten wurden beschlagnahmt und seine Wohnung von SA-Einheiten geplündert. Das hatte knapp 20 Jahre später ein Nachspiel. 1952 stellte Einstein in Berlin einen Antrag auf Entschädigung. Dem wurde weitgehend stattgegeben. Allerdings erst im Juli 1957 – mehr als zwei Jahre nach Einsteins Tod.

Einstein gehörte damit zu den ersten Intellektuellen, die Deutschland wegen des Naziterrors verließen. Dort glaubten immer noch sehr viele daran, der Spuk werde bald vorüber sein und so schlimm werde es schon nicht werden. Der berühmteste Jude erfuhr indes sogar von seinen »Stammesgenossen« harte Kritik. Der *Verband nationaldeutscher Juden* verwahrte sich gegen ein solches Verhalten feiger Flüchtlinge. Der *Reichsbund jüdischer Frontsoldaten* sprach von Schädlingen in den eigenen Reihen, die das Recht verwirkt hätten, in deutsch-jüdischen Angelegenheiten mitzureden. Im April 1933 schrieb Elsa Einstein einer Bekannten: »Das

Tragische in meines Mannes Schicksal ist, dass alle deutsche Juden ihn dafür verantwortlich machen, dass ihnen dort so Schreckliches widerfahre. Sie glauben, durch sein Auftreten habe man Repressalien ausgeübt, und sie haben in ihrer Borniertheit die Parole ausgegeben, sich von ihm abzuwenden und ihn zu hassen. So bekommen wir mehr hasserfüllte Briefe von Juden als von Nazis.«[37] Zu dieser Zeit ahnte noch niemand, welch perfides Ausmaß das Hitler-Regime annehmen würde.

In der *Akademie der Wissenschaften* musste sich vor allem sein einstiger Mentor und Freund, Max Planck, mit Einsteins Entschluss auseinandersetzen. Planck befand sich in einem Gewissenskonflikt. Einerseits empfand er auf Grund seines Elternhauses und seiner Position Loyalität für den Staat, andererseits hegte er für Einstein tiefe freundschaftliche Gefühle und bewunderte dessen wissenschaftliche Leistung. Am 13. April schrieb er ihm: »Denn es sind hier zwei Weltanschauungen aufeinander geplatzt, die sich miteinander nicht vertragen. Ich habe weder für die eine noch für die andere volles Verständnis. Auch die Ihrige ist mir fern, wie Sie sich erinnern werden von unseren Gesprächen über die von Ihnen propagierte Kriegsdienstverweigerung.«[38] Vor der *Akademie* verkündete er, dass »Herr Einstein selber durch sein politisches Verhalten sein Verbleiben in der Akademie unmöglich gemacht hat«. Aber gleichzeitig betonte er: »Herr Einstein ist der Physiker, durch dessen in unserer Akademie veröffentlichte Arbeiten die physikalische Erkenntnis in unserem Jahrhundert eine Vertiefung erfahren hat, deren Bedeutung nur an den Leistungen Johannes Keplers und Isaac Newtons gemessen werden kann.«[39] Auch in späteren Vorträgen ließ Planck sich nicht von den Nationalsozialisten dazu zwingen, die Relativitätstheorie zu verschweigen oder gar zu diffamieren. Sie gehörte zu seinem physikalischen Weltbild, und er lehrte sie weiter.

Vor seinem Antritt der Stelle in Princeton begab sich Einstein nach Belgien, von wo aus er noch einige persönliche Angelegenheiten erledigte. So besuchte er seinen Sohn Eduard (Tete), den man Ende 1932 wegen eines schizophrenen Schubes in die schweizerische Heilanstalt »Burghölzli« eingewiesen hatte. Einstein sah seinen Sohn dort zum letzten Mal. Er starb 1965 in der Anstalt. Außerdem nutzte Einstein mehrmals die Gelegenheit, nach Großbritannien überzusetzen, um sich mit Kollegen und auch mit bedeutenden Politikern zu treffen. Von Southampton aus fuhr er gemeinsam mit seiner Frau sowie seiner Sekretärin Helen Dukas nach New York, wo sie Mitte Oktober eintrafen. Einstein betrat danach nie mehr deutschen Boden.

Das neue *Institute for Advanced Study* war der vollendete Elfenbeinturm. Insbesondere brillante Mathematiker wie John von Neumann oder Einsteins Kollege Hermann Weyl hatten hier Asyl gefunden. Auch junge Talente, wie Julius Robert Oppenheimer oder John Archibald Wheeler, fanden sich im Institut ein, diskutierten mit Einstein oder hörten seine Vorträge.

Ein Schicksalsschlag trübte jedoch Einsteins Idyll. Am 20. Dezember 1936 starb seine Frau Elsa. Zum Glück zogen aber seine Stieftochter Margot, die sich von ihrem Mann getrennt hatte, und seine geliebte Schwester Maja zu ihm. Sie lebten zusammen in einem Haus in der Mercer Street 112. 1937 übersiedelte zudem sein Sohn Hans Albert mit Frau und Kind nach Kalifornien.

Einsteins wissenschaftliche Ernte war gering, aber nicht unerheblich. 1935 veröffentlichte er zusammen mit Nathan Rosen und Boris Podolsky eine Arbeit, die unter Kollegen für erheblichen Wirbel sorgte. Erneut ging es ihm um die Frage, ob die Quantenmechanik die physikalische Realität vollständig beschreibt.

Das in der Veröffentlichung ausgeführte Gedankenexperiment ist unter dem Begriff »Einstein-Podolsky-Rosen-Paradoxon« in die Geschichte der Physik eingegangen und spielt bis heute in der Interpretation der Quantenmechanik eine zentrale Rolle. Demnach können atomare Teilchen oder auch Lichtteilchen miteinander verbunden oder, wie Physiker sagen, verschränkt sein. Nimmt man an einem der beiden Teilchen eine Messung vor, so versetzt sich das andere Teilchen spontan ebenfalls in einen bestimmten Zustand – und das über beliebig große Entfernungen und ohne zeitliche Verzögerung hinweg. Einstein mochte an diese »spukhafte Fernwirkung«, bei der die Messung an dem einen Teilchen den Zustand des anderen Teilchens »telepathisch« verändert, nicht glauben. Diese Quantenverschränkung und die damit verwandte Quantenteleportation blieben jahrzehntelang ein Gedankenexperiment. Seit den 1970er Jahren des letzten Jahrhunderts ist auch experimentell bewiesen, dass es diese spukhafte Fernwirkung wirklich gibt. Heute ist sie zentraler Bestandteil von Entwicklungen wie dem Quantencomputer.

Seine letzte wissenschaftlich bedeutende Arbeit veröffentlichte Einstein 1936. In ihr ging es um die Lichtablenkung im Schwerefeld eines Sterns, heute bekannt unter dem Begriff »Gravitationslinseneffekt«. Seine große wissenschaftliche Vision konnte er indes nicht vollenden: die Suche nach einer übergeordneten, einheitlichen Beschreibung von Gravitation und Elektromagnetismus. Für ihn war dies die logische Fortsetzung seines bisherigen Schaffens, mit der er sein Lebenswerk krönen wollte. An dieser Aufgabe scheiterte er jedoch. Die moderne Variante einer Vereinheitlichung von Gravitation und Quantenphysik zu einer Theorie der Quantengravitation gilt heute als der »Gral der Physik«. Mit ihr ließen sich – so die Hoffnung – das Innere von Schwarzen Löchern und die Geburt des Universums verstehen.

Politisch aktiv wurde Einstein mit einem Brief an den Präsidenten der Vereinigten Staaten, in dem vor einer atomaren Bedrohung durch Deutschland gewarnt wurde. Initiator des Schreibens war Leo Szilard, ein begabter Physiker und Techniker ungarischer Herkunft, der in die USA ausgewandert war. Einstein und Szilard kannten sich von technischen Forschungsarbeiten in Berlin. Zwischen 1924 und 1934 hatte Szilard allein oder gemeinsam mit Einstein 29 Patentanträge gestellt. In Berlin lernte Szilard auch Eugene Wigner kennen, der später noch eine wichtige Rolle spielen sollte.

Nach der Entdeckung der Kernspaltung war vielen Physikern schnell klar, dass sich mit dieser Technik eine Bombe von bis dahin ungeahnter Zerstörungskraft bauen ließe – und deutsche Physiker eventuell eine solche Superbombe entwickeln könnten. Die größten Uranvorkommen wurden damals in Belgisch-Kongo abgebaut. Szilard wollte deshalb die belgische Regierung dazu bewegen, diesen wichtigen Rohstoff nicht an Deutschland zu verkaufen. Auf der Suche nach einem Vermittler kam er auf Einstein, der seit langem einen guten Kontakt zur belgischen Königin pflegte.

Einstein verbrachte gerade seinen Sommerurlaub in Peconic auf Long Island, als sich Szilard zusammen mit Eugene Wigner am 16. Juli 1939 auf den Weg zu ihm machte. Einstein empfing die beiden in dem kleinen, nur mit dem Nötigsten eingerichteten Haus und hört sich Szilards Ausführungen geduldig an. Nach kurzer Debatte kamen die drei überein, den Brief nicht an die Königin zu schicken, sondern ihn der belgischen Regierung und in Kopie dem amerikanischen Außenministerium zukommen zu lassen. Einstein diktierte den Text, Szilard schrieb mit und Wigner übersetzte ihn ins Englische. Das berühmte Foto, auf dem man Einstein und Szilard gemeinsam am Tisch sitzen sieht, wurde nach dem Krieg in einer gespielten Szene aufgenommen.

Ein Freund Szilards fand die Angelegenheit so dringlich, dass er empfahl, den Brief direkt an US-Präsident Roosevelt zu schicken. Szilard war sofort begeistert und verfasste zusammen mit Einstein eine neue, längere Fassung, die Einstein alleine unterschrieb. In diesem berühmten Brief vom 2. August 1939 heißt es unter anderem: »Das neue Phänomen könnte auch zum Bau von Bomben führen … Eine einzige Bombe dieser Art, auf einem Schiff befördert oder in einem Hafen explodiert, könnte sehr wohl den ganzen Hafen zusammen mit Teilen des umliegenden Gebietes zerstören.« Er riet daher dem Präsidenten, ständigen Kontakt zwischen der Regierung und den entsprechenden Kernphysikern herzustellen und die Forschungen zu verstärken. Darüber hinaus sollten die USA ihren Zugang zu Uran sicherstellen. Der Brief endete mit einer Warnung vor den deutschen Aktivitäten: »Ich habe erfahren, dass Deutschland den Verkauf von Uran aus den von ihnen übernommenen tschechoslowakischen Bergwerken eingestellt hat. Dass Deutschland so frühzeitig gehandelt hat, mag seinen Grund darin haben, dass der Sohn des deutschen Staatssekretärs im Auswärtigen Amt, von Weizsäcker, mit dem Kaiser-Wilhelm-Institut in Berlin verbunden ist, wo einige der amerikanischen Arbeiten über Uran jetzt wiederholt werden.«[40]

Wegen des Kriegsbeginns in Europa erhielt Roosevelt den

Brief erst am 11. Oktober. Einige Tage später gründete er einen Ausschuss, dem ein Vertreter der U.S. Army und der Navy sowie die emigrierten Physiker Enrico Fermi, Leo Szilard, Eugene Wigner und der dritte Exilungar Edward Teller angehörten. Dieses Uran-Komitee erhielt 6000 Dollar – viel zu wenig für die zu erwartenden Forschungsarbeiten.

Am 1. November schickte Szilard im Namen des Komitees einen ersten Bericht über den Stand der Forschung an den Präsidenten. Doch der interessierte sich dafür nur wenig. Szilard wurde zunehmend ungeduldig und besuchte Einstein erneut, um einen zweiten Brief zu verfassen. In diesem Schreiben vom 7. März 1940 wiesen die beiden nochmals eindringlich darauf hin, dass seit dem Ausbruch des Krieges in Deutschland erhöhtes Interesse an Uran bestünde und die Forschungen daran fortgeführt würden. Roosevelt empfahl daraufhin, das Komitee zu vergrößern und auch Einstein aufzunehmen. Der aber sagte ohne weitere Begründung schriftlich ab. Damit endete Einsteins Rolle bei der Entwicklung der Atombombe.

Dieses Projekt nahm erst Ende 1941 seinen bekannten Aufschwung zum bis dahin gewaltigsten technischen Unternehmen der Geschichte. Dazu trug wesentlich ein Bericht bei, den Roosevelt im Oktober 1941 erhielt. Er kam aus Großbritannien, wo eine Gruppe von Physikern zu dem Schluss gekommen war, dass es möglich sei, eine wirksame Uranbombe zu bauen. Churchill wurde von den Ergebnissen unterrichtet und stimmte der Empfehlung zu, eine eigene Anlage zur Urananreicherung zu errichten.

Bis dahin verlief die Forschung jedoch auf niedrigem Niveau. Das änderte sich erst nach dem Angriff der japanischen Luftwaffe auf den Hafen von Pearl Harbor auf Hawaii am 7. Dezember 1941. Drei Tage später erklärte Deutschland den Vereinigten Staaten den Krieg. In einem beispiellosen Kraftakt, an dem fast alle Physiker in den Vereinigten Staaten in irgendeiner Weise beteiligt waren, gelang es innerhalb von dreieinhalb Jahren, eine Atombombe zu bauen.

Nach den nuklearen Explosionen über Hiroshima und Nagasaki am 6. und 9. August 1945 stand Einstein plötzlich wieder im Rampenlicht der Öffentlichkeit. Er war es gewesen, der den Präsidenten auf die Möglichkeit dieser neuartigen Waffe hingewiesen hatte, und seine Formel $E = mc^2$ beinhaltete ihr physikalisches Prinzip. Einstein wies jedoch jede direkte Beteiligung von sich. Am 12. August erklärte er in der *New York Times*, er habe an der Entwicklung der Atombombe nicht im geringsten mitgearbeitet. Jahre später bekräftigte er sein Motiv nochmals: »Die Wahrscheinlichkeit, dass die Deutschen am selben Problem mit Aussicht auf Erfolg arbeiten dürften, hat mich zu diesem Schritt [dem Brief an den Präsidenten] gezwungen. Es blieb mir nichts anderes übrig, obwohl ich stets ein überzeugter Pazifist gewesen bin.«[41] Julius Robert Oppenheimer relativierte Einsteins Beitrag zur Atombombe bei einem Vortrag im Jahre 1965 sogar noch weiter: »Doch ich sollte auch erwähnen, dass dieser Brief nur sehr wenig Wirkung zeitigte, und dass Einstein selbst nicht verantwortlich ist für das, was später kam.«[42]

Nach dem Abwurf der beiden Atombomben über Hiroshima und Nagasaki war Einstein schockiert. Wiederholt warnte er vor einem neuen Weltkrieg und setzte sich für eine Weltregierung ein, die Konflikte zwischen Nationen durch richterliche Entscheidung zu lösen imstande ist: »Der Krieg ist gewonnen – aber nicht der Friede«[43], schrieb er am 11. Dezember in der *New York Times*. Außerdem beklagte er, dass man nichts getan habe, um Russlands Misstrauen zu mildern, und zeigte Verständnis für Nationen, die Angst vor einem imperialistischen Machtstreben der USA haben. Diese Worte kamen nicht überall gut an.

Nach dem Krieg verschärfte sich das politische Klima nämlich zusehends. Im März 1947 erließ Präsident Truman eine »Loyality Order«, wonach sich Beamte im öffentlichen Dienst und Persönlichkeiten des öffentlichen Lebens einer Gesinnungsüberprüfung unterziehen mussten. Im selben Jahr war der konservative Republikaner Joseph McCarthy als Abgeordneter in den Senat eingezogen, in dem er sich umgehend für ein Verbot der *Kommunistischen Partei der USA* einsetzte und wenig später behauptete, der Regierungsapparat sei von Kommunisten unterwandert. Das erwies sich zwar als Lüge, dennoch erfreute sich McCarthy großer Beliebtheit und schürte weiterhin eifrig die Angst vor den Kommunisten. Seine Attacken fielen auf fruchtbaren Boden: Im September 1949 zündete die Sowjetunion ihre erste Atombombe. Kurz darauf wurde bekannt, dass der deutsch-britische Spion Klaus Fuchs die Forschungsarbeiten der amerikanischen Atombombe an die Sowjets verraten hatte. Am 2. Februar 1950 wurde Fuchs in England verhaftet.

Nach der Wahl des Republikaners Dwight D. Eisenhower zum neuen amerikanischen Präsidenten im Jahre 1953 übernahm McCarthy den Vorsitz des Senatsausschusses zur Untersuchung unamerikanischer Umtriebe, woraufhin eine bis dahin nicht gekannte antikommunistische Hetzjagd einsetzte, in deren Rahmen unzählige Intellektuelle denunziert und überprüft wurden.

Dass auch der berühmteste Wissenschaftler seiner Zeit in diese Mühlen geriet, war allerdings eine große Überraschung. Auf die Spur kam 1996 der New Yorker Wissenschaftsjournalist Fred Jerome. Nachdem er in einem älteren Artikel von einer FBI-Akte zu Einstein las, hakte er nach und forderte diese vom FBI an. Das dauerte zwar drei Jahre, doch dann erhielt er das 1432 Seiten umfassende Dokument, in dem 10 bis 15 Prozent des Textes aus Gründen der nationalen Sicherheit geschwärzt waren.[44]

Auslöser der geheimdienstlichen Aktivität war wohl Einsteins Auftritt in einer NBC-Live-Show im Februar 1950, in der es um den vom Präsidenten geforderten, beschleunigten Bau der amerikanischen Wasserstoffbombe ging. »Jeder Schritt erscheint als unvermeidliche Folge des vorangehenden. Als Ende winkt immer deutlicher die allgemeine Vernichtung«[45], mahnte er. Am nächsten Morgen standen seine Worte in allen großen amerikanischen Zeitungen.

Fred Jerome glaubt, dass dieser öffentliche Auftritt der Auslöser für Einsteins Überwachung war. In der nachfolgend angelegten Akte geht es um dessen Aktivitäten in Berlin in den Jahren 1929 bis 1932, in denen er mit den Kommunisten paktiert und sein Büro als Umschlagplatz für geheime Mitteilungen zum Zweck der Spionage gedient haben soll. Der erste Eintrag erfolgte am 10. Februar 1950. Darin wird ihm die Mitgliedschaft in mehreren linken Gruppen vorgeworfen. Seine Einreise in die USA sei deswegen illegal gewesen, und es solle eine Ausbürgerung erwogen werden: Der Geheimdienst hielt es für unwahrscheinlich, »dass ein Mann seines Hintergrundes in so kurzer Zeit ein loyaler amerikanischer Bürger werden kann«[46]. Einstein hatte zusammen mit seiner Stieftochter Margot und seiner Sekretärin Helen Dukas im Oktober 1940 die amerikanische Staatsbürgerschaft erhalten.

In einem weiteren Dossier wurde Einstein die Unterstützung der Anti-Franco-Brigaden im Spanischen Bürgerkrieg und vor allem seine Mitgliedschaft im *Klub der Geistesarbeiter* zur Last gelegt. Darin tummelten sich laut FBI mehrere spätere Sowjetagenten, darunter der Top-Spion Klaus Fuchs. Der berühmt-berüchtigte FBI-Chef J. Edgar Hoover mahnte seine Mitarbeiter, der Frage nachzugehen, ob Einstein womöglich Klaus Fuchs in das Manhattan-Projekt eingeschleust haben könnte. Höchst verdächtig erschien dem FBI auch Einsteines Sekretärin Helen Dukas, doch hielt man es für wahrscheinlich, dass Einstein »seine Zustimmung für eine solche Nutzung [seines Büros] gab, nachdem er davon überzeugt wurde, dass dies im Interesse der ›Menschenrechte‹ nötig sei«[47].

Im September 1950 unterstrich ein Informant den Verdacht gegen Einstein und behauptete, Einsteins Büro sei eine russische Spionagezentrale gewesen. Der Leiter der KPD-Passfälscher-Organisation, Richard Großkopf, sollte zu jenen Personen gehört haben, die diese Wohnung für geheime Telegramm-Dienste nutzten, um einen russischen Nachrichtenposten aufzubauen. Großkopf wurde 1933 von der Gestapo verhaftet und verbrachte die Zeit bis zum Kriegsende im Zuchthaus und im KZ. Später machte er in der DDR Karriere bei der Polizei und der Stasi. Neben Großkopf sollen mindestens fünf weitere Kommunisten das vermeintlich konspirative Büro genutzt haben, darunter Einsteins Sekretärin Helen Dukas.

Frischen Wind in die Bespitzelung versprach ein Mann zu bringen, der am 4. September 1953 in die FBI-Behörde in Miami spazierte und den Leiter zu sprechen wünschte. Mit unverkennbar deutschem Akzent versprach er Beweise dafür erbringen zu können, dass Einstein in Berlin sich selbst als Kommunist bezeichnet hatte. Einstein habe dies in den 20er Jahren in einem Artikel des *Berliner Tageblatts* geschrieben. Es dauerte eine Weile, bis der Artikel gefunden und ins Englische übersetzt war, doch die FBI-Agenten wurden enttäuscht, es fand sich keinerlei Hinweis darin auf eine subversive Einstellung. Was also sollte dieses absurde Manöver?

Die FBI-Akte weist den Denunzianten als Einsteins Feind aus Berliner Zeiten, den »Einstein-Töter« Paul Weyland, aus. Der war kurz zuvor mit seiner Familie in die USA eingereist und hoffte, mit dieser wohlfeilen Aktion so schnell wie möglich eingebürgert zu werden. Obwohl sich seine Hinweise als Unsinn herausstellten, wurden er und seine Familie in ungewöhnlich kurzer Zeit, innerhalb von nur vier Monaten, amerikanische Staatsbürger. Wachsende Geldnot zwang ihn 1967, nach Deutschland zurückzukehren. Dort lebte er von einer schmalen Rente und einer Beihilfe aus einem Härteausgleichgesetz und starb 1972 im Alter von 84 Jahren in Bad Pyrmont.

Die FBI-Akte enthält eine Fülle von Details und Namen, die mit Einsteins angeblichen kommunistischen Aktivitäten in Verbindung standen. Diese kamen von einer nicht im Klarnamen genannten »Source« (Quelle). Von Jeromes Informationen ausgehend, setzte der Berliner Wissenschaftshistoriker Siegfried Grundmann die Suche nach den wahren Hintergründen in Deutschland fort, wobei er die Akten von Gestapo, Stasi und SED einbezog.[48] Es zeigte sich, dass die »Quelle« Einsteins Adresse ganz offensichtlich überhaupt nicht kannte und dieser gar keine internationale Telegrammadresse besaß. Diese falschen Informationen hat das FBI damals nicht einmal nachgeprüft.

Nach allen Recherchen gibt es keinerlei Hinweise darauf, dass Einstein in Berlin jemals kommunistische Untergrundaktivitäten unterstützt hat. Nur eine andere Spur fand Grundmann. Im Archiv für Stasi-Unterlagen stieß er auf eine gewisse Luise Kraushaar, die um 1930 KPD-Sekretärin mit besonderen Aufgaben war, Spionagebotschaften dechiffrierte sowie Namenslisten und Berichte tippte. Diese Aufträge erledigte sie in der Wohnung von Helen Dukas. Dort hatte die KPD ein Zimmer angemietet, zu dem neben Kraushaar auch KPD-Angehörige Zutritt hatten. War Helen Dukas also doch nicht ganz unschuldig?

Im Februar 1955 verhörten sie Beamte des FBI in Einsteins Haus zu dieser Angelegenheit (Einstein selbst war wegen seines schlechten Gesundheitszustands nicht vernehmungsfähig). Sie bestritt, die mutmaßlichen Spione in Berlin kennengelernt zu haben, und auch der *Klub der Geistesarbeiter* sei ihr unbekannt. Sie habe sich vor allem für jüdische Angelegenheiten interessiert. Tatsächlich fand Grundmann keinen einzigen Hinweis auf eine Mitgliedschaft Einsteins im *Klub der Geistesarbeiter*. Allerdings hat Dukas den FBI-Agenten nicht in allen Belangen die Wahrheit gesagt. So leugnete sie jede Nähe zu Kommunisten, obwohl ihr Schwager und ihr Neffe Mitglieder der KPD waren.

Die wahre Rolle von Helen Dukas bleibt bis heute ungeklärt, ebenso wie die Identität der »Quelle«. Dieser Informant wusste offenbar sehr gut über die Kommunistenszene in Berlin Bescheid, aber nur wenig über Einstein. Eine Reihe von Indizien führten Grundmann auf die wahrscheinliche Identität der »Quelle«. Demnach handelte es sich um Adolf Sauter, eine schillernde, zwiespältige Person. Der KPD-Mann hatte im Juli 1933 die Nachfolge von Großkopf als Leiter der Passfälscher-Organisation übernommen. Doch schon bald kam es zu harten Auseinandersetzungen mit anderen KPDlern. Sauter fühlte sich persönlich so gekränkt, dass er im Mai 1935 zur Gestapo ging und ehemalige

Mitstreiter denunzierte. Bis zum Kriegsende beteiligte er sich an der Verfolgung von Antifaschisten, wie Angehörigen der *Roten Kapelle*. Nach dem Krieg gelang es ihm, diese unrühmliche Vergangenheit auszulöschen, und ab 1950 war er unter dem Namen »Max Springer« geheimdienstlich unterwegs. Als das FBI seine Einstein-Akte anlegte, war er in West-Berlin aktiv. Nach dem Ende der McCarthy-Ära wurde er nicht mehr gebraucht.

Letztendlich hatte das FBI keine Handhabe gegen Einstein. Und vielleicht hätten es die USA auch nicht gewagt, den berühmtesten Wissenschaftler seiner Zeit des Landes zu verweisen. Einstein selbst hat von der Bespitzelung nie erfahren. Seine letzte öffentliche Äußerung war ein gemeinsamer Appell mit dem Philosophen Bertrand Russell im Jahr 1955 gegen den Wahnwitz eines Atomkrieges. Diese Erklärung wurde als »Einstein-Russell-Manifest« berühmt und hatte die Gründung der *Pugwash-Konferenz* zur Folge. In ihr versammelten sich Naturwissenschaftler und Intellektuelle, um gegen das atomare Wettrüsten einzutreten. Diese Institution erhielt 1995 den Friedens-Nobelpreis.

Am Tag nach der Unterzeichnung des Manifests ging Einstein zum letzten Mal ins Institut. Am 13. April 1955 überfielen ihn heftige Unterleibsschmerzen, mehrere Ärzte mussten gerufen werden. Diese diagnostizierten den Riss eines Aneurysmas, aber Einstein lehnte eine Operation entschieden ab: »Ich möchte gehen, wann ich möchte. Es ist geschmacklos, das Leben künstlich zu verlängern. Ich habe meinen Anteil getan, es ist Zeit zu gehen.«[49] Man brachte ihn ins Princeton Hospital, wo ihn seine Tochter Margot und sein Sohn Hans Albert besuchten. In der Nacht von Sonntag auf Montag, den 18. April, rückte die Krankenschwester gegen ein Uhr Einsteins Kopfkissen zurecht, weil er unruhig geatmet hatte. Dann sprach er noch einige Worte und starb. »The last words of the intellectual giant were lost to the world«, stand am nächsten Tag in der *New York Times:* Die Krankenschwester verstand kein Deutsch.

ALAN TURING (1912–1954)

Er hatte einen Mangel an Ehrerbietung
gegenüber allem – außer der Wahrheit

Er war Wegbereiter des Computers und Vordenker der Künstlichen Intelligenz. Im Zweiten Weltkrieg trug er entscheidend zur Entschlüsselung der deutschen Dechiffriermaschine *Enigma* bei. Doch seine Homosexualität wurde ihm zum Verhängnis.

Anfang des 20. Jahrhunderts lebten in Britisch-Indien fast 300 Millionen Menschen, darunter 170 000 Europäer. Einer von ihnen war Julius Mathison Turing. Seit 1896 diente der Jurist indischen Rechts dort seinem Staat als ranghoher Beamter. Auf einer Schiffspassage im Jahr 1907 in die Heimat lernte er Ethel Sara Stoney kennen, deren Eltern ebenfalls im britischen Staatsdienst arbeiteten. Sie war in Madras geboren, erhielt jedoch in Irland ihre Schulausbildung. Das Leben fernab der Eltern bei einem Verwandten, der mitunter nur wenig Liebe für die zusätzlichen Kinder aufzubringen vermochte, war typisch für die Sprösslinge treuer Diener des britischen Weltreichs.

Julius und Sara verliebten sich sofort heftig ineinander, schon im Oktober desselben Jahres heirateten sie. Am Neujahrstag 1908 fuhr das junge Paar zurück nach Indien, wo acht Monate später das erste Kind zur Welt kam: John. Drei Jahre später wurde Sara erneut schwanger, doch sollte das zweite Kind in England geboren werden und aufwachsen. Am 23. Juni 1912 erblickte der Sprössling in einer Klinik in Paddington (London) das Licht der Welt. Alan Mathison blieb die unerträgliche Hitze von Madras erspart.

Zusammen mit seinem Bruder wuchs Alan in England auf, während seine Eltern eine Art Pendeldiplomatie betrieben. Als der Vater im Frühjahr 1913 nach Indien zurückfuhr, blieb Sara bei den Kindern, doch im Herbst folgte sie ihrem Mann nach. Alan und Bruder John gab sie der Familie eines pensionierten Obersts namens Ward in St. Leonards-on-the-Sea nahe Hastings zur Pflege. Die beiden Brüder entsprachen wenig den Idealvorstellungen der Wards: Sie interessierten sich weder für typische Jungenspiele noch für Kriegsspielzeug. Viel lieber steckten sie ihre Köpfe in Bücher. Wenig Freude bereitete der kleine Alan allerdings auch, weil er bockig und wütend sein konnte und sich nicht gerade durch Folgsamkeit auszeichnete. Außerdem ging er den Erwachsenen häufig mit seiner hohen, durchdringenden Stimme auf die Nerven. Ein Stottern tat sein Übriges. Eigenarten, die sich nie ganz verloren. Gleichzeitig war er ein aufgewecktes Kind. So brachte er sich innerhalb von drei Wochen mit einem Buch selbst das Lesen bei. Genial war er indes nicht, schon gar nicht in Mathematik. Mit neun Jahren konnte er immer noch nicht dividieren. Das mag auch daran gelegen haben, dass die Wards keine Lernanreize boten.

Der Erste Weltkrieg hatte auf die beiden Jungs kaum einen Einfluss, aber die Schifffahrten zwischen England und Indien wurden gefährlicher. Deshalb blieb die Mutter nach dem Sommerurlaub 1916 in England und nahm ihre beiden Söhne wieder zu sich, während ihr Mann nach Indien zurückkehrte. Drei Jahre später folgte Sara ihm erneut nach, wieder mussten die Jungs bei den Wards leben.

Mit sechs Jahren kam Alan an eine private Tagesschule, vier Jahre später wechselte er an eine kleine Public School in Hazelhurst, die sein Bruder John bereits seit einigen Jahren besuchte. Auch hier erwies sich Alan als mittelmäßiger Schüler, der den Turnunterricht und die Mannschaftsspiele hasste. Stattdessen vertiefte er sich lieber stundenlang in das Studium von Landkarten. Ende des Jahres 1922 hatte er ein erstes intellektuelles Schlüsselerlebnis. Ein Bekannter hatte ihm das Buch *Natural Wonders Every Child Should Know* von Edwin Tenney Brewster geschenkt. Es gewährte vor allem Einblicke in Biologie, Fortpflanzung, Wachstum, Evolution und die Physiologie des Körpers. Dieses Buch öffnete Alan die Augen für die Naturwissenschaften. Vielleicht faszinierten ihn ganz besonders jene Passagen, in denen der menschliche Körper mit einer Maschine, genauer mit einer Verbrennungsmaschine, verglichen wurde: Alans spätere Forschungsbereiche. In Hazelhurst kamen solche Themen nicht vor, hier musste er sich mit Latein und Rechtschreibung quälen, was ihm beides nicht sonderlich lag. Stattdessen vertrieb er sich die Zeit mit kleinen Erfindungen, wie einem tropfsicheren Füllsystem für einen Federhalter. Alans ungeschickter Umgang mit Füllern war berüchtigt.

Im Jahr 1929 kündigte Julius Turing seine Stelle in Madras, kehrte nach England zurück und wurde beurlaubt. Zunächst zogen Alans Eltern jedoch aus finanziellen Gründen nach Frankreich, in die Bretagne. Nur im Sommer kamen sie nach England, während ihre Jungs in den Ferien zu ihnen reisten. Dieser Zustand änderte sich erst 1926, als Julius offiziell in Rente ging. Seine ersten 14 Lebensjahre hatte Alan also nur phasenweise gemeinsam mit seinen Eltern verbracht.

Dem überhaupt nicht inspirierenden Schulalltag entfloh er weiterhin durch die Lektüre von Büchern. Die *Childrens Encyclopedia* führte zu einem zweiten Erweckungserlebnis, Alan entdeckte die Chemie. Zu Weihnachten 1924 bekam er ein Sortiment an Chemikalien und Geräten geschenkt und erhielt die Erlaubnis, im Keller des Elternhauses in Frankreich ein Labor einzurichten. Als einmal jemand nach ihm fragte, antwortete seine Mutter: »Im Keller, experimentieren. Ich bin mir sicher, er wird eines Tages das Haus in die Luft jagen.«[1] So schlimm sollte es jedoch nie kommen, es blieb bei üblem Gestank.

Im Alter von 14 Jahren wechselte Alan an eine andere Public School in Sherborne, einem kleinen Ort im Südwesten Englands. Ausgerechnet am ersten Schultag legte ein Streik den gesamten öffentlichen Verkehr lahm – ein Problem für Alan, der am Tag zuvor mit der Fähre von Frankreich nach Southampton übergesetzt hatte. Dickköpfig, wie er war, und mit seinem Faible für Landkarten, beschloss er kurzerhand, die rund hundert Kilometer mit dem Rad zurückzulegen. Er benötigte für die Tour eine Übernachtung, traf aber pünktlich am nächsten Tag in der neuen Schule ein. Die Aktion erregte so großes Aufsehen, dass sogar die Lokalzeitung darüber berichtete.

Eine gute Wahl war diese Schule indes nicht. Der Alltag folgte einem strengen Ritual, Gehorsamkeit und Loyalität waren das Wichtigste. Ein naturwissenschaftlicher Unterricht existierte im Grunde nicht, seine chemischen Experimente setzte Alan in einem kleinen Verschlag fort. Er »wirkt verschlossen und neigt zum Einzelgänger«[2], urteilte der Schulvorsteher. Sein ganzes Verhalten stieß auf wenig Gegenliebe, die Schüler hänselten ihn, auch wegen der ständigen Tintenflecken auf seiner Kleidung. Selbst die Lehrer machten ihn deswegen zum Gespött der Schüler. Und dann wurde auch noch seine Begabung unterdrückt: Als er in Mathematik eine erstaunliche Arbeit ablieferte, wandte sich der Lehrer direkt an den Schulleiter und meinte, Turing müsse genial sein. Doch der wiegelte nur ab. Turing solle erst einmal die Grundlagen lernen, und außerdem sei seine Arbeit unsauber angefertigt. Die Versetzung schaffte Alan nur mit Mühe.

Während er in Englisch, Latein und Religion der schlechteste Schüler war, zog er sich immer mehr in die Mathematik zurück. Und wieder war es ein Buch, das ihm – selbstverständlich im Eigenstudium – eine ganz neue Welt eröffnete: Einsteins populäre Darstellung *Über die Spezielle und die Allgemeine Relativitätstheorie.* Er arbeitete das Werk eingehend durch und stellte seine eigenen Gedanken dazu an, die er seiner Mutter ausführlich in Briefen mitteilte. Was ihn faszinierte, war Einsteins konsequentes Vorgehen bis hin zu einer Theorie, die alle scheinbaren Gewissheiten von Zeit und Raum über den Haufen warf. Für gute Noten in Latein nützte ihm das natürlich nichts.

Alan war schulisch fehl am Platze und unter seinen Mitschülern isoliert, bis er Anfang 1927 Christopher Morcom kennenlernte, einen schmächtigen, blonden Jungen aus gutem Hause, der sich ebenfalls für Naturwissenschaften interessierte. Am liebsten diskutierten die beiden über mathematische Probleme und die neuesten, revolutionären Erkenntnisse der noch jungen Quantenphysik. Sie versuchten sich an der mathematischen Beschreibung chemischer Reaktionen oder erdachten Experimente zur Messung des Luftwiderstands. Später kam noch die Leidenschaft für die Astronomie hinzu. Beide kauften sich Fernrohre und vertieften sich in die damaligen Klassiker, zum Beispiel von Arthur Eddington. Es war eine aufregende Ära in der Astronomie, denn erst wenige Jahre zuvor war unzweifelhaft klar geworden, dass das Universum womöglich unendlich ausgedehnt und mit unendlich vielen Galaxien und Sternen erfüllt ist. Kosmologen diskutierten heftig über die Frage, ob sich das Universum ausdehnt und womöglich in einem Urknall entstanden ist.

Endlich hatte Alan einen Gleichgesinnten gefunden, mit

dem er sich frei austauschen konnte. Er bewunderte Christophers Brillanz in jeder Hinsicht: »Irgendwie schien ich nie zu bezweifeln, dass alles, was Chris tun würde, richtig sei, und ich denke, daran war viel mehr als blinde Bewunderung«[3], schrieb Alan später an Christophers Mutter. In der Tat beschränkte sich die Bewunderung nicht allein auf die Brillanz seines Freundes. Er war auch seine erste Liebe: »Ich verehrte den Boden, auf dem er ging«[4], schrieb er schwärmerisch Morcoms Mutter.

Christophers ausgezeichnete Leistungen in allen Bereichen waren für Alan Ansporn, seine Schlampigkeit weitgehend abzulegen und sauberer, präziser zu arbeiten. Dies und wohl auch das Bedürfnis, mit seinem Freund zusammenbleiben zu können, ermöglichte es ihm, gemeinsam mit Christopher die Aufnahmeprüfung für ein Studium am *Trinity College* in Cambridge abzulegen – eine der ersten Adressen für Naturwissenschaften und Mathematik. Die Prüfungswoche im Dezember 1929 verbrachten sie im Wohnheim des Colleges – es wurden die schönsten Tage seines gesamten Lebens, wie Alan später sagte. Es ist weder bekannt, wann Alan seine Homosexualität bewusst wurde, noch ob Christopher sie erwiderte.

Anschließend fuhren die beiden nach Sherborne zurück. Als wenig später die Prüfungsergebnisse bekannt gegeben wurden, brach für Alan eine Welt zusammen: Chris hatte bestanden, er jedoch nicht. Ihre Trennung drohte. Doch es kam noch viel schlimmer.

Anfang Februar 1930 erkrankte Christopher so schwer, dass er mit einem Krankenwagen nach London gebracht werden musste. Dort starb er sechs Tage später an den Folgen einer Rindertuberkulose. Alans Trauer war unendlich groß. Seiner Mutter schrieb er: »Ich bin mir sicher, dass ich

Morcom irgendwo wiedersehen werde.«[5] Über Jahre hinweg hielt Alan den Kontakt mit Christophers Eltern, schrieb der Mutter zu dessen Geburtstag und besuchte sie mehrmals. Einmal gingen sie in die nahe gelegene Christuskirche, wo Frau Morcom ihn vor ein neues Glasfenster führte. Es zeigte den heiligen Christophorus, der den kleinen Jesus auf den Schultern trägt. Zu Alans Verwunderung besaß das Christuskind Christophers Gesichtszüge. Das Fenster ziert bis heute die kleine Kirche. Die Morcoms stifteten zudem einen Buchpreis zum Gedenken an ihren Sohn für die beste Studienarbeit im Sherborne College. Erster Preisträger war Alan mit einer mathematischen Behandlung einer chemischen Reaktion. Im Folgejahr gewann er den Preis erneut.

Allmählich fügte sich Alan in den Schulalltag ein. Seine Mutter besuchte ihn mehrmals und bekam jedes Mal Angst, wenn ihr Sohn auf dem Zimmer das Frühstück zubereitete: »Ein Hauch von blauem Seidenpapier war um den Pfannengriff gewickelt, um seine Hände sauber zu halten. Aber es kam der Gasflamme so nahe, dass das Risiko bestand, alles ginge in Flammen auf.«[6] Aber Alan war ja das chemische Experimentieren gewohnt.

Zu seinem neuen Wohlbefinden trug auch bei, dass er sich zunehmend auf die Mathematik konzentrieren konnte. Außerdem fand er einen neuen Freund: Victor Beuttell, Sohn eines Elektroingenieurs, der sich mit Beleuchtungstechnik beschäftigte. Eines Tages unterstützte Alan ihn bei der Berechnung einer neuen Lampenoptik. Und er begann sich für Sport zu interessieren, allerdings nicht für kämpferische Mannschaftsspiele, sondern für das Laufen, genauer das Langstreckenlaufen. Nur diese kontemplative Betätigung kam für ihn, wie auch das Radfahren und Wandern, in Frage.

Erneut bewarb er sich für ein Stipendium am Trinity College, doch wieder reichten seine Leistungen nicht aus. Überraschenderweise gewährte man ihm aber ein Studium am King's College in Cambridge, das Alan als zweite Wahl angegeben hatte. Hier nun konnte er sich endlich ausschließlich der Mathematik und der modernen Physik widmen. Und noch etwas beschäftigte ihn intensiv: der Zusammenhang zwischen Geist und Materie oder Körper und Seele. An die Existenz einer unsterblichen Seele wollte er schon allein deswegen glauben, weil sie es ihm ermöglicht hätte, Christopher wiederzusehen. In einem Buch von Arthur Eddington fand er Spekulationen darüber, ob die neue Quantenphysik einen Weg aufzeigen könne, wie der Geist auf den Körper wirkt, doch letztlich blieben alle Ansätze nebulös. Es ist aber offensichtlich, wie sich schon in frühen Jahren bei Alan dieser Themenkomplex im Denken festsetzte.

Im Jahr 1933, als Hitler in Deutschland die Macht übernahm, kamen in dem von hoher Arbeitslosigkeit geplagten Großbritannien Kriegsängste auf. Pazifisten und Kommunisten verbündeten sich in Anti-Kriegsräten. Alan trat einem bei und erwog sogar, eine Reise in die Sowjetunion zu unternehmen. Doch er war weder Kommunist noch politischer Umstürzler, sondern vielmehr in höchstem Grade Individualist und Freigeist. Und seine Homosexualität wurde ihm immer deutlicher bewusst. Im Juni 1933 lud er seinen Freund James Atkins, der mit ihm von Sherborne nach Cambridge gekommen war, zu einer Wanderung im Lake District ein. Hierbei wollte er seinen 21. Geburtstag, den Tag seiner juristischen Volljährigkeit, feiern. An einem sonnigen Tag kam es auf einer Wiese zu einer zaghaften Annäherung, die James erwiderte. Seitdem lebten beide eine lockere Beziehung. Das King's College hatte zwar mit dem Beginn des 20. Jahrhunderts seinen Ruf als konservative

Einrichtung weitgehend abgelegt, aber Homosexualität war auch dort offiziell nicht erlaubt. Doch Alan ging mit ihr immer furchtloser um und suchte weitere intime Freundschaften.

Auf wissenschaftlicher Seite eröffnete ihm das Buch *Mathematische Grundlagen der Quantenmechanik* von John von Neumann eine ganz neue Sichtweise auf die moderne theoretische Forschung. Von Neumann hatte die quantenphysikalischen Ergebnisse von Heisenberg und Schrödinger auf eine abstraktere mathematische Basis zurückgeführt und dabei auf Arbeiten des Mathematikers David Hilbert zurückgegriffen. Von Neumanns glasklare Darstellung zeigte Alan auf eindrucksvolle Weise, wie die reine, unabhängig von irgendeiner möglichen Anwendung entwickelte Mathematik plötzlich als effektives Werkzeug für die Beschreibung der Natur dienen konnte. Es war der Zusammenhang zwischen dem Abstrakten und dem Physikalischen, der Alan faszinierte.

Im Jahr 1934 wählte man ihn wegen besonderer mathematischer Leistungen zum Fellow des Jahrgangs, verbunden mit einem jährlichen Stipendium von 300 Pfund über drei Jahre. Das entsprach dem doppelten Gehalt eines gelernten Arbeiters und verpflichtete ihn zu nichts. Eine kleine Arbeit aus der Gruppentheorie brachte ihm sogar die erste Veröffentlichung in einem Fachjournal ein.

Entscheidend wurde aber die Beschäftigung mit einem Buch von Bertrand Russell über die Philosophie der Mathematik, in dem es um Fragen nach der inneren Struktur der Mathematik ging. Hilbert hatte in diesem Zusammenhang fundamentale Fragen gestellt: Ist die Mathematik vollständig, in dem Sinne, dass jede Behauptung entweder bewiesen oder widerlegt werden kann? Und ist sie widerspruchsfrei, so dass zum Beispiel 2 + 2 immer 4 und nicht auch einmal 5 sein kann? Hilbert selbst vermutete, dass die Mathematik vollständig und widerspruchsfrei sei. Doch Kurt Gödel hatte schon 1931 unter den Mathematikern für erheblichen Wirbel gesorgt, als er bewies, dass Hilberts Vermutung nicht stimmt: Jedes mathematische System muss entweder interne Widersprüche aufweisen oder unvollständig sein. Letzteres bedeutet, dass es innerhalb des Systems Theoreme (wahre Aussagen) geben muss, die nicht beweisbar sind.

Darüber grübelte Turing im Frühsommer 1935 nach, als er bei einem seiner Langstreckenläufe in dem idyllischen Ort Grantchester eine Pause einlegte und zur Erholung auf einer Wiese lag. Hilbert hatte noch eine dritte fundamentale Frage gestellt, deren Antwort ausstand: Ist die Mathematik entscheidbar? Anders gesagt: Gibt es ein bestimmtes Verfahren, das für jede beliebige Behauptung mit Sicherheit entscheiden kann, ob diese wahr oder falsch ist? Alans Mathematikprofessor Max Newman hatte in einer Vorlesung gefragt, ob man Hilberts dritte Frage eventuell mit einer Maschine lösen könnte – ein zur damaligen Zeit vollkommen unrealistisches Vorhaben. Doch genau diese Idee schoss Alan durch den Kopf, als er in den Himmel schaute.

Was müsste eine solche Maschine können, und wie müsste sie arbeiten? Ein ganzes Jahr lang beschäftigte er sich mit diesen Fragen, bis er im April 1936 Max Newman die erste Fassung seiner Arbeit vorlegen konnte. Sie erschien unter dem Titel *On Computable Numbers, with an Application to the Entscheidungsproblem* (*Über berechenbare Zahlen mit einer Anwendung auf das Entscheidungsproblem*) in der Novemberausgabe der *Proceedings of the London Mathematical Society* und war aus zwei Gründen bahnbrechend: Zum einen bewies Turing darin, dass auch Hilberts dritte Vermutung nicht stimmt, die Entscheidbarkeit: Nicht für jede mathematische Behauptung kann mit Sicherheit entschieden werden, ob diese wahr oder falsch ist. Zum anderen entwarf Turing das Konzept für eine Maschine, die als Grundlage für alle Computer gilt und die später nach ihm benannt wurde.

Die »Turingmaschine« ist ein abstraktes, logisch definiertes Gerät, das vereinfacht so funktioniert: Sie besteht aus einem unendlich langen Speicherband, auf dem sich nebeneinander gleich große Felder befinden. In jedem Feld ist genau ein Symbol gespeichert, zum Beispiel 0 oder 1. Ein Lese-und-Schreib-Kopf liest die Symbole ein, kann in leere Felder neue schreiben und vorhandene ändern oder löschen. Wenn der Kopf auf einem Feld das dort vorhandene Symbol liest, erhält er damit die Anweisung, was er dort schreiben und in welche Richtung auf dem Band er sich weiterbewegen soll. Dabei kann er jeweils immer nur um ein Feld nach rechts oder links hüpfen. Dieser Kopf enthält das Programm (Software) der Maschine, das die jeweiligen Zustände und Arbeitsschritte festlegt. Mit dieser Technik konnte eine solche Maschine Zahlen berechnen. Nach Turing war eine Zahl berechenbar, wenn eine Maschine sie als Dezimalausdruck niederschreiben kann. In der Arbeit zeigte er, dass bestimmte große Zahlenklassen berechenbar sind: »Sie umfassen zum Beispiel die reellen Anteile aller algebraischen Zahlen, … die Zahlen π, e usw. Die berechenbaren Zahlen umfassen jedoch nicht alle definierbaren Zahlen, wofür das Beispiel einer definierbaren Zahl, die nicht berechenbar ist, gegeben wird.«[7] Dieser letzte, sehr lange und komplizierte Beweis war die Widerlegung von Hilberts Entscheidbarkeits-Vermutung: Die Mathematik ist nicht in der Lage, all ihre Bereiche nur durch sich selbst zu beweisen, oder: Es gibt Dinge, die sich nicht berechnen lassen.

Jede Turingmaschine ist, abhängig von dem installierten Programm, für das Lösen einer bestimmten Aufgabe zuständig. Turing entwarf zudem jedoch eine besondere Maschine, die abhängig von einem Symbol auf dem Band neue Programme laden konnte. Diese »Universalmaschine« wäre in der Lage, die Arbeit aller anderen möglichen Maschinen zu übernehmen und alles zu berechnen, was berechenbar ist. Sie könnte auch alles berechnen, was ein Mensch berechnen kann: »Sie wäre ein Ersatz für den menschlichen Rechner: Ein elektrisches Gehirn!«[8] Die Universalmaschine ist die theoretische Grundlage aller heutigen Rechner im PC, Laptop oder Smartphone.

Ob Turing schon damals an die technische Realisierung einer solchen Maschine gedacht hat, ist unklar. Ein Kollege meinte einmal scherzhaft, sie müsse so groß sein wie die Royal Albert Hall. Wir wissen auch nicht, ob er im British Science Museum den Prototypen von Charles Babbages »Differenzmaschine« gesehen hat. Fast hundert Jahre zuvor war sein britischer Kollege an dem Bau einer komplexen mechanischen Rechenmaschine gescheitert. Babbage gilt heute als Pionier der Computertechnik. Zeitweilig arbeitete er mit Ada Lovelace zusammen, die das erste Computerprogramm schrieb.

Turing hatte die Arbeit *Über berechenbare Zahlen* völlig im Alleingang geschrieben. Zeitgleich hatte aber in Princeton, USA, ein Mathematiker namens Alonzo Church ebenfalls Hilberts Entscheidbarkeits-Vermutung widerlegt. Kurze Zeit stand daher zu befürchten, dass Turing seine Arbeit aus Plagiatsgründen nicht veröffentlichen dürfe. Doch bald wurde klar, dass beide Mathematiker auf völlig unterschiedlichen Wegen zum selben Ziel gelangt waren. Einzigartig war Turings Weg, eine Maschine auszudenken, um ein mathematisches Problem zu lösen.

Er beschloss, nach Princeton zu gehen, um dort Koryphäen zu treffen, wie Church, von Neumann, Gödel, Weyl, Courant oder vielleicht auch Einstein, der seit 1933 im *Institute for Advanced Study* forschte. Der französische Physiker Paul Langevin hatte Einsteins Emigration mit den prophetischen Worten kommentiert: »Der Papst der Physik ist umgezogen, und die Vereinigten Staaten werden zum Zentrum der Naturwissenschaften aufsteigen.«[9] Aus Turings Aufstieg in den Mathematiker-Olymp wurde indes nichts. Seine bahnbrechende Arbeit wurde in Princeton gar nicht zur Kenntnis genommen. Außer Church gab es kaum jemanden, der auf seinem Gebiet der mathematischen Logik forschte, und Gödel hatte Princeton bereits wieder verlassen. Außerdem war Turing nicht der gesellige Typ, der ungezwungen Leute ansprach und womöglich für seine eigene Arbeit warb. Versuche intimer Annäherung an zwei Kollegen schlugen ebenfalls fehl. So blieb es im Wesentlichen beim Hören von Vorlesungen und der Arbeit an kleineren Veröffentlichungen.

Ein Jahr nach seiner Ankunft bewarb er sich erfolglos auf eine Professur in Cambridge, weswegen er beschloss, ein weiteres Jahr in den USA zu verbringen. In England war ihm vermutlich die Gefahr eines bevorstehenden Krieges bewusst geworden, und er dachte über die Frage nach, wie man eine Nachricht mit einer Maschine kodieren könnte. Er kam auf ein einfaches Verfahren, bei dem der Code in Form einer großen Zahl in Binärform übertragen wurde. Seiner Meinung nach hätten hundert Deutsche hundert Jahre für die Entschlüsselung arbeiten müssen. Interessanterweise beließ es Turing nicht bei der Theorie, sondern machte sich daran, eine solche Chiffriermaschine zu bauen. Hierfür lieh er sich von einem Kommilitonen den Schlüssel zur Physikwerkstatt, baute selbst Relais und setzte alles zu einer Maschine zusammen, die tatsächlich funktionierte. Ein Mathematiker mit handwerklichem Talent war eher selten.

Im Mai bot man ihm überraschend eine Stelle als von Neumanns Assistent an. Doch er lehnte ab, was von großem Selbstbewusstsein zeugt. Hintergrund war, dass er unbedingt zurück nach Cambridge wollte. Außerdem arbeitete er an seiner Dissertation über mathematische Logik. Sein Doktorvater war Alonzo Church, bei dem er im Juni 1938 eine brillante Prüfung ablegte. Vier Wochen später war er wieder zu Hause.

Umgehend erhielt er von der *Government of Code and Cypher School* (kurz GC & CS) eine Einladung. Diese, dem Geheimdienst und dem Außenministerium unterstehende kryptoanalytische Einrichtung sollte den deutschen Funkverkehr entschlüsseln. Wie sie auf Turing kam, ist nicht geklärt. Wieder zurück am King's College übernahm Turing eine Vorlesung, jedoch ohne feste Dozentenstelle. In dieser Zeit waren an verschiedenen Orten in den USA und Großbritannien Ideen für elektrische Rechenmaschinen aufgetaucht, auch in Cambridge. Alan interessierte sich dafür und beantragte den Bau einer Maschine, die er auf ein spezielles Problem ansetzen wollte: die Berechnung der Nullstellen der Riemannschen Zeta-Funktion. Diese Funktion spielt eine zentrale Rolle in der Theorie der Primzahlen. Bernhard Riemann hatte über sie eine Vermutung angestellt, die allerdings nicht bewiesen werden konnte – bis heute.

Turing vertiefte sich in die Konstruktion seiner Maschine,

bis hin zum Feilen von Zahnrädern. Doch im Spätsommer 1940 war Schluss mit der Tüftelei, und er wurde nach Bletchley Park gerufen, einem kleinen Dorf, etwa eine Stunde südwestlich von Cambridge gelegen. Dort hatte der GC & CS in einem Gutshaus eine Gruppe untergebracht, die den verschlüsselten Funkspruch der deutschen Wehrmacht knacken sollte. Turing wurde nicht weit entfernt in einem Gasthaus in Shenley Brook End untergebracht.

Der GC & CS hatte Menschen mit völlig unterschiedlichen Spezialkenntnissen nach Bletchley Park geholt. Es fanden sich Linguisten neben Schachmeistern und geschickte Löser von Kreuzworträtseln neben Mathematikern. Eines der Urgesteine bei dem GC & CS, Dilly Knox, war Ägyptologe. Außer Turing kamen noch zwei weitere Mathematiker aus Cambridge: Gordon Welchman und John Jeffreys. War die dortige Gruppe anfangs noch überschaubar, so arbeiteten in der Endphase des Krieges fast 10 000 Menschen in Bletchley Park und seinen Außenstationen, etwa drei Viertel davon Frauen. Der gemeinsame Feind hieß: »Enigma«, das war die legendäre Chiffriermaschine der deutschen Wehrmacht. »Alle Kommandos kommen in dieses Ding rein, heraus kommt Kauderwelsch«, fasst es der militärische Leiter von Bletchley, Alastair Denniston, in dem Film *Imitation Game* treffend zusammen. Die Enigma zu knacken galt als so gut wie unmöglich. Genau das war die Aufgabe der Kryptologiegruppe.

Das Prinzip der Enigma basierte auf der Verschlüsselung mit Walzen. Es wurde bereits zur Zeit des Ersten Weltkriegs entwickelt. In den USA baute Edward Hugo Hebern ein solches Gerät und verkaufte es ab 1921. In Deutschland experimentierte der Ingenieur Arthur Scherbius mit Chiffriermaschinen dieses Typs, meldete sie zum Patent an und kaufte zusätzlich von einem Holländer die Patentrechte an einem ähnlichen Gerät. Das war der Grundstock für seine Enigma. Dieses griechische Wort für Rätsel erschien Scherbius verkaufsfördernd, denn 1923 hoffte er mit der Gründung einer Aktiengesellschaft auf das große Geschäft. Es blieb allerdings aus, bis die Reichswehr auf die Enigma aufmerksam wurde und diese fortan ausschließlich für das Militär gebaut wurde.

Walzenverschlüsselungsmaschinen funktionieren folgendermaßen: Man benötigt eine Eingabemöglichkeit, zum Beispiel eine elektrische Schreibmaschine. Von jeder Taste führt ein Kabel zu einem Kontakt auf einer Walze von der Form eines flachen Zylinders. Sie ähnelt äußerlich eher einer Dose als einer Walze. Von jedem dieser Kontakte führt im Innern der Walze ein Kabel zu einem anderen Kontakt auf der gegenüberliegenden Seite der Walze. Jeder dieser Kontakte entspricht einem Buchstaben, der meistens nicht dem Eingabebuchstaben entspricht. Nun muss dieser Kontakt mit einer Anzeige verbunden sein, sodass bei jedem Drücken einer Taste auf der Schreibmaschine ein Buchstabe aufleuchtet. Die Verschlüsselung erfolgt über die Verdrahtung innerhalb der Walze. Eine derart einfache Verschlüsselung, bei der ein Buchstabe nach einem festen Verdrahtungsschema in einen anderen umgesetzt wird, ließe sich sehr leicht knacken. Der Witz besteht darin, dass die Walze nach jeder Buchstabeneingabe gedreht wird, sodass nun andere Kontakte aufeinanderstoßen und die Verschlüsselung sich ändert. Diese Methode lässt sich zu einer enormen Komplexität treiben, indem man mehrere Walzen hintereinanderschaltet, die sich unabhängig voneinander drehen lassen. Was die Anzahl der möglichen Verschlüsselungen zusätzlich in die Höhe schießen lässt, ist ein Steckbrett mit

26 Ausgängen. Jeder Ausgang verbindet ein Buchstabenpaar miteinander und vertauscht die eingegebenen Buchstaben miteinander, bevor sie auf die erste Walze gelangen. Damit erhöht sich die Anzahl der möglichen Chiffrierungen ins Unermessliche.

Scherbius hatte bei der Enigma noch eine Besonderheit eingeführt: Am Ende einer Walzenkolonne brachte er eine sogenannte Umkehrwalze an. Sie kehrte alle am Ende der Verschlüsselungskette ankommenden Stromimpulse um und schickte sie auf umgekehrtem Weg wieder durch die Walzenkolonne zurück. Auf diese Weise ließ sich die Maschine sowohl zum Verschlüsseln als auch zum Dechiffrieren von Meldungen nutzen. Immer vorausgesetzt, die Meldung war mit derselben Einstellung der Enigma verschlüsselt worden wie diese selbst. Die Umkehrwalze machte die Enigma damit zu einem sehr praktischen Gerät. Sie hatte aber einen Nachteil, der beim späteren Knacken der Codes eine wichtige Rolle spielen sollte: Eine Enigma mit Umkehrwalze musste jeden Buchstaben in einen anderen überführen, es war nicht möglich, dass ein Buchstabe in sich selbst überführt wurde. Das verringerte die Anzahl der möglichen Verschränkungen in größerem Maße, als es die deutschen Chiffrierer ahnten.

Es mussten mehrere Voraussetzungen erfüllt sein, damit eine chiffrierte Meldung an anderer Stelle dechiffriert werden konnte. Bei Kriegsbeginn verfügten die Enigmas je nach Ausführung über drei oder vier Walzen. Am Anfang wurde die Maschine in eine definierte Reihenfolge und Ausgangsstellung gebracht und diese Grundeinstellung dann allen Beteiligten mit einem Tagesschlüssel mitgeteilt. Dies geschah am Beginn der Meldung in Form von drei Buchstaben, die zur Sicherheit einmal wiederholt wurden.

Auch dieser Schlüssel wurde natürlich verschlüsselt übermittelt. Anfänglich wurde die Walzenlage einmal am Tag geändert, gegen Ende des Krieges drei Mal.

Als Turing im September 1939 nach Bletchley Park kam, hatten polnische und französische Kollegen bereits erhebliche Erfolge im Knacken der Enigma vorzuweisen. Dem polnischen Geheimdienst waren Ende der 1920er Jahre zwei Enigmas in die Hände gefallen, an denen zumindest das Verschlüsselungsprinzip studiert werden konnte. 1932 hatte ein deutscher Spion den Franzosen wertvolle Informationen über die Verschlüsselung der Enigma geliefert. Die Franzosen übermittelten die brandheißen Informationen an ihre Kollegen in Polen, mit denen sie seit einiger Zeit eng zusammenarbeiteten. In Warschau gelang es den drei genialen Mathematikern Marian Rejewski, Henryk Zygalski und Jerzy Różycki durch scharfsinniges Kombinieren, das Anwenden von gruppentheoretischen Elementen und durch geschicktes Raten, die Schaltungen der Walzen zu entschlüsseln. Ab 1934 waren sie in der Lage, alle Funksprüche zu entziffern. Da die Deutschen aber ständig die Grundeinstellung der Enigma änderten, mussten die Kryptologen jedes Mal aufs Neue beginnen, den Tagesschlüssel zu entziffern – eine mechanische Arbeit, die auch eine Maschine erledigen könnte, indem sie alle möglichen Walzenstellungen durchprobiert. Man nannte sie »Bombe«.

Tatsächlich gelang es mit einer solchen Bombe bis zum Herbst 1938, den Tagesschlüssel zu knacken und die Funksprüche zu lesen. Zu diesem Zeitpunkt waren die Polen die erfolgreichsten Codeknacker der Welt. Doch dann erhöhten die Deutschen die Anzahl der Walzen und verzehnfachten damit die Zahl der Verschlüsselungsmöglichkeiten. Nun waren selbst die polnischen Dechiffrierer überfordert. Sicher hätten sie ihre Bombe noch erweitert, doch die Lage in Polen wurde immer bedrohlicher.

Am 25. Juli 1939 kam es zu einem legendären Treffen zwischen polnischen, französischen und britischen Geheimdienstlern in der Nähe von Warschau. Sie beschlossen, dass die Polen weiter theoretisch am Codeknacken arbeiten sollten, die Franzosen versuchen sollten, über Kontaktleute Informationen zu beschaffen, und die Briten leistungsfähigere Bomben bauen sollten. Außerdem übergaben die Polen den Franzosen die beiden Enigmas. Dann erfolgte am 1. September 1939 der deutsche Überfall auf Polen. Rejewski und Kollegen flohen zunächst nach Rumänien, später nach Frankreich. Während Rejewski und Zygalski weiter für den Geheimdienst arbeiteten und den Krieg überlebten, kam Różycki 1942 bei einem Seeunglück ums Leben. Die Arbeit der drei Mathematiker kann gar nicht hoch genug eingeschätzt werden. Dennoch erfuhren sie erst Jahrzehnte später die verdiente Ehrung – Rejewski und Różycki gar erst nach ihrem Tod. Am Warschauer Piłsudski-Platz wurde eine Gedenktafel für sie errichtet.

Das Dechiffrierteam in Bletchley Park war sich schnell darüber im Klaren, dass es unmöglich wäre, eine Bombe zu bauen, die tagtäglich alle möglichen Kombinationen der Enigma durchspielt, bis sie irgendwann auf einen sinnvollen Text stößt. Allein das Steckbrett ermöglichte 150 Billionen mögliche Verschlüsselungen, die gesamte Maschine etwa 10^{23}. Diese Zahl ist so gewaltig, dass die Enigma allein durch mechanisches Ausprobieren niemals zu knacken gewesen wäre. Es bedurfte Fehler der Deutschen und genialer logischer Einschränkungen.

Mit entscheidend war die Idee, dass in den Meldungen bestimmte Worte häufiger auftauchen, wie Oberkommando oder Wehrmacht. Diese sogenannten »Cribs« traten in identisch verschlüsselter Schreibweise innerhalb eines Tages in sehr vielen Meldungen auf. Diese Buchstabenfolgen sollten dann in Lochkarten geschrieben und von den Bomben als Input genutzt werden. Vor allem Welchman und Turing entwarfen das Konzept, wobei Turing für die Konstruktion der Bombe verantwortlich war. Für diese Aufgabe war er bestens geeignet, denn er besaß eine geniale Gabe für mathematische Logik und Kombinatorik und hatte sich intensiv in die Konstruktion mathematischer Maschinen eingearbeitet. Turing erkannte zudem, dass sich die Vielzahl der Walzen- und Steckbrettkombinationen weiter einschränken ließ, wenn man Lösungsmöglichkeiten ausschloss, die in sich widersprüchlich waren.

Die Bombe bestand aus sehr vielen Walzen, die die Enigma simulierten. Elektrische Relais sorgten dafür, dass die Maschine dann stoppte, wenn eine in sich widerspruchsfreie Lösung vorlag. Das musste aber noch lange nicht der wirkliche Klartext sein. Die rein mechanische Entschlüsselung der Texte allein hätte nie zum Ziel geführt, dafür war die Enigma einfach zu komplex. Weitere mathematische und linguistische Tricks waren ebenso nötig wie Intuition und schlichtes Raten. Außerdem musste die Bombe erst einmal unter Hochdruck in einer Firma gebaut werden.

Anfang 1940 wurden in Bletchley mehrere Gruppen gebildet und in verschiedenen Häusern, Baracken genannt, untergebracht. Dies war auch deshalb sinnvoll, weil die unterschiedlichen Waffengattungen verschiedene Verschlüsselungssysteme verwendeten. Welchman in Baracke 6 übernahm Armee und Luftwaffe, Turing in Haus 8 die Marine. Dort nannten sie ihn den Prof. Im Sommer 1940 begann die »Turing-Bombe« zu rattern, nicht jedoch in Bletchley, sondern in einem fernen Landhaus. Frauen vom *Royal Navy Service*, sogenannte Wrens (Zaunkönige), fütterten die Maschinen. Es ratterte wie in einer Nähfabrik, und sobald die Maschine stoppte, übertrugen die Wrens den Text telefonisch nach Bletchley, wo er interpretiert wurde. Auch das war noch ein mühsames Unterfangen, weil die Deutschen Abkürzungen verwendeten oder sich auf unbekannte Landkarten bezogen. Kein Wunder, dass die Turing-Bombe mitunter den Spitznamen Orakel bekam.

Turing war schon bald als eigenwilliger Sonderling bekannt. Auf sein Äußeres gab er gar nichts. Eine Schnur hielt seine Hose zusammen, unter dem Sportsakko trug er mitunter eine Pyjamajacke. Stets unrasiert, mit wirren Haaren und ungepflegten Händen, sauste er mit dem Fahrrad zur Arbeit. Im Sommer trug er eine Gasmaske zum Schutz gegen Heuschnupfen. Als an seinem Rad immer wieder die Kette absprang, suchte er nach einem mathematischen Zusammenhang zwischen der Zahl der Umdrehungen des Kettenblatts und der Räder. Auf diese Weise erkannte er eine verbogene Speiche als Ursache und konnte das Rad reparieren. Das hätte man sicher auch auf einfachere Art herausfinden können. Seine Henkeltasse für den Tee kettete er mit einem Schloss am Heizungsrohr in Baracke 8 fest. Eine Ungeschicklichkeit der besonderen Art leistete er sich im Sommer 1940. Auf Anraten eines Freunds kaufte er sich wegen der unsicheren Kriegslage zwei Silberbarren. Anstatt sie aber bei einer Bank zu verwahren, vergrub er sie, einen im Wald und den anderen unter einer Brücke. Dann beschrieb er auf einem Zettel die beiden Orte – natürlich verschlüsselt – und versteckte auch diesen Plan in einem Behälter unter einer anderen Brücke. Er fand die Barren nie wieder. Trotz all dieser Verrücktheiten genoss er unter den

Kollegen hohes Ansehen. Einer von ihnen schrieb später an Turings Mutter: »Alan war natürlich eine Klasse für sich im Bereich der Gehirnleistung. Aber was uns alle beeindruckte, war sein Eintreten für die Benachteiligten und sein Wille, anderen zu helfen.«[10]

Turing arbeitete weiter an mathematischen Theorien, um die Verschlüsselungsmöglichkeiten immer mehr einzuschränken. Außerdem holte er neue Mitarbeiter in sein Team, unter anderem den Mathematiker und Schachmeister Hugh Alexander. Dennoch hielten sich bis zum Frühjahr 1941 die Erfolge mit der Turing-Bombe sehr in Grenzen: Nur wenige Funksprüche konnten entschlüsselt werden, und das erst nach Tagen. Doch dann führten ausgerechnet alte Meldungen zu einem Durchbruch. Mit ihnen gelang es, die Positionen mehrerer Schiffe ausfindig zu machen. Einige von ihnen wurden gekapert und das an Bord befindliche Chiffriermaterial konfisziert. Es offenbarte Geheimnisse, die es Turings Team ermöglichten, die Funksprüche nun schneller zu entschlüsseln. Im Juni nutzte die Kriegsmarine ihr neu erworbenes Wissen, um sieben deutsche Versorgungsschiffe zu versenken.

Dieser Erfolg barg indes ein Problem: Die Deutschen vermuteten, dass die Briten die Route ihres Konvois irgendwie in Erfahrung gebracht hatten. Zum Glück für die Alliierten schlossen sie aber aus, dass es gelungen sein könnte, die Enigma zu knacken. Das hätte nämlich zwingend einen weiteren Verschlüsselungsgrad nach sich gezogen, und Turings Gruppe hätte wieder von vorn beginnen müssen.

Der Gruppe in Bletchley kam nun kriegsentscheidende Bedeutung zu. Im Juni 1941 führte der britische Militärgeheimdienst für alle von dort kommenden Nachrichten eine neue Geheimhaltungsstufe ein: »ultra secret«. Die bis dahin höchste Stufe »most secret« reichte nicht mehr aus. Es kam aber auch zu Reibereien zwischen den Kryptologen und den Militärs. Turing verachtete jede Form von Wichtigtuerei, Unvernunft oder Hierarchie. Für militärischen Gehorsam hatte er überhaupt nichts übrig, für ihn galten ausschließlich Sachlichkeit, Klarsicht und Vernunft. So oder ähnlich dachten viele in den Baracken. In den Augen der Militärs glich dieser Haufen undisziplinierter Zivilisten eher einer anarchischen Bande. Auseinandersetzungen blieben deswegen nicht aus. So konnte Turing es einfach nicht verstehen, dass ihm die Verwaltung dringend benötigte zusätzliche Bomben nicht genehmigte.

Es gab jedoch einen bedeutenden Mann, der von den Ergebnissen der Tüftler in Bletchley begeistert war: Winston Churchill. Jeden Tag ließ er sich so viele Meldungen wie möglich überbringen und war dadurch oft auf einem besseren Kenntnisstand als sein Mitarbeiterstab. Im September 1941 stattete er Bletchley sogar einen Besuch ab. Stolz bezeichnete er die Kryptologen als Gänse, die goldene Eier legen, ohne zu schnattern. Bis zum Ende des Krieges sollten die Gänse insgesamt eine halbe Million goldener Eier, sprich entschlüsselte Enigmameldungen, legen. Turing nutzte Churchills Begeisterung und wandte sich im darauffolgenden Monat direkt an ihn, mit der Bitte um weitere Unterstützung. Der Premierminister genehmigte sie prompt, woraufhin weitere Gebäude für das stetig wachsende Personal sowie Außenstationen für zusätzliche Bomben geschaffen werden konnten.

Später wurde behauptet, Churchill habe Turing den größten Beitrag zum Sieg der Alliierten über Deutschland zugesprochen. Dafür konnte nie ein Beleg gefunden werden. Reine Fiktion ist auch ein Gespräch zwischen Turing und

Churchill über die Möglichkeit denkender Maschinen, wie es Rolf Hochhuth in seiner Erzählung *Alan Turing* schildert. Wie weit Turing bereits zu diesem Zeitpunkt über dieses Thema nachgedacht hat, ist nicht ganz klar. Vorstudien könnten aber gemeinsame Überlegungen mit seinem Kollegen, dem Mathematiker Jack Good, über die Frage gewesen sein, ob eine Maschine Schach spielen könne. Sie entwickelten ein ausgeklügeltes System, das sie aber zur damaligen Zeit nicht in eine Maschine umsetzen konnten. Nach dem Krieg widmete sich Turing diesem Problem erneut.

Im Frühjahr 1941 nahm Turings Leben eine unvorhergesehene Wende – wenn auch nur vorübergehend. Er verlobte sich mit einer Mitarbeiterin namens Joan Clarke. Gordon Welchman war in Cambridge wegen ihrer mathematischen Begabung auf sie aufmerksam geworden und hatte sie in das Team nach Bletchley geholt. Dort arbeitete sie als eine von insgesamt nur zwei weiblichen Kryptologen. Sie verstand sich sehr gut mit Turing. Zum einen waren sie sich intellektuell ebenbürtig, und Alan konnte – wenn man einmal von seinen Spleens absah – sehr charmant sein. Er schloss nicht sehr schnell Freundschaften, aber wenn er einmal Vertrauen zu jemandem gefasst hatte, war er treu.

Turing teilte die Arbeitspläne so ein, dass er gemeinsam mit Joan Schicht hatte (es wurde rund um die Uhr an der Dechiffrierung gearbeitet), und sie verbrachten auch privat viel Zeit miteinander. Es muss Joan aufgefallen sein, dass ihr neuer Freund körperlich kein Interesse an ihr zeigte, trotzdem willigte sie in die Verlobung ein. Ein Besuch bei den Eltern der beiden verlief zufriedenstellend. Über ihre Arbeit erzählten sie lediglich, sie seien für das Auswärtige Amt tätig. Alans Mutter Sara sollte nie etwas über die historische Leistung ihres Sohnes als Mastermind in Bletchley Park erfahren. Ende August trug Alan Joan sogar die Heirat an, und sie willigte ein. Doch bei einem Spaziergang am darauffolgenden Tag gestand er ihr seine Homosexualität und zog seinen Antrag zurück, vielleicht auch, um Joan nicht den Weg in eine normale Ehe zu verbauen. Sie heiratete nach dem Krieg, arbeitete in der britischen Regierungskommunikationszentrale und beteiligte sich an der historischen Aufarbeitung der Kriegszeit. Mit Turing blieb sie bis zu dessen Tod in Kontakt.

Bei der Dechiffrierung der Marinemeldungen halfen ihnen zwei Texte, in denen bestimmte Begriffe oft wiederholt wurden. Die eine Serie kam von einer Werft, die andere enthielt Wetterberichte von U-Booten im Atlantik. Dennoch war das Entziffern stets wie ein Wettlauf, weil die Deutschen immer wieder Abkürzungen oder Bezeichnungen auf Karten änderten. Es bedurfte einer großen Zahl an Mitarbeitern, um die Fülle an decodierten Berichten zu interpretieren – eine unabdingbare Voraussetzung, um daraus kriegstaktische Entscheidungen abzuleiten.

Die Entschlüsselung der Enigmameldungen war ein Katz-und-Maus-Spiel. Zeitweise dechiffrierten die Kryptologen in Bletchley jede Meldung rasch, doch dann änderten die Deutschen plötzlich wieder etwas, und das Spiel ging von vorne los. So schöpften die Deutschen nach einem plötzlichen Angriff eines englischen U-Bootes auf zwei deutsche Boote Verdacht, dass die Briten die Funksprüche abhören konnten. Prompt ergänzten sie in der Enigma eine vierte Walze und änderten die Verdrahtung der Umkehrwalze. Dadurch erhöhte sich der Dechiffrieraufwand um das 26-Fache. In Bletchley war man wieder vollkommen taub für den deutschen Funkverkehr, die Verluste der Schiffe stiegen rasant an. Umgehend forderten Turing und Welchman weitere finanzielle Mittel, um die 30 Rotoren ihrer Bomben um weitere 20 zu erhöhen. Mit entscheidend für das Überwinden dieser Krise war jedoch das Aufbringen eines deutschen U-Bootes im Oktober 1942. Aus dem sinkenden Schiff konnten die Briten ein Signalbuch und den Verschlüsselungscode für die täglichen Wetterberichte erbeuten. Mit diesen Zusatzinformationen gelang es Turing und Kollegen, den Enigma-Code erneut zu knacken. Ab Ende 1942 entschlüsselten sie täglich an die 3000 Funksprüche. Das war auch insofern von entscheidender Bedeutung, weil sie schon ab Mai 1942 alle Funksprüche im Zusammenhang mit Rommels afrikanischem Feldzug dechiffrieren und die Alliierten den Nachschub über das Mittelmeer unterbinden konnten. Später gingen die Deutschen vom alten Morse-System zu einem neuen maschinell verschlüsselten Übertragungssystem über, das die Alliierten »Fisch« nannten. Turing entwickelte auch hierfür ein Dechiffriersystem, den »Turingismus«.

Im November 1942 bestieg Turing den Ozeandampfer »Queen Elizabeth« und begab sich auf eine gefährliche Reise über den Atlantik. Grund hierfür war ein Angebot der Amerikaner zu einer Zusammenarbeit beim Entschlüsseln der Enigmameldungen auf dem Atlantik, denn seit einem Jahr befanden sich die Vereinigen Staaten nach dem Angriff japanischer Bomber auf Pearl Harbor im Krieg. Die Amerikaner hatten bedeutende Firmen für kriegsrelevante Arbeiten rekrutiert, unter anderem die Bell Laboratories in New York. Dort tauschte Turing mit den Kollegen Informationen aus und interessierte sich vor allem für neue Formen der elektronischen Sprachverschlüsselung, insbesondere für gesprochene Sätze. Hierfür mussten aus den Tonsignalen alle nicht relevanten Elemente entfernt werden, um dann die übrig gebliebenen elektronisch zu verschlüsseln. Das war nicht nur ein technisches, sondern auch ein erhebliches mathematisches Problem, dem sich Turing mit großem Enthusiasmus widmete. Im Februar gab es tatsächlich ein halbwegs funktionierendes Gerät. Erstmals konnten gesprochene Worte verschlüsselt ausgetauscht werden.

Fruchtbar und inspirierend waren auch Gespräche mit dem Mathematiker und Neurologen Claude Shannon. Er träumte davon, eine Maschine zu bauen, die wie ein menschliches Gehirn denken kann. Damit rannte er bei Turing natürlich offene Türen ein. Vornehmlich in der Kantine diskutierten beide heftig über das Thema, sodass die Kollegen oft irritiert zu ihnen herüberschauten. Während Shannon einmal meinte, er wolle ein mächtiges Gehirn nachbauen, fiel ihm Turing ins Wort und rief mit seiner hohen Stimme, es würde ihm genügen, ein mittelmäßiges Gehirn zu entwickeln, wie es beispielsweise der Präsident der *American Telephone and Telegraph Company* habe.

Im März 1943 kehrte Alan nach Bletchley zurück. In Haus 8 hatte Hugh Alexander die Leitung übernommen und behielt sie faktisch auch. Die Amerikaner verfügten ab August 1943 über sehr schnell arbeitende Bomben und übernahmen die U-Boot-Überwachung. Die Funksprüche bargen keine Geheimnisse mehr für sie. Grundsätzlich wendete sich das Blatt im Laufe des Jahres 1943 zu Gunsten der Alliierten: Die verlorene Schlacht von Stalingrad, die Niederlage im Afrikafeldzug, das Waffenstillstandsabkommen Italiens mit den Alliierten und weitere Ereignisse brachten die deutsche Kriegsmaschinerie auf dem Kontinent ins Stocken. Alan Turing hatte den Grundstein für diese kriegsentscheidende Entwicklung auf See gelegt und wurde für die nun eher routinemäßig anfallenden Dechiffrierungen nicht mehr benötigt.

Er nutzte die freie Zeit für Schachspiele und diskutierte dabei über die Möglichkeit, eine denkende Maschine zu bauen. Während die meisten Kollegen damit Computer assoziierten, die nur bestimmte mathematische Probleme lösen konnten, war Turing von der Frage beseelt, ob Maschinen denkbar wären, die nicht nur nach einem vorgegebenen Programm stumpfsinnig eine Rechnung nach der anderen ausführen, sondern auch lernen können – wie ein menschliches Gehirn.

Gleichzeitig ging ihm das Problem der Verschlüsselung von Sprache nicht aus dem Kopf. Er entwickelte ein theoretisches Konzept, das er in eine funktionierende Maschine umsetzen wollte. In Bletchley, wo die Dechiffrierung auf Hochtouren lief, war für dieses Projekt kein Platz. Den fand er im nahe gelegenen Hanslope Park, wo der Nachrichtendienst eine Funkeinheit eingerichtet hatte und das Post Office möglicherweise die benötigten technischen Voraussetzungen bot. Ende 1943 zog er sich komplett aus Bletchley zurück, um an seiner Sprachverschlüsselung zu arbeiten. Das Projekt erhielt den Namen »Delilah«, nach der biblischen Frau, die ihren Mann Samson verriet. Turing setzte sich intensiv mit der Frage auseinander, was Sprache ausmacht, wie sich gesprochene Signale elektrisch abtasten, zerlegen und wieder rekonstruieren lassen. Methoden, wie die heute für die Analyse von Schwingungsvorgängen übliche Fourieranalyse, kamen auch bei ihm zum Einsatz. Und dann musste das Ganze in eine elektronische Maschine umgesetzt werden. Während seine ehemaligen Kollegen den Enigmaschlüssel während des D-Day, also dem Tag der Landung der Alliierten in der Normandie, knackten, bastelte Turing in seinem kleinen Zimmer an den Schaltkreisen von Delilah. Niemand in Hanslope erfuhr jemals, was der spleenige

Mathematiker mit dem schlampigen Äußeren in Bletchley geleistet hatte.

Die Arbeit ging langsam voran, wobei vor allem sein Assistent Don Bayley, dem er erfolglos homosexuelle Avancen machte, sich um die elektronischen Komponenten kümmerte. Da das Projekt als nicht kriegsrelevant eingestuft wurde, wurde es kaum finanziell gefördert. Etwa mit dem Kriegsende im Mai 1945 war auch Delilah so weit fertiggestellt, dass sie vorgeführt werden konnte. Sie funktionierte zwar, hätte aber für eine kommerzielle Anwendung noch weiter optimiert werden müssen, was nicht geschah. Daran hatte Turing kein Interesse. Er liebte das Problem, nicht jedoch die Lösung.

Alle Mitglieder am Projekt »Ultra« waren zu höchster Geheimhaltung verpflichtet. Jahrzehntelang erfuhr das britische Volk nichts von der Leistung der Kryptologen in Bletchley Park. Der amerikanische Präsident Dwight D. Eisenhower soll Ultra als entscheidend für den Sieg der Alliierten bezeichnet haben, und der Historiker Harry Hinsley meinte, ohne Ultra hätte der Krieg einige Jahre länger gedauert und viel mehr Opfer gefordert. Solche Einschätzungen sind natürlich spekulativ, ebenso wie die Vermutung des Historikers John Keegan, der zu dem Schluss kam, dass bei einer längeren Dauer des Krieges die Amerikaner ihre Atombomben vielleicht über deutschen Städten abgeworfen hätten. Außer Zweifel steht aber, dass die Entschlüsselung der Enigma den Sieg der Alliierten entscheidend vorangetrieben und das Leben vieler Menschen gerettet hat.

Turing muss sich dieser Dimension seiner Arbeit bewusst gewesen sein, verriet aber niemandem jemals auch nur ein Wort darüber. Später wurde ihm die Ehrenmedaille »Order of the British Empire« verliehen. Nach Turings Tod fand man den Orden in einer alten Schachtel, nachlässig verstaut zusammen mit allerhand Tand und Kram.

Nach Kriegsende kehrte Turing an seine alte Wirkungsstätte, das King's College in Cambridge, zurück. Dort widmete er sich fortan fast ausschließlich der Frage, ob es möglich sein könnte, ein Gehirn nachzubauen. Anders als in seinen jungen Jahren war er nun fest davon überzeugt, dass die biologisch-chemische Beschaffenheit des Gehirns für diese Frage unerheblich ist. Ausschlaggebend ist das logische System, nach dem es denkt und entscheidet. Auch die alte Frage nach der Seele war für ihn inzwischen irrelevant geworden. Die fiktive, universelle Turingmaschine, die er in seinem Aufsatz von 1936 zur Widerlegung der Hilbertschen Vermutung erdacht hatte, sollte nun die Basis für eine reale Maschine werden, die denken konnte. Nicht auf konkrete Aufgaben spezialisierte Rechner waren sein Ziel, sondern ein einziger, der sich für jedes Problem »programmieren« ließ. Damit ging er über die Entwicklungen von Rechenmaschinen, die man bis dahin erreicht hatte, weit hinaus.

Der Bedarf an Rechenkraft und die Entwicklung elektronischer Bauteile hatte während des Krieges an verschiedenen Orten zu der Entwicklung von Computern geführt. In Berlin experimentierte Konrad Zuse seit 1937 mit elektronischen Relais anstelle von mechanischen Zahnrädern, und in Bletchley Park hatte Newman einen Rechner namens »Colossus« zusammengebaut, der allerdings nie zur Dechiffrierung diente. Am eindrucksvollsten aber war der »Electronic Numerical Integrator and Computer« (Eniac), der 1946 an der Universität Pennsylvania gefertigt wurde. Diese Riesenmaschine wog 27 Tonnen und bestand aus 17 468 Elektronenröhren, 7200 Dioden, 1500 Relais, 70 000 Widerständen und 10 000 Kondensatoren. Im *Ballistic Research Lab* diente sie bis 1955 vor allem zur Berechnung von Geschoss-Flugkurven. Eine zweite Entwicklung in den USA war der »Electronic Discrete Variable Calculator« (Edvac). An ihm war der Mathematiker John von Neumann beteiligt. In Gesprächen mit Kollegen betonte von Neumann die grundlegende Bedeutung von Turings Arbeit *Über berechenbare Zahlen* und der darin entwickelten Turingmaschine.

Auch die Briten wollten nun ein neues Computerprojekt starten. Aus diesem Grunde meldete sich der Mathematiker John Womersley vom *National Physical Laboratory*, der die Eniac- und Edvac-Entwicklungen kannte, bei Turing und bot ihm eine Stelle in dem Forschungsprojekt an. Dieser sagte umgehend zu und holte noch seinen ehemaligen Kollegen Don Bayley mit ins Team. Im Rahmen dieses Projekts fuhr Turing zusammen mit Womersley und weiteren Spezialisten im Juli 1947 in das Land des einstigen Kriegsgegners Deutschland, um sich dort über den neuesten Stand der Technik zu informieren. In Ebermannstadt bei Bayreuth trafen sie auch auf Konrad Zuse.

Das britische Projekt hieß »Automatic Computing Engine« (ACE), in Anlehnung an Charles Babbages »Analytical Engine«. Turing arbeitete einen Konstruktionsplan aus und beschäftigte sich dabei unter anderem mit der technischen Realisierung von Datenspeichern, entwarf arithmetische Schaltungen, Lochkarten als Eingabemedium, Lesegeräte und vieles mehr. »Die ACE wird die Arbeit von etwa 10 000 [menschlichen] Rechnern leisten«[11], erklärte er im Februar 1947 in einem Vortrag. Sie solle nicht nur bestimmte anwendungsrelevante Rechnungen ausführen, wie Differentialgleichungen lösen, sondern auch – Turings Steckenpferd – Schach spielen können.

Neben seiner Forschungstätigkeit fuhr Turing nach wie

vor gerne Rad und lief Langstrecken. Unkonventionell wie er war, lief er auch viele Kilometer zu Firmen, mit denen er zusammenarbeitete, besuchte seine Mutter oder seinen Freund David Champernowne auf ein Schachspiel. Er war Mitglied und später Vizepräsident des *Walton Athletic Club* und nahm an Wettkämpfen teil. 1948 verpasste er wegen gesundheitlicher Probleme nur knapp die Qualifikation für die Marathon-Olympiamannschaft. Seine Bestzeit lag nur elf Minuten über der des späteren britischen Silbermedaillengewinners.

Turings Arbeiten am ersten »elektronischen Gehirn« gelangten bald auch an die Öffentlichkeit, weswegen er als Experte interviewt und zu Vorträgen eingeladen wurde, die heftige Diskussionen auslösten. Bislang sah man eine Rechenmaschine als Sklaven an, der lediglich bis ins Detail durchdachte Aufgaben lösen konnte, aber ein intelligentes System, das lernen konnte …? Turing war der festen Überzeugung, dass man eine Maschine konstruieren könne, die ein ursprüngliches Programm (er sprach von Instruktionstabellen) selbstständig ändern kann, also intelligent und lernfähig ist. Das ginge so weit, »dass sich die Instruktionen nach einer gewissen Laufzeit bis zur Unkenntlichkeit verändert haben«. Aber »wenn von einer Maschine Unfehlbarkeit verlangt wird, dann kann sie nicht intelligent sein«[12], philosophierte er im Hinblick auf mathematische Theoreme, die genau das besagen würden.

Beim Bau der ACE standen indes völlig andere, praktische Probleme im Vordergrund: Wie werden die Instruktionen für die Maschine geschrieben, und wie liest diese sie ein? Mit welchen technischen Bauteilen lässt sich ein Speicher oder ein Anzeigebildschirm realisieren? Und vieles mehr. Eine Reise in die USA, wo der Bau von Computern mit sehr viel mehr Geld und Manpower vorangetrieben wurde, brachte die britischen Forscher und Ingenieure nicht entscheidend weiter, obwohl die Kollegen ihnen bereitwillig ihre Fortschritte beim Bau der Eniac und der Edvac vorstellten. Turing bemängelte, dass die Amerikaner »Schwierigkeiten mit Hilfe von viel Gerät und nicht durch Nachdenken lösen«[13].

Immer deutlicher traten mittlerweile Differenzen zwischen Turing und dem Rest des ACE-Teams zu Tage. Während er die theoretischen Möglichkeiten maschinellen Denkens ausloten wollte, suchten seine Kollegen nach praktischen Lösungen für den Bau einer Maschine, die einfach nur rechnen konnte. Organisatorische Umstrukturierungen führten schließlich dazu, dass Turing im Herbst 1947 das ACE-Team verließ und erneut an seine alte Wirkungsstätte im King's College zurückkehrte.

Der mittlerweile 35 Jahre alte Turing begegnete Menschen inzwischen sehr viel selbstsicherer und ging mit seiner Homosexualität immer offener um. Er sprach junge Männer an und nahm sie mit zu sich nach Hause. Mit einem Studenten namens Neville Johnson unternahm er später Radtouren in Frankreich und der Schweiz.

Derweil kreisten seine Gedanken weiter um die Frage, ob es intelligente Maschinen geben könne. In seinem Artikel »Intelligent Machinery«, der zu seinen Lebzeiten allerdings nicht veröffentlicht wurde, diskutiert er Möglichkeiten, wie Maschinen dazu gebracht werden könnten, intelligentes Verhalten zu zeigen, wobei er die Analogie zum menschlichen Gehirn als Leitprinzip verwendet. Diese Analogie ging sogar so weit, dass er die Erziehung einer intelligenten Maschine durch Belohnung und Bestrafung mit der von Kindern verglich. Zusammen mit David Champernowne arbeitete er an seinem alten Steckenpferd weiter, einem Schachprogramm. Sie nannten es »Turochamp«.

Währenddessen hatte sich an der Universität Manchester im Verborgenen etwas getan. Frederic Williams und Tom Kilburn hatten einen ersten kleinen Computer gebaut. Dieser »Manchester Mark I« funktionierte mit einem magnetisch arbeitenden Trommelspeicher und Kathodenstrahlröhren als Arbeitsspeicher für das Programm. Als Turing davon erfuhr, schickte er Williams einige Programme, beispielsweise zur Division von Dezimalzahlen oder Faktorenzerlegung von Zahlen.

Turings Programmierkenntnisse veranlassten seinen ehemaligen Mathematikprofessor Max Newman, der seit Kriegsende an der Universität von Manchester lehrte, ihn anzuwerben. Turing sagte zu und traf im Mai 1948 in Manchester ein. Mittlerweile interessierte sich auch die Regierung für die dortige Computerentwicklung, von der man sich rechnerische Unterstützung für den Bau von Atombomben oder für die Wettervorhersage erhoffte. Turing beschäftigte sich vor allem mit der Entwicklung von Programmen auf der Basis des Binärcodes. Im Juni 1950 war die Manchester Mark I bereit für erste Rechnungen, und Turing griff sein altes Problem aus seiner Cambridge-Zeit wieder auf: die Berechnung der Nullstellen der Riemannschen Zeta-Funktion. Unter Kilburns Aufsicht lief die Maschine von 15 Uhr nachmittags bis 8 Uhr am nächsten Morgen und präsentierte das Ergebnis auf einem Lochstreifen: Es hatte funktioniert. Die britische Firma Ferranti entwickelte später den Manchester Mark I weiter zum Ferranti Mark I, der 1951 nach dem Zuse Z4 der zweite kommerziell erhältliche Computer wurde.

1950 veröffentlichte Turing seinen folgenreichsten Artikel

in der Zeitschrift für Psychologie und Philosophie *Mind:* »Computing Machinery and Intelligence«. Dieser Artikel war höchst umstritten und wurde am heftigsten von allen seinen Beiträgen diskutiert. Darin beschäftigte er sich nicht mit komplizierter mathematischer Logik, sondern versuchte grundlegend zu erklären, was überhaupt Intelligenz und Denken bedeuten und wie wir diese Eigenschaften feststellen können. Hierfür entwarf er das »Imitationsspiel« (Imitation Game), später »Turing-Test« genannt, das folgendermaßen funktioniert: Ein Computer und eine reale Person befinden sich in einem Raum und können mit einem Tester ohne Sicht- und Hörkontakt kommunizieren. Der Tester stellt nun den beiden Fragen. Kann er irgendwann nicht mehr zweifelsfrei entscheiden, welche der Antworten von der Person und welche von dem Computer kommen, gilt der Test als bestanden und die Maschine als intelligent.

Turing versuchte in dem Artikel auch, Gegenargumente, die er bei seinen Vorträgen zur Genüge gehört haben muss, zu entkräften. So sind für ihn Begriffe wie Seele und Bewusstsein irrelevant und gehören in den Bereich der Theologie und Philosophie. Gleichzeitig gab er einige Regeln vor, nach denen der Test erfolgen sollte. So müssten die Fragen mit Ja oder Nein zu beantworten sein, offene Fragen, wie »Was halten Sie von Picasso?« sollten hingegen nicht verwendet werden. Auch lässt er das Argument des Neurologen Geoffrey Jefferson nicht gelten, dass eine intelligente Maschine Gedichte schreiben und Musik komponieren können und sich anschließend darüber freuen müsse. Aber: Welcher Mensch kann schon komponieren?

Interessant ist auch, dass Turing nicht davon ausgeht, dass ein denkender Computer als vollendete Maschine gebaut wird, sondern vielmehr glaubt, dass diese sich langsam entwickelt – genauso wie ein Mensch. Am Anfang stehe ein Kind-Computer, der mit bestimmten, »wohlbegründeten Tatsachen« und Befehlen beginne. Dann trainiert man ihn mit Aufgaben und lehrt ihn nach dem Prinzip des Bestrafens und Belohnens, die richtigen Lösungen von den falschen zu unterscheiden. So wird heute Künstliche Intelligenz (KI) realisiert. »Ein wichtiges Kennzeichen einer lernenden Maschine ist, dass ihr Lehrer oft recht wenig von dem weiß, was in der Maschine vor sich geht«[14], folgert Turing. Ein hoch aktuelles Thema: Das heutige Forschungsgebiet der »erklärbaren Künstlichen Intelligenz« befasst sich genau mit der Aufgabe, die von KI gelieferten Ergebnisse nachvollziehbar zu machen.

Turing spekulierte weiter über die Frage, ob zukünftige Computer sich mit abstrakten Aufgaben beschäftigen sollten, wie dem Schachspielen, oder ob es sinnvoller wäre, »sie mit den besten Sinnesorganen auszustatten, die für Geld zu haben sind, und sie dann zu lehren, Englisch zu verstehen und sprechen zu lernen«[15]. Heute geht man beide Wege. KI spielt Schach und Go, analysiert riesige Datenmengen, übersetzt Texte und fährt Auto.

Mit all diesen damals noch ebenso revolutionären wie vagen Ideen begründete Turing das Feld der Künstlichen Intelligenz. Er hoffte, dass es bis zum Ende des 20. Jahrhunderts Computer geben werde, die so intelligent sind, dass ein Mensch höchstens eine 70-prozentige Chance habe, in einem Imitationsspiel Mensch und Maschine erfolgreich zu identifizieren. Im 21. Jahrhundert hat man Künstliche Intelligenz dazu gebracht, Rezensionen zu schreiben, Gemälde zu produzieren und sich bei Turing-Tests zu schlagen. Bislang hat kein Computer den Test eindeutig bestanden. Die Ergebnisse sind aber teilweise sehr verblüffend und könnten Turings Vision von einer intelligenten Maschine in nicht allzu ferner Zukunft wahr werden lassen. Science-Fiction-Autoren wie Isaac Asimov hatten schon vor Turings Ideen intelligente Roboter im Sinn.

Turing, der sich nie einem Lehrplan unterordnete, kehrte auch zu seinem alten Forschungsgebiet zurück, chemische Reaktionen mathematisch zu behandeln. Jetzt begab er sich jedoch ins Reich der Biologie, genauer der Morphogenese, und untersuchte die Frage, wie eine anfangs völlig symmetrische, kugelförmige Zelle durch wiederholte Teilung asymmetrische Strukturen wie Arme und Beine ausbilden kann. Bei der Berechnung der nach seiner Meinung hierbei auftretenden chemischen Vorgänge entwickelte er eine außergewöhnliche Virtuosität im Umgang mit dem Computer, der damals noch im Experimentalmodus betrieben wurde. Wenn morgens die Kollegen im Institut eintrafen, begrüßte Turing sie mit unverständlichen Erklärungen, während er irgendwelche Computerausdrucke schwenkte. Ab dem Sommer 1951 hatte er nahezu keinen Kontakt mehr mit ihnen. Unverhofft ereilte ihn in diesem Jahr eine Ehrung: Auf Vorschlag von Max Newman und Bertrand Russell nahm ihn die *Royal Society* als Mitglied auf. Mit 39 Jahren war er eines ihrer jüngsten Mitglieder. Als Begründung hatten Newman und Russell Turings 15 Jahre zurückliegende Arbeit *Über berechenbare Zahlen* angeführt.

Die ersten Jahre hatte Turing in einer Pension am Stadtrand gewohnt, im Sommer 1950 hatte er sich dann ein hübsches Haus aus rotem Backstein in dem südlich von Manchester gelegenen Ort Wilmslow gekauft. Hier, im Hollymeade, konnte er nach Lust und Laune, wie schon zu Jugendzeiten, mit Chemikalien und Pflanzen experimentieren. Niemand störte sich an dem Durcheinander und den seltsamen Gerüchen, die er mit seinen Versuchen erzeugte, abgesehen vielleicht von seiner Haushälterin.

Eines Tages im Dezember 1951 schlenderte Turing auf der Suche nach Weihnachtsgeschenken durch die Oxford Street in Manchester, als ihm vor einem Schaufenster ein Mann auffiel: der blonde, blauäugige Arnold Murray. Er stammte aus ärmlichen Verhältnissen, war arbeitslos und hatte trotz seiner 19 Jahre bereits reichlich sexuelle Erfahrungen mit Menschen beiderlei Geschlechts gesammelt. Die beiden tranken zusammen einen Kaffee, und Turing lud ihn für das Wochenende nach Hollymeade ein. Murray sagte zu, erschien jedoch nicht. Als sich die beiden wenige Tage später wieder in der Stadt trafen, gingen sie gleich zu Turing nach Hause. Am späten Abend verabschiedete sich Murray mit dem Versprechen, wiederzukommen.

Als Murray nach einer gemeinsamen Nacht am nächsten Morgen das Haus verlassen wollte, bot ihm Turing Geld an. Doch er lehnte ab. Am folgenden Tag bemerkte Turing, dass ihm in der Brieftasche zehn Pfund fehlten. Natürlich verdächtigte er sofort seinen neuen Liebhaber und schrieb ihm, dass er die Verbindung nicht länger aufrechterhalten wolle. Daraufhin erschien Murray an seiner Tür, bestritt alle Vorwürfe und konnte Turing sogar überreden, ihm etwas Geld zu leihen, um Schulden begleichen zu können. Turing ließ sich erweichen, alles ging seinen gewohnten Gang weiter, bis zum 23. Januar. Als Turing abends heimkehrte, stellte er entsetzt fest, dass jemand in sein Haus eingebrochen war. Der ohnehin versicherte Schaden hielt sich in Grenzen, dennoch zeigte Turing den Vorfall an, und die Polizei inspizierte den Tatort.

Wieder vermutete er, dass Murray hinter der Sache stecken könnte, und teilte ihm brieflich mit, dass er sich von ihm trennen wolle. Es kam aber wie schon zuvor: Murray tauchte an der Tür auf, Turing ließ ihn ein, und beide versöhnten sich. Murray wies jede Schuld an dem Einbruch von sich, äußerte jedoch einen Verdacht: Wenige Tage zuvor habe er mit einem Bekannten namens Harry über Turings schönes Haus gesprochen. Daraufhin habe der junge, ebenfalls Arbeitslose vorgeschlagen, dort einzubrechen, was Murray aber entsetzt abgelehnt habe.

Murray schlief bei Turing, doch gänzlich hatte er seinen Liebhaber nicht von seiner Unschuld überzeugen können. Nachts schlich Turing in die Küche und stellte ein Glas sicher, auf dem sich Murrays Fingerabdrücke befanden. Er wollte sie, falls nötig, mit denjenigen abgleichen lassen, die die Polizei zuvor in seinem Haus sichergestellt hatte. Am nächsten Tag beging Turing den größten Fehler seines Lebens.

Wohl aus purem Gerechtigkeitsempfinden ging er zur Polizei und meldete den Verdächtigen Harry. Um die Herkunft dieser Vermutung zu erklären, erfand er eine Geschichte. Die Polizei hatte indes bereits die in Alans Haus gesicherten Fingerabdrücke mit denen von Harry identifiziert, der schon zuvor aktenkundig geworden war. Als die Polizisten Turing eingehender zu dessen Vermutung und dem Hinweis, den er bekommen haben wollte, befragte, verstrickte der sich in Widersprüche und gab schnell jeden Widerstand auf. Außerdem hatte Harry wohl Turing und Murray als homosexuelles Paar bereits denunziert. Turing gestand die Identität seines Informanten und beschrieb wahrheitsgemäß seine Beziehung zu Murray. Die beiden ermittelnden Polizeibeamten waren begeistert von der »wunderschönen Aussage« und waren überzeugt: »Er glaubte wirklich, dass es richtig war, was er tat.«[16] Offenbar war Turing davon überzeugt, dass eine Königliche Kommission darüber beraten würde, Homosexualität zu legalisieren. Das war jedoch nicht der Fall.

Der Einbruch in Turings Haus war plötzlich zur Nebensache geworden, die Polizei hatte etwas viel Wichtigeres aufgedeckt: einen Verstoß gegen Absatz 11 des Strafrechtsänderungsgesetzes von 1885 wegen grober Unsittlichkeit. Am nächsten Tag wurde auch Arnold Murray verhaftet. Auch er legte ein umfassendes Geständnis ab, das Turing bestätigte.

Seit den 1930er Jahren wurden Homosexuelle in Großbritannien zunehmend strafrechtlich verfolgt, doch in der Praxis wurde das Gesetz unterschiedlich ausgelegt. So wurden 1951 von 746 homosexuellen Vergehen nur 174 mit Freiheitsstrafen meist unter sechs Monaten geahndet. Turing war seit dem Ende des Krieges mit seiner Homosexualität immer offener umgegangen, gab sich kaum Mühe, sie zu verbergen. Er sah es nicht mehr ein, sich für diese Neigung rechtfertigen zu müssen, und konnte sich vermutlich gar nicht vorstellen, deswegen strafrechtlich belangt werden zu können. Die Polizisten, die ihn wegen Nachforschungen zu Hause aufsuchten, behandelte er freundlich, trank sogar Wein mit ihnen.

Drei Wochen später wurden Turing und Murray zu einem Vorgerichtstermin geladen. Während Turing nach Zahlung einer Kaution wieder auf freien Fuß kam, wurde Murray inhaftiert. Obwohl die Lokalzeitung darüber samt Foto und Nennung der Namen berichtete, gelangte die Kunde vorerst nicht bis nach Manchester. Dennoch sah sich Turing gezwungen, seine Freunde und Verwandten zu unterrichten, bevor diese es aus anderen Quellen erfahren würden. Sein Bruder war überrascht, warf Alan aber vor allem Weltfremdheit vor, weil er zur Polizei gegangen war. Seine Mutter verdrängte die Neigung ihres Sohnes: »Sie schien nicht sonderlich daran interessiert zu sein«[17], erinnerte sich später Turings Bruder. Alan bat Max Newman und Hugh Alexander, den er einst nach Bletchley geholt hatte, ihm vor Gericht ein Charakterzeugnis auszustellen, was sie auch taten. Er unterrichtete weitere Freunde, auch seine ehemalige Verlobte Joan Clarke. Zum Glück setzten sich Kollegen für ihn ein, und vor allem das Wort von Newman hatte Gewicht, sodass Turing am King's College bleiben konnte.

Die Verhandlung fand am 31. März 1952 statt. Der Richter verlas die Anklage, in der Turing und Murray Akte grober Unsittlichkeit in drei Fällen vorgeworfen wurden, und zwar am 17. Dezember, am 12. Januar und am 2. Februar. Beide erklärten sich schuldig, wobei Murrays Anwalt versuchte, seinen Mandanten als Opfer von Turings Verführungskünsten dazustellen. Newman trat vehement für Turing ein, bezeichnete ihn als den profundesten und originellsten mathematischen Denker seiner Generation und betonte dessen Bedeutung für die Wissenschaft. Um Turing vor dem Gefängnis zu bewahren, wies er das Gericht außerdem darauf hin, dass es für Homosexuelle Behandlungsmöglichkeiten gäbe. Wie leicht hätte man den Richter zu einem Freispruch bewegen können, wenn ihm Turing von seinen Heldentaten in Bletchley Park berichtet hätte. Aber er hatte einen Eid auf seine Verschwiegenheit ablegen müssen, das zählte für ihn mehr als die eigene Freiheit. Ein Versprechen würde er niemals brechen. Sein einstiger Doktorand Robin Gandy charakterisierte Turing einmal treffend mit den Worten: »Er hatte einen Mangel an Ehrerbietung gegenüber allem – außer der Wahrheit.«[18]

Der Richter bot ihm die Möglichkeit einer Bewährungsstrafe mit gleichzeitiger Hormonbehandlung an. Turing akzeptierte das Urteil: »Die Organo-Therapie ... soll, während sie läuft, den Sexualtrieb reduzieren, aber wenn sie vorüber ist, soll man wieder zum Normalen zurückkehren. Ich hoffe, sie haben recht«,[19] schrieb er einem Freund. In den 1940er Jahren hatte es erste Versuche gegeben, den Sexualtrieb von Homosexuellen mit weiblichen Hormonen zu unterdrücken. Eine solche Therapie hatte jedoch erhebliche Nebenwirkungen. So wuchsen den Männern Brüste, und es gab Anzeichen für ein Nachlassen der geistigen Leistungsfähigkeit.

Arnold Murray wurde freigelassen und der Einbrecher Harry in eine Besserungsanstalt eingewiesen. Den »Orden of The British Empire« durfte Turing erstaunlicherweise behalten. Das Kriegsministerium forderte diesen in solchen Fällen zurück, das Auswärtige Amt, das Turing ausgezeichnet hatte, offenbar nicht.

Turing setzte die Arbeit an seiner Theorie der Morphogenese fort. Er nutzte den Computer zur Lösung mathematischer Gleichungen und veröffentlichte schließlich einen großen Artikel in den *Philosophical Transactions of the Royal Society*. Darin untersuchte er die Hypothese, dass ein System chemischer Substanzen, die miteinander reagieren und durch ein Gewebe diffundieren, ausreicht, um die Hauptphänomene der Morphogenese zu erklären.

Bis zum April 1953 hatte er die Hormone in Form von Tabletten zu sich genommen, für die letzten drei Monate implantierten ihm die Ärzte ein Präparat in den Oberschenkel – das Turing umgehend entfernen ließ. Als ihm dann auch noch die Universität eine neu geschaffene Dozentur für Computertheorie anbot, schien alles überstanden zu sein. Ein Jahr später, am Pfingstmontag, dem 8. Juni, fand ihn seine Haushälterin tot in seinem Bett liegend.

Weißer Schaum war ihm aus dem Mund getreten, in der Küche stand auf dem Herd eine Pfanne, in der eine Flüssigkeit blubberte, die stark nach Mandeln roch. Der Arzt bescheinigte Selbstmord mit Zyankali, das er offenbar mit einem Apfel zu sich genommen hatte, der angebissen auf dem Nachttisch lag. Es wird vermutet, dass Turing diese Art des Todes in Anlehnung an sein Lieblingsmärchen *Schneewittchen und die sieben Zwerge* gewählt hatte. Allerdings versäumte es die Polizei, den Apfel auf das Gift zu untersuchen. Was hatte Turing zu diesem Schritt bewogen, ein Jahr nach dem Ende der Therapie?

Keiner seiner Freunde und Bekannten hatte in der Zeit davor eine Veränderung an Turing bemerkt. Im Gegenteil, er wirkte humorvoll und optimistisch. Er klagte jedoch, dass ihm Brüste gewachsen seien, und war seit einiger Zeit in psychiatrischer Behandlung gewesen. Der Arzt händigte seinem Bruder John zwei Notizbücher aus, die Turing während der Therapie verfasst hatte. Darin erfuhr er viele für ihn schockierende Details über Alans homosexuelle Affären, die er seit seiner Pubertät gehabt hatte. John konnte es kaum glauben, aber Alan hatte wenige Monate vor seinem Tod sein Testament geändert und sprach darin seinen engsten Freunden einen gleich großen Anteil seiner Hinterlassenschaft zu wie seiner Mutter. Alan Turing besaß vermutlich ein wesentlich komplexeres Innenleben, als es nach außen schien.

Auch politische Entwicklungen spielten wohl eine wichtige Rolle für seinen Suizid. Im Jahr 1952 hatte Turing erfahren, dass der Sicherheitsdienst MI5 beschlossen hatte, keine Homosexuellen mehr für kryptografische Arbeit zuzulassen. Unterstützt wurde diese Order durch Entwicklungen in den USA. Dort war ein Untersuchungsausschuss zu dem Ergebnis gekommen, dass »Homosexuelle und andere sexuell

Pervertierte« in staatlichen Stellen eine Gefahr darstellen, sie seien emotional instabil und von schwacher Moral. Zudem stellten sie ein Sicherheitsrisiko dar, weil sie wegen des gesellschaftlichen Stigmas für fremde Geheimdienste leicht erpressbar seien. Deshalb wurden ab 1950 viele Homosexuelle aus den Ministerien entlassen. Diese Praxis griff nach Großbritannien über, wo man Homosexualität als eine überwiegend unter Intellektuellen praktizierte Perversion ansah. »Unter starker amerikanischer Einflussnahme auf Britannien ist es zu dem Plan gekommen, Homosexuelle – als hoffnungsloses Sicherheitsrisiko – aus wichtigen Regierungsposten zu entfernen«[20], schrieb eine Zeitung. Es versteht sich von selbst, dass unter diesen Vorzeichen verdächtige Personen, möglicherweise auch Turing, überwacht und bespitzelt wurden. Außerdem fand ein enger Informationsaustausch zwischen dem britischen und dem amerikanischen Geheimdienst statt.

Für enormes Aufsehen über die britischen Grenzen hinaus sorgte die Affäre um den weithin bekannten Lord Montagu of Beaulieu. Ihm wurden 1953 homosexuelle Handlungen mit einem minderjährigen Pfadfinder vorgeworfen. Montagu bestritt dies und ging aus Mangel an Beweisen straffrei aus. Im Jahr darauf wurde er erneut angeklagt, dieses Mal wegen groben unsittlichen Verhaltens mit einem Soldaten. Auch diesen Vorwurf bestritt Montagu, dennoch wurde er zu einer zwölfmonatigen Haftstrafe verurteilt. Zu dieser Zeit diskutierten Abgeordnete über die Frage, ob Homosexuelle als Geisteskranke einzuordnen seien und man Krankenhäuser für deren »Disziplinierung« einrichten solle – was glücklicherweise nie in die Tat umgesetzt wurde.

Turing arbeitete zwar nicht in einer Regierungsstelle, war jedoch Geheimnisträger. Er kannte alle Vorgänge des

Projekts Ultra in Bletchley Park, und er arbeitete mit den ersten Computern, die es weltweit gab. Diese wurden für militärische Berechnungen eingesetzt, insbesondere auch für die Entwicklung der Atombombe: Großbritannien zündete im Oktober 1952 vor der Westküste Australiens seine erste Kernwaffe. Fürchtete Turing vielleicht, dass man ihn als Sicherheitsrisiko einstufen und ihm die weitere Arbeit auch am Computer untersagen würde? Was ihn auch immer zu dem tragischen Entschluss getrieben haben mag: Er war ein Opfer der dunklen 50er Jahre des letzten Jahrhunderts, einer Nachkriegsphase der Entbehrung und Sparsamkeit, einer allgegenwärtigen staatlichen Bürokratie, einer Zeit voller moralischer Verklemmtheit und spießigen Muffs.

Als Sara und John Turing Alans Asche am 12. Juni 1954 im Garten des Krematoriums verstreuten, wussten sie nichts von den Heldentaten, die er für sein Land, ja für die gesamte freie Welt, erbracht hatte. Seine Mutter sollte nie das wahre Ausmaß der Leistung ihres Sohnes erfahren. Dreißig Jahre lang blieb das Unternehmen Ultra streng geheim, bis der ehemalige ranghohe Mitarbeiter des britischen Auslandsgeheimdienstes MI6, Frederick Winterbotham, 1974 seine Erinnerungen veröffentlichte. Er erwähnt Turing jedoch mit keinem Wort. Der erste Versuch, eine kohärente Darstellung der Bletchley-Geschichte zu geben, erfolgte Ende 1976 in einer BBC-Fernsehdokumentation. Später schrieben mehrere Mitarbeiter aus dem Projekt Ultra ihre Memoiren, sodass Turings Leistung langsam sichtbar wurde. Seine wahre Bedeutung brachten aber erst die Nachforschungen des Mathematikers Andrew Hodges ans Licht.

Im Jahr 1999 wählte das *Time Magazine* Turing zu den hundert wichtigsten Persönlichkeiten des 20. Jahrhunderts. Eine öffentliche Petition zu seiner Rehabilitierung veranlasste 2009 den damaligen britischen Premierminister Gordon Brown zu einer Erklärung, in der er sich offiziell entschuldigte und die Behandlung Turings als »entsetzlich« beschrieb. Am 24. Dezember 2013 unterzeichnete Königin Elisabeth II. Turings Begnadigung. Es war erst der vierte königliche Akt dieser Art seit dem Ende des Zweiten Weltkriegs. Vier Jahre später erließ die Regierung rückwirkend eine Amnestie für alle Menschen, die wegen ähnlicher Unsittlichkeitsdelikte verurteilt worden waren. Inoffiziell spricht man vom Turing-Gesetz. Eine vorerst letzte große Ehre erfuhr Turing 2021 mit der Herausgabe einer neuen britischen 50-Pfund-Note, die sein Portrait ziert. Damit würdigt ihn die Bank of England als »Vater der Computerwissenschaft und der künstlichen Intelligenz sowie als Kriegshelden«. In einer öffentlichen Nominierungsphase wurde er unter fast tausend anderen Vorschlägen gewählt und setzte sich unter anderen gegen physikalische Größen wie Ernest Rutherford, Paul Dirac und Stephen Hawking durch. Auch Turings Vorbilder Ada Lovelace und Charles Babbage standen zur Wahl.

ANHANG

LITERATUR

EINLEITUNG

A. D. Beyerchen, Wissenschaftler unter Hitler, Kiepenheuer & Witsch 1980. Deutsche Physikalische Gesellschaft im Dritten Reich, Wiley-VCH 2006.

G. Gorelik, »Meine antisowjetische Tätigkeit …«, Vieweg-Verlag, 1995.

M. Grüttner, S. Kinas, Die Vertreibung von Wissenschaftlern aus den deutschen Universitäten 1933–1945, in: Vierteljahreshefte für Zeitgeschichte, 55(1) (2007), S. 123–186.

D. Hoffman, M. Walker, Physiker zwischen Autonomie und Anpassung: Deutsche Physikalische Gesellschaft im Dritten Reich, Wiley-VCH 2006.

F. J. Raddatz, Der amerikanische Albtraum, DIE ZEIT, 26. April 2001.

C. F. v. Weizsäcker, Wir hatten Angst, dass uns eine Atombombe auf den Kopf fällt, Interview von U. Kühne, Süddeutsche Zeitung, 8. 2. 2002, S. 13.

Internet

Baden-Württemberg Fonds für verfolgte Wissenschaftler, www.bwstiftung.de/de/programm/baden-wuerttemberg-fonds-fuer-verfolgte-wissenschaftler

IIE-Scholar Rescue Fund, www.scholarrescuefund.org

Philipp Schwartz-Initiative der Alexander von Humboldt-Stiftung, www.humboldt-foundation.de/bewerben/foerderprogramme/philipp-schwartz-initiative

GIORDANO BRUNO (1548–1600)

P. R. Blum, Giordano Bruno, Verlag C. H. Beck, München 1999.
G. Bruno, Das Aschermittwochsmahl, Insel-Verlag, Frankfurt a. M. 1981.
G. Bruno, Zwiegespräche vom unendlichen All und den Welten, Wissenschaftliche Buchgesellschaft, Darmstadt 1983.
G. Bruno, Von der Ursache, dem Prinzip und dem Einen, Reclam Verlag, Leipzig 1984.
J. Kepler, Was die Welt im Innersten zusammenhält, Marix-Verlag, Wiesbaden 2005.
W. Nigg, Das Buch der Ketzer, Artemis-Verlag, München, Zürich 1949.
E. v. Samsonow, Eugen Diederichs Verlag, München 1995.
A. Verrecchia, Giordano Bruno – Nachtfalter des Geistes, Böhlau Verlag, Wien 1999.
G. Wehr, Giordano Bruno, dtv, München 1999.
P. Wensierski, K. Franke, U. Schwarz, Der Spiegel, 23/1998, S. 74.
J. Winter, Giordano Bruno – eine Einführung, Verlag Parerga, Düsseldorf 1999.

JEAN-SYLVAIN BAILLY (1736–1793)

J. S. Bailly, Briefe über den Ursprung der Wissenschaften und der asiatischen Völker von Herrn Bailly an den Herrn von Voltaire, Weygandsche Buchhandlung, Leipzig 1778.
J. G. Heymann, Revoluzionsgallerie der französischen Republik, O. O. [Bürgler, Augsburg] 1794.
H. La Lande, Lobrede auf Bailly, Reyher, Gotha 1795.
H. Sanson, Tagebücher der Henker von Paris, 2 Bde., C. H. Beck, München 1985.
E. B. Smith, Jean-Sylvain Bailly, Astronomer, Mystic, Revolutionary, Trans. Am. Phil. Soc., Bd. 44, Philadelphia, 1954.

ANTOINE LAURENT DE LAVOISIER (1743–1793)

A.L. Lavoisier, System der antiphlogistischen Chemie, Suhrkamp, Frankfurt a.M. 2008.

H. Sanson, Tagebücher der Henker von Paris, 2 Bde., C.H. Beck, München 1985.

F. Szabadvary, Lavoisier, Wissenschaftliche Verlagsgesellschaft, Stuttgart 1973.

LEW LANDAU (1908–1968)

A. Dorozynski, Der Mann der nicht sterben durfte, Econ 1966.

A. Friedmann, Die Welt als Raum und Zeit, Europa-Lehrmittel Haan-Gruiten 2014.

G. Gorelik, »Meine antisowjetische Tätigkeit ...«, Vieweg, Braunschweig 1995.

G. Gorelik, Die Geheimakte Lew Landau, Spektrum der Wissenschaft 11(1977), S. 94.

G. Gorelik, H. Rotter, Freiheit gegen Bürgschaft, Physikalische Blätter 49, 115 (1993).

B. Ioffe, Lev Davidovich Landau, übersetzt aus: Phasis, Moskau 2004.

F. Janouch, Lev D. Landau: his life and work, CERN Kolloqium 1978, CERN 79-03.

A. Kozhevnikov, Peter Kapitza zum 100. Geburtstag, Physikalische Blätter 50, 579 (1994).

L. Landau, Theory of the Superfluidity of Helium II, Physical Review 60, 356 (1941).

A. Liwanowa, Lew Landau, Teubner, Leipzig 1982.

N.M. Naimark, Stalin und der Genozid, Suhrkamp, Frankfurt a.M. 2010.

N.N., Für eine fortschrittliche sowjetische Physik, Übers. des Leitartikels aus Zeitschrift für Experimentelle und Theoretische Physik UdSSR, Okt. 1952, in: Physikalische Blätter 9, 264 (1953).

A. Petersen, Deine Schnauze wird dir in Sibirien gefrieren, Marixverlag, Wiesbaden 2012.

H. Rotter, Lew Schubnikow – ein wissenschaftliches Porträt, Physikalische Blätter 53, 1123 (1997).
V. Weisskopf, Mein Leben, Scherz, Bern, München, Wien 1991.
S. Wolkow, Stalin und Schostakowitsch, List-Verlag, Berlin 2006.

LISE MEITNER (1878–1968)

E. Crawford, R.L. Sime, M. Walker, Lise Meitner und der Nobelpreis, Physik in unserer Zeit 29, 234 (1998).
O.R. Frisch, Woran ich mich erinnere, Wissenschaftliche Verlagsgesellschaft, Stuttgart 1981.
D. Hahn (Hrsg.), Lise Meitner: Erinnerungen an Otto Hahn, S. Hirzel Verlag, Stuttgart 2005.
R. Hahn, Otto Hahn, Lise Meitner und die Deutsche Physikalische Gesellschaft, in: V. Keiser (Hrsg.), Radiochemie, Fleiß und Intuition, GNT-Verlag, Diepholz 2018.
F. Krafft, Lise Meitner und ihre Zeit – Zum hundertsten Geburtstag der bedeutenden Naturwissenschaftlerin, Angewandte Chemie 90, 876 (1978).
F. Krafft, Im Schatten der Sensation. Leben und Wirken von Fritz Straßmann, Verlag Chemie, Weinheim 1981.
D. Rennert, T. Traxler, Liese Meitner – Pionierin des Atomzeitalters, Residenz-Verlag, Wien 2018.
P. Rife, Lise Meitner. Ein Leben für die Wissenschaft, Claassen-Verlag, Berlin 1990.
R.L. Sime, Lise Meitner. Ein Leben für die Physik, Insel-Verlag, Frankfurt a.M. 2001.
F. Straßmann, Kernspaltung – Berlin Dezember 1938, Privatdruck, Mainz 1978.
M. Szöllösi-Janze, Fritz Haber: 1868–1934, Verlag C.H. Beck, München 1998.

EMMY NOETHER (1882–1935)

A. Dick, Emmy Noether, Beihefte zur Zeitschrift der Mathematik 13,1 (1970).

A. Einstein, A. Einstein, Ges. Schriften, Bd. 8, Teil A und B, Princeton Univ. Press 1998.

F. Lemmermeyer, P. Roquette, Helmut Hasse und Emmy Noether, Die Korrespondenz 1925–1935, Universitätsverlag Göttingen 2006.

R. Tobies, »Meine Herren, eine Universität ist doch keine Badeanstalt!«, Spektrum der Wissenschaft 8, 70, (2004).

C. Tollmien, »Sind wir doch der Meinung, daß ein weiblicher Kopf nur ganz ausnahmsweise in der Mathematik schöpferisch tätig sein kann …«, Göttinger Jahrbuch 38, 153 (1990); www.tollmien.com/pdf/tollmiennoether1990.pdf

C. Tollmien, »Invariantentheorie ist jetzt Trumpf«, Physik in unserer Zeit 49(4), 176 (2018).

ALBERT EINSTEIN (1879–1955)

T. Bührke, Albert Einstein, dtv, München 2004.

A. Calaprice, Einstein sagt, Piper Verlag, München 1997.

A. Einstein, Letter to President Franklin Delano Roosevelt 1939, www.ag-friedensforschung.de/themen/Atomwaffen/einstein.html

A. Einstein Coll. Pap., Princeton University Press, seit 1987; https://press.princeton.edu/einstein

A. Einstein, Autobiographisches, Open Court Publ., La Salle 1979.

A. Einstein, How I created the theory of relativity, Physics Today, August 1982.

A. Einstein, Mein Weltbild, Ullstein-Verlag, Frankfurt a. M. 1974.

A. Einstein, Aus meinen späten Jahren, Ullstein-Verlag, Frankfurt a. M. 1990.

A. Einstein, L. Infeld, Die Evolution der Physik, Rowohlt, Hamburg 1968.

A. Fölsing, Albert Einstein, Suhrkamp, Frankfurt a. M. 1993.

A. P. French, Albert Einstein – Wirkung und Nachwirkung, Vieweg & Sohn, Wiesbaden 1985.
H. Gönner, Einstein in Berlin: 1914–1933, Verlag C. H. Beck, München 2005.
S. Grundmann, Einsteins Akte, 2. Aufl., Springer, Heidelberg 2004.
L. Hachmeister, Der wirkliche Amerikaner: Joe McCarthy, HMR Filmproduktion in Kooperation mit dem ZDF und arte, 2012.
W. Heisenberg, Der Teil und das Ganze, in: Gesammelte Werke, Bd. III, Piper-Verlag, München 1985.
A. Hermann, Einstein, Piper-Verlag, München 1994.
D. Hoffmann, Einstein in Berlin, vbb-Verlag, Berlin 2018.
F. Jerome, The Einstein File, St. Martin's Press 2002.
P. Jordan. Physik. Blätter 1955, Heft 7, S. 95.
A. Pais, »Raffiniert ist der Herrgott …«, Spektrum Akademischer Verlag, Heidelberg 2000.
F. Raddatz, Der amerikanische Albtraum, DIE ZEIT, 26. April 2001.
C. Seelig, Albert Einstein, Europa Verlag, Zürich 1960.
M. Wazek, Einsteins Gegner, Campus Verlag, Frankfurt a. M. 2009.

ALAN TURING (1912–1954)

A. Hodges, Alan Turing, Enigma, Springer-Verlag, 2. Aufl., Wien, New York 1994.
R. Kippenhahn, Verschlüsselte Botschaften. Geheimschrift, Enigma und digitale Codes, Rowohlt Verlag, Hamburg 2012.
M. H. A. Newman, Alan Mathison Turing, 1912–1954, Biographical Memoirs of Fellows of the Royal Society, Vol. 1, 30.11.1955, 252, https://doi.org/10.1098/rsbm.1955.0019
A. M. Turing, Computing Machinery and Intelligence, Mind, A Quarterly Review of Psychology and Philosophy, 1950, 59, 433, https://doi.org/10.1093/mind/LIX.236.433; deutsche Übersetzung: Kann eine Maschine denken?, in: H. M. Enzensberger (Hrsg.), Kursbuch 8, Suhrkamp Verlag, Frankfurt a. M. 1967.

A.M. Turing, On Computable Numbers, with an Application to the Entscheidungsproblem, Proceedings of the London Mathematical Society 1937, 42(2), 230; deutsche Übersetzung in: B. Dotzler, F. Kittler, Brinkmann & Bose, Berlin 1987, S. 17.

S. Turing, Alan M. Turing, Cambridge University Press, 2014.

Weitere englischsprachige Literatur zum Thema Enigma

P. Calvocoressi, Top Secret Ultra, M.& M. Baldwin, Worcestershire, 2001.

F.H. Hinsley, Codebreakers: The Inside Story of Bletchley Park, Oxford University Press, Oxford 1993.

J. Jackson, Solving Enigma's Secrets: The Official History of Bletchley Park's Hut 6, BookTower Publishing, Standish 2014.

W. Kozaczuk, Im Banne der Enigma, Militärverlag der DDR, Berlin 1990.

R. Lewin, Entschied ULTRA den Krieg?, Wehr & Wissen, Koblenz 1981.

G. Welchman, The Hut Six Story: Breaking the Enigma Codes, M.& M. Baldwin, Worcestershire, 1982.

F.W. Winterbotham, The ultra secret, Weidenfeld and Nicolson, London 1974; deutsche Übersetzung: Aktion Ultra, Ullstein, Berlin 1976.

Künstlerische Umsetzungen

R. Harris, Enigma, Heyne, München 1995.

R. Hochhuth, Alan Turing, Rowohlt Verlag, Hamburg 1987.

H. Whitemore, Breaking the Code, Oberon Books, London 2012; deutsche Übersetzung: Alan Turing, Verlag für Bühne, Film und Funk, Berlin.

The Imitation Game, USA 2014, Regie: Morten Tyldum.

Enigma – Das Geheimnis, USA, GB, D, Nl 2001, Regie: Michael Apted.

Internet

Andrew Hodges Seite über Turing:
www.turing.org.uk

The Turing Digital Data Archive
www.turingarchive.org

My Engagement to Alan Turing by Joan Clarke (later Joan Murray)
https://tıp.de/Interview-Joan-Clarke

ANMERKUNGEN

GIORDANO BRUNO (1548–1600)

1 G. Bruno 1984, S. 137.
2 G. Wehr 1999, S. 32.
3 W. Nigg 1949, S. 416.
4 G. Bruno 1981, S. 131.
5 G. Bruno 1983, S. 4.
6 Ebenda, S. 30.
7 Ebenda, S. 40.
8 Ebenda, S. 23.
9 G. Wehr 1999, S. 110.
10 G. Bruno 1983, S. 89.
11 Ebenda, S. 61 f.
12 Ebenda, S. 64.
13 Ebenda, S. 99.
14 W. Nigg 1949, S. 419.
15 G. Bruno 1984, S. 150.
16 G. Bruno 1981, S. 158.
17 G. Bruno 1984, S. 131.
18 Ebenda, S. 157.
19 Ebenda, S. 187.
20 A. Verrecchia 1999, S. 343.
21 G. Bruno 1984, S. 201.
22 A. Verrecchia 1999, S. 352.
23 G. Bruno 1984, S. 201.
24 G. Bruno 1981, S. 87.
25 J. Winter 1999, S. 123.
26 J. Kepler 2005, S. 681.

JEAN-SYLVAIN BAILLY (1736–1793)

1 E.B. Burrows 1954, S. 431.
2 Ebenda, S. 445.
3 Ebenda, S. 455.
4 J.S Bailly 1778, S. 2.
5 E.B. Burrows 1954, S. 510.
6 H. Sanson, Bd. 2, S. 41–58.
7 J.G. Heymann 1794, S. 38.

ANTOINE LAURENT DE LAVOISIER (1743–1794)

1 F. Szabadvary 1973, S. 14.
2 A.L. Lavoisier 2008, S. 14.
3 F. Szabadvary 1973, S. 59.
4 Ebenda, S. 136.
5 Ebenda, S. 211.
6 Ebenda, S. 213.
7 H. Senson, Bd. 2, S. 146.
8 Ebenda, S. 218.

LEW LANDAU (1908–1968)

1 A. Liwanowa 1982, S. 22.
2 A. Dorozynski 1966, S. 31.
3 Ebenda, S. 47.
4 F. Janouch 1979, S. 11.
5 A. Liwanowa 1982, S. 27.
6 N.M. Naimark 2010, S. 75.
7 A. Friedmann 2014, S. LIV.
8 N.N. 1953, S. 265.
9 G. Gorelik 1995, S. 33.
10 Ebenda, S. 69.
11 F. Janouch 1979, S. 5.

12 V. Weisskopf 1991, S. 67.
13 G. Gorelik 1995, S. 201.
14 Ebenda, S. 209.
15 Ebenda, S. 210.
16 G. Gorelik, H. Rotter 1993, S. 118.
17 A. Petersen 2012.
18 S. Wolkow 2006, S. 167.
19 G. Gorelik, H. Rotter 1993, S. 116.
20 F. Janouch 1979, S. 8.
21 G. Gorleik, H. Rotter 1993, S. 119.
22 L. Landau 1941, S. 357.
23 G. Gorelik 1997, S. 100.
24 V. Weisskopf 1991, S. 226.
25 Ebenda, S. 226.

LISE MEITNER (1878–1968)

1 D. Hahn 2005, S. 104.
2 P. Rife 1990, S. 39.
3 Ebenda, S. 61.
4 R. Hahn 2018, S. 146.
5 P. Rife, S. 89 f.
6 M. Szöllösi-Janze 1998, S. 356.
7 F. Krafft 1981, S. 210.
8 F. Krafft 1978, S. 11.
9 E. Crawford, R.L. Sime, M. Walker 1998, S. 239.
10 F. Krafft 1981, S. 264.
11 Ebenda, S. 266 f.
12 Ebenda, S. 264 f.
13 Ebenda, S. 265.
14 O.R. Frisch 1981, S. 149.
15 Ebenda.
16 F. Krafft 1981, S. 269.
17 P. Rife 1990, S. 272.
18 F. Krafft 1981, S. 211.

19 F. Straßmann 1978, S. 26.
20 P. Rife 1990, S. 330.
21 F. Krafft 1981, S. 185.
22 P. Rife 1990, S. 315.
23 D. Hahn 2005, S. 80.

EMMY NOETHER (1882–1935)

1 R. Tobies 2004, S. 72.
2 A. Dick 1970, S. 47.
3 C. Tollmien 2018, S. 179.
4 Ebenda, S. 178.
5 A. Einstein 1998, S. 291.
6 C. Tollmien 1990, S. 169.
7 Ebenda, S. 173.
8 Ebenda, S. 179.
9 A. Einstein 1998, S. 774.
10 Ebenda, S. 976.
11 A. Dick 1970, S. 71.
12 F. Lemmermeyer, P. Roquette 2006, S. 187.
13 C. Tollmien 1990, S. 206.
14 F. Lemmermeyer, P. Roquette 2006, S. 229.
15 A. Dick 1970, S. 37.

ALBERT EINSTEIN (1879–1955)

1 A. Fölsing 1993, S. 30.
2 A. Einstein 1979, S. 8.
3 A. Fölsing 1993, S. 41.
4 A. Hermann 1994, S. 106.
5 A. Fölsing 1993, S. 73.
6 A. Einstein, Coll. Pap., Bd. 1, S. 324.
7 A. Einstein, Coll. Pap., Bd. 5, S. 46.
8 C. Seelig, S. 126.

9 A. Fölsing 1993, S. 240.
10 A. Einstein, Coll. Pap., Bd. 5, S. 505.
11 A. Hermann 1994, S. 179.
12 A. Einstein, Coll. Pap., Bd. 5, S. 545.
13 Ebenda, S. 538.
14 A. Einstein, Coll. Pap., Bd. 8 A, S. 205.
15 A. Einstein, Coll. Pap., Bd. 15, S. 654.
16 W. Heisenberg 1995, S. 115.
17 S. Grundmann 2004, S. 40.
18 D. Hoffmann 2018, S. 93.
19 A. Fölsing 1993, S. 473.
20 A. Hermann 1994, S. 234.
21 A. Einstein, Coll. Pap., Bd. 7, S. 345.
22 M. Wazek 2009.
23 A. Einstein, Coll. Pap., Bd. 9, S. 495.
24 A. Einstein 1974, S. 104.
25 A. Einstein, Coll. Pap., Bd. 14, S. 67.
26 A. Einstein 1974, S. 194.
27 A. Hermann 1993, S. 281.
28 A. Einstein, Coll. Pap., Bd. 14, S. 276.
29 A. Einstein, Coll. Pap., Bd. 9, S. 387.
30 D. Hoffmann 2018, S. 110.
31 A. Einstein 1974, S. 9.
32 Ebenda.
33 A. Fölsing 1993, S. 716.
34 S. Grundmann 2004, S. 417.
35 Ebenda, S. 420.
36 A. Einstein 1974, S. 81.
37 S. Grundmann 2004, S. 440.
38 Ebenda, S. 748.
39 Ebenda, S. 749.
40 Ebenda 1993, S. 799; A. Einstein 1939.
41 A. Einstein 1974, S. 47.
42 A. P. French 1985, S. 119.
43 A. Einstein 1990, S. 133.
44 F. Jerome 2002.

45 A.P. French 1985, S. 69.
46 F. Jerome 2002, S. 170 (Abb. 2).
47 S. Grundmann 2004, S. 585.
48 S. Grundmann 2004.
49 A. Fölsing 1993, S. 827.

ALAN TURING (1912–1954)

1 S. Turing 2014, S. 21.
2 A. Hodges 1994, S. 29.
3 Ebenda, S. 44.
4 Ebenda, S. 42.
5 S. Turing 2014, S. 35.
6 Ebenda, S. 41.
7 A. Turing 1937, S. 230.
8 A. Hodges 1994, S. 129.
9 Ebenda, S. 102.
10 S. Turing 2012, S. 71.
11 A. Hodges 1994, S. 381.
12 Ebenda, S. 416.
13 Ebenda, S. 405.
14 H.M. Enzensberger 1967, S. 136.
15 Ebenda, S. 137.
16 A. Hodges 1994, S. 527.
17 S. Turing 2012, S.164.
18 A. Hodges 1994, S. 545.
19 Ebenda, S. 602.
20 Ebenda, S. 585.

BILDNACHWEIS

S. 21: akg-images/Fototeca Gilardi
S. 47: Heritage Images/Fine Art Images/akg-images
S. 71: akg-images
S. 87: akg-images/fine-art-images
S. 125: akg-images/sciencesource
S. 153: akg-images/Science Source
S. 175: akg-images
S. 219: akg-images/Pictures From History

NAMEN- UND ORTSREGISTER

C